U0017009

情動於「中」

當代中國的思想爭鳴與情感政治

涂航　著

謹以此書，紀念我的外公

劉欣大先生

（1934-2017）

目次

序

情動而辭發

王德威

　　情感，思想，與政治的互動是現當代中國研究最值得重視的課題之一。一般所見，學界談思想、論政治總是大言夸夸，一旦觸及情感，立刻扭扭捏捏起來。我們的現代性論述一向以啟蒙、革命是尚，以此為啟迪民智，創造新政的要項；對於情感如何與之掛鉤，其實缺乏細膩深刻的論述。等而下之者，甚至認為情感無非是小悲小喜，必須鍛煉導正甚至壓抑排斥。隱含其中的性別、知識、意識形態偏見，不言可喻。

　　然而「革命」、「啟蒙」一百多年後，回顧所來之路的滿目瘡痍，我們不能不反省是否錯過了什麼節點？從民國肇造的拋頭顱、灑熱血到共產革命的毫不利己，專門利人，從知識分子的感時憂國到市井百姓的穿衣吃飯，從文化大革命的酷烈狂熱到新時代的內卷躺平，幾代中國人歷經思想和政治顛撲，卻還是無從安頓情感的位置。我們的社會既無情又濫情，既矯情又煽情，難道不正是思想、政治缺陷的起因，或是結果？大人先生高談中國現代思想結構從「天理」化為「公理」，卻忽略了「情理」的轉圜，無疑是關鍵所在。

　　我們需要情感教育。從語源學角度言，「情」不僅意味喜

怒哀樂、七情六慾，也意味外在事物與主體交會的狀態（情況，情境），存有的條件（盡得其情），真實與真理（道始於情）。作為動詞，情有斟酌，判斷的含義（情之以理；情不情）。從身體到義理，情的多義性難以駕馭，傳統論述的反應也是莫衷一是。從孟子的「四端」、莊子的「逍遙」，玄學的聖人「有情」／「無情之辯」，到程朱的「存天理、滅人欲」，可見一斑。晚明王學以來，情的思辨有了典範性轉變，也成為中國主體現代性開端之一。

　　西方啟蒙運動之後的情感轉向同樣歷歷在目。斯賓諾莎（Baruch Spinoza）的倫理學、休謨（David Hume）的情感論、盧梭（Jean-Jacques Rousseau）的懺悔錄無不質疑政教權威、真理統御，預示了「感性時代」（age of sensibility）的來臨。時至今日，情感研究從佛洛伊德（Sigmund Freud）、拉崗（Jacques Lacan）式的心理分析，到左翼的慾望、解放辯證 （Erich Fromm、Herbert Marcuse），自由派的情感倫理（Martha Nussbaum），以及後現代情動論（Gilles Deleuze），各成一家之言。當下AI智慧引起熱烈討論，殊不知情感反而可能是人類最後的防線。

　　是在這樣的知識譜系裡，涂航博士的《情動於「中」》出版堪稱此其時也。如本書副題所示，涂航將焦點置於當代中國的思想鳴放與情動政治。他所謂的當代應有兩重含義，一為上個世紀末以來我們對當下此刻的敏銳時間感受；一為中華人民共和國刻意打造的歷史觀，以1949年為「當代」開始，而且邁向永恆。兩種「當代」在書中交錯，演繹出一段又一段驚心動魄的故事：陳寅恪五〇年代的隱微寫作成為世紀末新自由主義

者的懷想對象；李澤厚歷盡文革創傷，力求從廢墟中重建美學價值、塑造情本體；陳映真在台灣白色恐怖時期嚮往紅色天堂，終必須面對後革命時代的「左翼憂鬱」；劉小楓八十年代從基督神學找尋救贖，卻在新時代發現毛澤東才是他膜拜的偶像⋯⋯。

　　根據這些案例，涂航可以寫出一本知識分子如何歷經政治狂潮，磨煉思想邏輯，堅守或改變理念信仰的專書——這是思想史的路數。但他顯然以此為不足，而希望從中梳理出更複雜的線索，如陳寅恪的史論如何「痛哭古人」；李澤厚的儒家「樂感」文化如何導向「告別革命」；陳映真的憂鬱如何啟發後革命行動；劉小楓的「海洋性激情」如何接軌古典公羊學說⋯⋯。換句話說，思想不只是綱舉目張的思辨過程，也牽涉思維主體的癡嗔與愛憎；政治不只是公眾運動或權力取予，也牽涉行動主體的希望與悵惘。更進一步，情感不僅源自個人，也是一種公共意向投射和意象流傳，直通威廉斯（Raymond Williams）所謂的「感覺結構」。

　　涂航花了相當篇幅處理情感作為現代論述的來龍去脈，因為明白這一關鍵詞太容易望文生義，引起誤讀。情感作為「論述」，已經隱含二律悖反的聯想：如果情感是內蘊流動的，何能述之論之？但另一方面，正由於情感啟動了思想論述，或甚至思想論述觸發了情感，我們更有必要正視兩者的共生關係。涂航對「情動」（affect）與「情感」（emotion）作了基本區分，謂前者指涉人本中心以外，超理性或非理性的動能或反應，後者指涉社會場域流動或制約的愛恨悲喜。他的立論基本得自西學啟發，如果嫁接到古典中國論述，反而更有發揮餘

地。如前所述,「情」不論從觀念論或倫理學而言,都涉及情動和情感,自發和後設等層面,甚至饒富歷史(「觸事興詠,尤所鍾情」)、政治(「發憤以抒情」)喻意。台灣和海外漢學界的「抒情」傳統研究即始於此。本書書名《情動於「中」》語帶多義,足以顯現作者是明白其中道理的。

　　本書的另外一個關鍵詞是「文」。此處的「文」泛指物象與文采,氣性與書寫,彰顯與隱喻;我們所熟悉的「文學」僅是廣義的文的現代詮釋之一。涂航所處理的文本包羅廣泛,從文史述作到小說虛構,哲學思辨、文藝批判、再到政治文章,甚至旁及政論宣言。他看出現當代中國的思想與情感論爭難以被簡化為西方言說模式,古典的文反而可能是更多元載體。儒家所謂的「興、觀、群、怨」就深富思想與政治意涵,而其表達形式是詩;荀子論禮,強調「情文具備」, 其辯證面的「發憤」或「怨毒」著書則影射禮崩樂壞的時代裡,文,或微言,或大義,成為最後的歸宿。當然,文的扭曲、湮沒也必須是變數之一。當文只剩下一種「痕跡」,它呼應了字源的根本,那(章太炎所謂)文明有無的臨界點。

　　面對「文化」大革命之後的中國,涂航選擇「文」的消長作為討論當代情感、思想、政治交會的平台,飽含個人對共和國歷史的感喟:那是文明的,還是野蠻的歷史?本書分為四章,仔細討論了關鍵人物如劉再復、李澤厚、余英時、陳寅恪、陳映真、王安憶、劉小楓等人的思想轉折與歷史經驗。這些學者作家不再是一本正經的思想史或文學史人物,他們的思想根植生命,原是有血有肉的。值得注意的是,涂航不僅意在描摹個人的歌哭與悲歡,更要觀察他們字裡行間所生的情感如

何凝為一種信號，一種召喚與回應，引導我們體會一個時代「思」與「信」與「感」的取捨。

涂航首先討論劉再復和李澤厚面對革命遺產的「隱秘對話」。劉、李兩人與革命傳統關係深厚；李早在五十年代末期即因參與美學大辯論名噪一時、劉則是共產黨栽培的文學評論家。文革之後，李澤厚糅合康德與馬克思學說，號召回歸美學，成為一代青年思想導師；劉再復在文藝界扶搖直上，直奔第一把交椅。即在彼時，他們的思想已經開始出現變化；李對革命壓倒啟蒙的反思，劉對性格「多元組合」的倡議，引來官方不安。六四之後他們流亡海外，生命的困蹇逼出了思想的蛻變。劉再復從基督教和儒釋兩家立場反思「罪」和「懺悔意識」；李澤厚從儒家「樂感文化」體悟生命俗世性，從而發展出「情本體」。「罪」與「樂」的情感取向何其不同，兩人卻殊途同歸，以此「告別革命」。

本書第二章處理「民國史學第一人」陳寅恪最後二十年境遇，以及世紀末的「陳寅恪熱」。1949年世變，陳氏選擇留在大陸，未料噩夢自此開始。他由史學轉向非今非古的文化詩學，深埋一己塊壘。其時遠在哈佛的留學生余英時偶得陳詩、文稿，為之震動，由此展開長達六十年的「心史」考證。天安門事件後知識分子苦無出路，從陳標榜的「獨立之精神，自由之思想」找尋寄託，未幾，新自由主義學者又奉陳為自由主義前行者，以之與新左抗衡。「陳寅恪熱」蘊含三代知識分子的鬱憤與悲情，也直指千百年來知識與政治難以媾和的困局。而參透這一兩難，有賴「文學」工程：藉此喻彼，引譬連類，成為思想者不得不然的技藝。隱於其下的則是陳氏「痛哭古人，

留待來者」的悲願。

　　第三章轉向「左翼憂鬱」辯證，焦點為台灣最重要的左翼作家陳映真與大陸女作家王安憶。陳早自六十年代即傾心左翼思想，為此付出巨大代價；王安憶出身紅色家庭，但未能免於文革動亂波及。八〇年代初因緣際會，兩人在北美遭遇。回顧三十年共產革命的暴虐和創傷，「美帝」社會的資本與豐饒，兩代作家不能不有所惑。陳承認革命的挫敗，卻無怨無悔，貫徹始終，王則從傷痕和幻滅中，掙扎反思社會主義願景的消長。以此，涂航檢視近年西方學院內流行的「左翼憂鬱」論述，叩問何以源自個人的「憂鬱」蔓延為左翼知識分子的通病？筆下的台灣與大陸案例是否也適用同一判準？不論如何，比起目前既姓「社」又姓「資」的國家體制，或又當又立的新左宣傳隊，陷入左翼憂鬱者以「自囓其心」的姿態，咀嚼「俱往矣」的憂傷與不捨，反而為革命帶來知其不可為而為之的動能。

　　本書以劉小楓如何由基督神學轉化為政治神學來到高潮。劉從德國浪漫主義起家，經由文革動亂來到新時期百家爭鳴，但在遍尋「拯救與逍遙」而不得後，他轉向基督神學，企圖從彼岸獲得救贖。但這還是故事前半場。九〇年代後劉號召漢語神學運動，強調中華文化本位信仰，之後他受到施特勞斯（Leo Strauss）和施密特（Carl Schmitt）啟發，發現政治神學，自此從彼岸又回到此岸。他援引公羊學說，終奉毛澤東為國父。劉的尋道過程充滿曲折，不變的是革命喚起他洶湧澎湃、「情深似海」的感覺（oceanic feeling），一種渴求超越世俗，政教合一的終極情懷。在愛智（logos）和律法（nomos）間，劉畢竟以

感性，與感應，作為起點與終點。

　　《情動於「中」》從情感政治角度，勾勒當代思想版圖：啟蒙者從「罪」與「樂」重探現代人學與仁學譜系；自由主義者重讀（或誤讀）陳寅恪的悲情以見證獨立與自由之必要；左翼作家藉由憂鬱敘事反思革命成敗是非；保守主義者結合政治與神學召喚深不可測的聖寵。這些線索相互鏈接，在在可見此一課題的深度和廣度，也引領我們作出如下聯想。

　　思想與情感的辯證非自今始，而應視為漫長的「現代性」過程的要項，至今仍然律動不已。如前所述，現代西方情感論述隨十七世紀啟蒙時代開啟，自始即和理性人文思維相互應和，到了十八世紀中葉因休謨、盧梭等人的倡議大放異彩。盧梭的浪漫主體情懷和感性行動預示了未來革命、解放憧憬。另一方面，休謨以經驗主義出發的情感論述，強調感同身受的共情，而非道德或宗教真理，才是社會倫理的基礎。稍晚的席勒（Friedrich Schiller）則企圖調和理性與感性，並另啟「遊戲」論作為審美活動的開端。他們的對話對象不是別人，正是理性主義大師康德。

　　中國傳統的情感論述未必能完全與西方對應，但足供後之來者參照。晚明湯顯祖的情教論眾所周知。王學大家劉宗周提倡「即情即性」，重純情，貶「鑿智」，打破此前程朱「性即理」的執念。這是儒學情感論述的轉折點。劉的從人黃宗羲、陳確等更強調「離情無以見性」；「天理皆從人欲」，情理並論。而總其成者則為十八世紀的戴震──康德、休謨、盧梭的同代人。戴震主張「達情遂欲」、「以情絜情」，為道德情感布置新局：欲、情、知形成的「氣」化主體即是道德主體。戴

震獨重情理之辨，梁啟超稱之為兩千年一大翻案。

　　晚明清初士人將情感與思想相提並論，除了知識譜系（程朱學與王學）的變動外，歷史、政治形勢也有以致之。戴震的情理之辨隱含對官學恪尊天理、墨守成規的批判，這類批判再傳到清末，反映在龔自珍的「尊情」論述上。誠如捷克漢學家普實克（Jaroslav Prŭšek）所論，中國現代性的基礎無他，就是情性的解放，唯以此為基礎，革命和啟蒙才能成其大。從魯迅到郭沫若，從朱謙之到胡風，都曾強調情感、思想與革命三者的聯動關係。民國與共和國的建立如果沒有摧枯拉朽的「民氣」作用——或鄂蘭（Hannah Arendt）所謂革命開新的激情（pathos of novelty）——不會成功。但曾幾何時，一個號稱「解放」的政權居然如此避談情理，代之以毛版「存天理，滅人欲」。扭曲的情感、壓抑的欲望反而炮製出種種大鳴大放的運動，「以理殺人」的亂象。

　　《情動於「中」》雖著眼當代，其實回應的是三百年來情理之辨的大問題。各章所論情感政治來自人倫欲望與宗教信仰，也來自革命動力與自由思想，所凸顯的複雜度比起過去任何時代有過之而無不及。原因無他，我們所面臨的中西知識及情感衝擊前所未見，與此同時，「權力的毛細管作用」因為生命和科技政治（biopolitics, technopolitics）的加持，更是變本加厲。

　　即便如此，涂航強調當代思想的「情感考古」之必要，持續思辨情與志，情與理等命題之必要。的確，如果不能理解左翼憂鬱和毛記國父神學的來龍去脈，我們如何與革命歷史真正「和諧」？不能直面罪與懺悔意識和樂感文明始末，我們又如

何保證中國有「夢」的品質？而涂航仔細研讀各類文本，強調從「文」的實踐上進入情理思辨過程，不啻向「情動而辭發，披文以入情」（《文心雕龍》）的古典教誨致意。

作為九〇後學者，涂航其實沒有經過「革命洗禮」甚至天安門事件，但卻似有著老靈魂。以他在哈佛堅實的西學訓練，大可以從事最前沿的研究課題，但他對當代中國何去何從及知識分子的命運獨有感觸。他以《情動於「中」》作為新書標題，既點明他為中國研究另闢蹊徑的意圖，也蘊含個人海外深造多年的心情。我有幸見證此書從無到有的過程，也享受教學相長的樂趣。爰此為序，並與涂航共勉：問學之道就是有情的事業。

王德威

美國哈佛大學東亞語言與文明系講座教授

中央研究院院士

導論

思想的「情動力」

一、革命之後

　　中國大陸在過去四十年所經歷的引人矚目的市場經濟轉向引發了學界對中國革命以及社會主義現代性的「重估」。在全球化和新自由主義以空前之姿重塑知識場域和政治想像的同時，毛澤東革命的幽靈卻徘徊不去，以文學敘述、思想爭鳴和記憶政治等諸多形式魂兮歸來，甚至變本加厲地挑戰和嘲弄啟蒙的共識和資本主義的合法性。本書試圖深入梳理中國從八十年代到新世紀期間的諸多重要思想與文學脈絡：新啟蒙運動的起伏、左派與自由主義者的激辯、文化保守主義的興起，以及中國崛起所激發的大國想像。我認為，改革時代文壇與思想界爭論不休的核心議題即革命遺產為當代中國所提供的價值與靈感：中國知識分子與文化人究竟應該以徹底否思社會主義實踐的方式「告別革命」，還是應該從「革命的回歸」中喚起新的替代性方案和烏托邦圖景？換言之，這是與毛澤東革命「遺骸」（the remainder and reminder of Mao's Revolution）的對話。1976年以後，雖然革命激進主義政治實踐土崩瓦解，革命的慾

望仍然以話語、符號、和想像為載體延展播散，生生不息，引起公眾討論和學術爭鳴。我將論證：有關如何「對證革命」的辯論引發了迥異的政治情感和嶄新的敘述歷史的框架——從左翼知識人的憂鬱、自由主義學人的言說到政治神學家的想像力，進而展現、更新和重釋中國（後）現代性的可能。

　　時至今日，兩岸三地的知識分子圍繞中國革命的歷史與記憶展開了不絕如縷的思想論戰，而與此相關的學術論述更是汗牛充棟。與傳統的觀念史研究不同，我思考的核心問題是情感與思想之間的辯證關係：作為情感結構、道德激情和倫理判斷的「情動力」（affect）如何塑造了關於革命的文化和政治辯論？簡而言之，情感（emotion）如何參與「思想體系」的構築、影響各種「主義」、「學理」的闡發、乃至塑造形形色色的「政治立場」。

　　誠然，聲稱當代中國知識界仍然被革命的幽靈所困擾，最初聽起來可能有悖常理。自鄧小平推動「改革開放」以來，關於中國已從宣揚世界革命轉向「發展主義」、「（國家）資本主義」或者「民族主義」的說法幾乎成為西方學界的共識。在西方觀察家看來，1981年由中國共產黨十一屆六中全會一致通過的〈關於建國以來黨的若干歷史問題的決議〉試圖對毛澤東的革命實踐做最後的歷史裁決，否定極左政治，推動形成發展市場經濟、參與資本主義全球生產的共識。九十年代以降，隨著市場化進程的加快，大陸思想界眾聲喧嘩，支持文化保守主義、新自由主義、以及民族主義的呼聲層出不窮，使得整個學界呈顯出告別革命、拒斥烏托邦空想、走向「漸進改良」和

「現實主義」的趨勢。[1]

　　即便世界共產革命大勢已去，正如解構主義大師德里達（Jacques Derrida）有革命的「魂在論」（hauntology）一說，看似抹卻的社會主義「情感結構」有如彷徨鬼魅，難以抹消，暗中解構著右翼福音主義的「歷史終結論」。與江澤民時代的放任自由不同，胡、溫政府（2002-2012）更加注重社會公平，採取了一系列帶有左翼民粹主義色彩的改革舉措來應對中國經濟發展不平等所滋生的合法性危機。其宣傳口徑也不再一味強調經濟發展，而是多管齊下，在公眾輿論界掀起一陣陣重溫紅色遺產的文化熱潮。[2] 社會主義正朔的回歸與自八十年代以來已經發展得相當成熟的資本主義倫理相互激盪，使得思想場域呈現出百舸爭流的姿態。由於蘇東劇變的國際局勢、全球資本主義浪潮的席捲、以及日漸商業化的文化生活，不少大陸學者開始反思八十年代知識界的改革共識，認為必須建立一套新的話語體系和政治理想來矯正「啟蒙狂熱」。1997年，新左派領軍人物汪暉在《天涯》雜誌發表長文〈當代中國的思想狀況與現代性問題〉，認為毛澤東領導的社會主義烏托邦代表了自康有為、章太炎以降愈演愈烈的「反現代的現代性」。[3] 在新左引領

1　見李澤厚、劉再復，《告別革命：回望二十世紀中國》（香港：天地圖書有限公司，2011）。

2　見Cheng Chen, *The Return of Ideology: The Search for Regime Identities in Postcommunist Russia and China*（Ann Abor, MI: University of Michigan Press, 2016）, pp. 96-125.

3　見汪暉，〈當代中國的思想狀況與現代性問題〉，《去政治化的政治：短20世紀的終結與90年代》（北京：生活・讀書・新知三聯書店，2008），頁58-97；關於新左與自由派爭鳴的犀利分析，見Xudong Zhang,

的知識潮流中，除了人文學者呼籲從思想脈絡層面闡發五四運動與共產革命的連續性之外，也有不少政治學者和經濟學家從制度層面深入考察毛時代的各種大眾經濟民主和法制實踐，宣揚以黨國體制的「自動糾錯」機制來抵禦私有化引發的社會腐敗和價值的混亂失序。這些標新立異的理論言說隨即引來堅守啟蒙理念和市場經濟的自由派學者的口誅筆伐。出於個人的經歷和現實的挫敗感，不少自由派學人對於任何復興「大鳴大放」式的政治民主嘗試深惡痛絕，他們強調經濟自由的重要性，希望通過市場化和法制化進程來逐漸形成一個保衛公民權利和政治民主的憲政體制。

　　時至今日，官方意識形態回潮和學術論戰造成的政治極化（political polarization）在網絡時代的公眾輿論界更是呈現出有增無減之勢頭。2014年，北師大女附中的紅衛兵領袖宋彬彬回到母校向文革中受到迫害的教師們道歉，引發軒然大波，以至於一時間「群情洶洶，議論蜂起，唇槍舌劍，派別林立」。[4] 讚成者認為鑒於往昔歷史創傷尚未撫平，多有作惡者逍遙法外而道歉者寥寥無幾，宋氏之舉無疑對反思文革暴力、對證歷史、追求轉型正義具有促進作用。反之，譴責派認為革命摧枯拉朽的詩學正義高於人道主義的膚淺正義，而「道歉」與「寬恕」話語所蘊含的道德主義姿態將一切罪惡歸咎於毛澤東的激進政治實踐，實在是用心險惡。這些此起彼伏的思想論戰和洶湧輿

Postsocialism and Cultural Politics（Durham, NC: Duke University Press, 2008）, pp. 25-101.

4　吳迪，〈宋彬彬道歉之後〉，《紐約時報》，2014年7月17日，https://cn.nytimes.com/china/20140717/cc17sbb/（瀏覽日期：2021年12月9日）。

情提醒我們，關於革命往昔的是非之爭，遠遠沒有因為經濟的高速發展而平息，反而藉著瞬息萬變的時勢去而復返，幽幽歸來。

　　為了進一步闡明情感在當代中國思想爭鳴中的關鍵作用，我需要先簡略介紹後毛澤東時代四種主流思潮的形成。從文革結束後到千禧年前後，中國大陸知識界基本上形成了四種立場鮮明卻又相互滲透的「主義」：（1）譴責「救亡壓倒啟蒙」、要求告別革命、恢復五四一代「德先生」（democracy）與「賽先生」（science）之啟蒙訴求的自由主義言說；[5]（2）認為「新啟蒙」話語已無力回應全球資本主義的病症、並藉此推崇毛時代平等主義精神和黨國體制優勢的新左派理論；[6]（3）提出揚

5　「自由派」／「自由主義」一詞在中國當代語境下具有相當程度的模糊性：它所涵蓋的知識流派包括了（並不局限於）：八十年代的人道主義化的馬克思主義、九十年代的新自由主義、市場原教旨主義等五花八門的學說和立場。我認為，這些不盡相同的自由主義和社會民主理論和流派的共同趨向是反對強國家主義、激進民主實踐以及強調個人自由和權利。

6　關於中國意識形態圖譜中的「左派」如何定義，向來是眾說紛紜。「左派」／「左翼」一詞本源自法國大革命。當時國民議會中坐在大廳左側、反對舊式君主、教權、支持共和主義和世俗化的激進改革派被稱為「左翼」，而主張「保守、秩序、漸進」的保皇黨則因坐在大廳右側被稱為「右翼」。隨著十九、二十世紀社會主義運動的展開，「左派」逐漸用來描述包括社會主義、共產主義、無政府主義在內的、以「平等」為核心議題的政黨組織和知識分子團體。雖然中國左派和西方左派使用極為相似的話語體系（例如馬克思主義革命理論和反資本主義實踐），然而多有論者認為西方左派多為在野黨和政治異議者，其「進步」特質源於對既成體制的激進批判；相比之下，中國左翼卻因和政府官方分享同一套意識形態話語而喪失了激進性，倒是和西方語境下的捍衛體制的右翼保守人士更為相似。在本書中，我用「老左派」來形容堅持正統馬克思列寧主義、擁護社

棄「啟蒙」與「革命」、重建儒家政教傳統的文化保守主義思
潮；7（4）延續官方「百年國恥」的歷史敘事、迎合民間高漲
的「民族復興」情懷的大眾民族主義（popular nationalism）話
語。8

會主義正朔的體制內知識分子，用「新左派」來描述接受西方學院訓練、
利用各種新馬克思主義、後現代主義、後殖民主義來批判自由市場的學院
派知識分子。關於新左派和老左派的區分，見Xudong Zhang, *Postsocialism
and Cultural Politics*, pp. 52-62；關於「左派」這一政治標籤在毛時代的演
化史，見William A. Joseph, *The Critique of Ultra-Leftism in China, 1958-1981*
（Stanford, CA: Stanford University Press, 1984）.

7　對於九十年來以來興起的大陸政治保守主義（political conservatism）思
潮，西方學界已多有分析。Joseph Fewsmith 認為，政治保守主義者在八十
年代後期已嶄露頭角，主張加強趙紫陽等改革派領導人的權力以推行改
革；蘇聯解體之後，不少體制內學者轉而批判社會主義烏托邦敘事的不切
實際，轉而推崇「現實主義」的外交策略和「新權威主義」的治國方略。
與上述政治學的研究不同，本書的側重點在文化保守主義，關注的是當代
中國學人如何尋找包括儒家傳統在內的現代化的本土性資源。關於政治保
守主義的研究，見Fewsmith, *China Since Tiananmen: From Deng Xiaoping to
Hu Jintao*（Cambridge, UK: Cambridge University Press, 2008），pp. 83-122;
對從八九到九三年大陸知識界保守主義轉向的細緻分析，見Els van
Dongen, *Realistic Revolution: Contesting Chinese History, Culture, and Politics
after 1989*（Cambridge, UK: Cambridge University Press, 2019）.

8　本書對中國知識界主流思潮的四分法綜合且參考了幾種不同的劃分方法：
關注新左派與自由主義之爭的學者往往以「左翼」／「右翼」的兩分法為
視角切入大陸思想版圖；Timothy Cheek將新左、自由主義、和新儒家視為
當代中國三大主流思潮；社會學者馬立誠則提出了八種當代中國社會思
潮，將在學院派理論之外的各種社會思潮（如民族主義、民粹主義、憲政
主義）也包括在內。見He Li, *Political Thought and China's Transformation:
Ideas Shaping Reform in Post-Mao China*（New York, NY: Palgrave Macmillan,
2015）；Timothy Cheek, David Ownby, and Joshua A. Fogel ed*., Voices from the
Chinese Century: Public Intellectual Debate from Contemporary China*（New

　　值得注意的是，在思想分化、理念碰撞的背後，每一種主義的言說都蘊含了獨特的歷史記憶與政治慾望。在自由派看來，從五十年代初的「思想改造」到群眾運動氾濫的「十年浩劫」，三十年的極左實踐不啻於一連串的人道主義災難，凸顯極權政治的暴虐，因而告別革命、擁抱自由民主乃是歷史正義使然。新左派卻認為，需要區分作為歷史性悲劇的文革和作為解放性理念的文革：激進民主實踐的歷史性失敗並不意味著左翼平等理念的破產。相反，只要壓迫性的資本主義宰制仍四下蔓延，左翼的鬥爭總是未有盡時。在文化保守主義者眼中，五四以降的左右之爭凸顯世俗主義（secularism）之濫觴。無論是「革命」還是「啟蒙」都是誤入歧途、積重難返的西洋現代性之產物，而唯有回到靈韻猶存的儒家政教傳統方能重鑄共識，以超越性的文明理念來維護政治共同體之存有。最後，民族主義的旗手們將毛澤東的革命大業看做是結束屈辱歷史、重建國威、復興天朝榮光的里程碑。將「大國崛起」奉為圭臬的民族主義者因此極力淡化中國革命中有關階級鬥爭、國際共運、以及反傳統主義的激進左翼元素，轉而宣揚社會主義實踐的反帝反殖民色彩。[9]

York, NY: Columbia University Press, 2019）；馬立誠，《當代中國八種社會思潮》（北京：社會科學出版社，2011）。

9　較為代表性的民族主義言說，見宋強、張藏藏、喬邊、古清生，《中國可以說不：冷戰後時代的政治與情感抉擇》（北京：中華工商聯合出版社，1996）；有當代民族主義復興的研究，見Suisheng Zhao, *A Nation-State by Construction: Dynamics of Modern Chinese Nationalism*（Stanford, CA: Stanford University Press, 2004）.

　　那麼，如何解釋當代中國思想界不同派別的知識分子對革命的評價如此兩極分化，以至於一部分將「國父」毛澤東奉若神明，另一部分則將革命的遺產視為洪水猛獸？究竟是什麼導致了改革開放以來中國知識界的共識崩塌、內部分化、派系林立、最終走向政治極化？[10] 多有學者將意識形態的兩極化歸咎於不同派系的知識分子所持的基本學理立場和政治信仰之間的巨大差異。例如，許紀霖、張旭東和汪暉等學者認為，九十年代新左派與自由主義之爭的根源在於當新啟蒙運動所持「態度的同一性」瓦解之後，不同學者對於現代性的基本價值「自由、民主、市場、公正、平等」有著截然不同的理解。堅持個人權利優先的自由派希望通過引入市場經濟和政治民主來推進自由和法治進程，而左派則更為強調激進民主和經濟平等，認為毛時代的政治遺產有助遏制跨國資本主義帶來的貧富差距和體制性腐敗。[11] 相比之下，文化保守主義者關心的則是現代性的倫理規範虧空（the normative deficit of modernity）：失去了宗教靈韻庇佑的世俗國家無法以超越性的價值來塑造國民認同和政治共識。簡而言之，八十年代新啟蒙運動的共識崩塌之後，道術為天下裂。思想分化的根本原因在於「道不同不相為謀」。

　　學者和批評家們熱衷於從觀念史學（history of ideas）的角度將思想論爭闡釋為抽象的政治哲學話語、意識形態和世界觀

10　關於中國當代思想界共識已死的論點，見周濂，〈流沙狀態的當代中國政治文化〉，《二十一世紀》，2016年12月，頁28-37。

11　見許紀霖，《當代中國的啟蒙與反啟蒙》（北京：社會科學文獻出版社，2011），頁129-162；汪暉，〈去政治化的政治、霸權的多重構成與60年代的消逝〉，《去政治化的政治》，頁1-57。

之間的碰撞：「自由」與「平等」之爭、「現代性」與「反現代性」之爭、以及「民族主義」與「普世主義」之爭。我認為，觀念史的理路承自西方思想史家對古希臘以降高度抽象的「形而上學」傳統的細緻分梳，其方法精髓在於把「思想」看做獨立於生活世界以及歷史變遷的「物自體」的存在，其起承轉合遵循著內在的邏輯。[12] 因此，注重哲學思辨的觀念史家雖然細緻地釐清了「主義」之爭所折射的價值衝突（the clash of values），卻往往把「思想」的過程化約為抽象哲學理論體系的構築，從而忽略了思想與「生活世界」（lifeworld）之間的互動。此外，與西方語境中恪守某種理論傳統的思想流派（例如法蘭克福學派）不同的是，當代中國思想家常常以「拿來主義」的心態在幾種相互矛盾的中西學術傳統中來回切換，以令傳統學院派難以想像的方式創造性闡釋（或者歪曲）各種西洋哲學概念，將不同的理論言說糅合在一起為我所用。單從某一抽象概念入手梳理當代中國思想的譜系，難免會感覺「亂花漸欲迷人眼」，陷入時空錯亂之迷障。[13] 如果不了解抽象思想背

12　我這裡指的主要是以Arthur O. Lovejoy為代表的觀念史傳統。誠然，隨著劍橋思想史學派的興起，強調應當在具體的歷史語境中理解思想的「情境主義」（contextualism）成為學界主流。即便如此，觀念史傳統在研究現代歐洲思想的學者中仍然勢頭不減。見Lovejoy, *The Great Chain of Being: A Study of the History of an Idea*（Cambridge, MA: Harvard University Press, 1976）；對Lovejoy代表的思想史傳統的批判性分析，見Darrin M. McMahoon and Samuel Moyn ed, *Rethinking Modern European Intellectual History*（Oxford, UK: Oxford University Press, 2014）.

13　我在第四章中將以新保守主義為例詳細闡述當代中國學者的「拿來主義」心態。關於西學理論在當代中國的接受史研究，見Xudong Zhang, *Chinese Modernism in the Era of Reforms*（Durham, NC: Duke University Press,

後的「生活世界」——由思想者的情緒、記憶、生活經歷、政治信仰等構成的實相世界,我們便很難理解為何對革命遺產的理性思辨會導致強烈的情緒化反應和兩極分化的政治立場。

　　為了彌合這一缺失,本論題注重思想和「生活世界」之間的互動,既關注情緒、私人記憶、和政治慾望如何創生抽象的哲學概念,又注重從實相世界抽離之後的思想活動如何詮釋包括情緒、感覺和慾望在內的生命書寫。王汎森在對近代中國思想「生活性」的研究中提議,廣義的思想活動「Intellection」是「一切『思』之事物,是思想如微血管般遍布整個社會的現象」。[14] 如果思想如毛細管一般滲入日常生活的每一個角落,那麼反過來說,生活世界的百態——思想家置身於凡塵之中所經歷的生活起伏、慾望、情緒——是否會反過來影響高度抽象性、概念性的哲學思想的生成?由此,我所謂之「思想的情動力」並非僅指形而上學傳統下的哲學反思,而指的是將歷史意識、倫理關切和內在「情動」(affect)轉化成各色「主義」、「理念」和「信仰」的由情入理的思維過程。

1997), pp. 35-100; Xiaomei Chen, *Occidentalism: A Theory of Counter-Discourse in Post-Mao China* (Oxford, UK: Oxford University Press, 1995); 以「跨語際實踐」來闡釋現代中國學者對西方理論的創造性轉化,見Lydia H. Liu, *Translingual Practice: Literature, National Culture, and Translated Modernity* (Stanford, CA: Stanford University Press, 1995).

14 王汎森認為,近代中國史學論述對「思想的生活性」語焉不詳,可能是受到了西方「哲學」觀念傳入的影響,將抽象的、成體系的、從生活世界抽離的思想視為最高真理。這種西洋範式與強調踐履之學的儒家傳統極為不同。見王汎森,《思想是生活的一種方式:中國近代思想史的再思考》(台北:聯經出版公司,2017),頁7。

以「思想的情動力」為切入點，這項研究旨在探討當代兩岸三地（大陸、台灣、華語世界）文學想像和思想論戰中對毛澤東革命的「遺骸」的追蹤、指認和敘述。在革命「正統」被質疑、革命慾望卻完而不了的曖昧歷史時期，烏托邦熱情喚起的情感、記憶和理念如彷徨鬼魅，構成當代思想文化界眾聲喧嘩背後三條隱而不彰的線索：**一為對毛時代摧枯拉朽之暴力和破壞的沉痛批判，二為因左翼理念幻滅和歷史斷裂所觸發的耽溺憂鬱之哀思，三為革命崇高意象所激發的天啟想像和政治神學**。我認為，解答後毛澤東時代文學與思想的激烈轉化的關鍵便在於處理「革命已逝」與「革命猶存」之間的辯證性。同樣面對烏托邦的塌陷，前者以超越和揚棄的方式同革命的經驗和理想決裂，而後者則藉著革命遺骸魂兮歸來之勢尋找使左翼政治「綻出」的另類可能。誠然，如此「類型學」式的解讀雖有以偏概全之虞，然而我無意從社會思想史或是觀念史學的角度梳理出一套全盤敘述。我的目的是細緻地描繪革命的情感結構、政治慾望和文學想像以嬗變的「文」與「思」為媒介，生生不息乃至愈演愈烈的能動過程。

二、思想的「情動力」

為了解釋「思想的情動力」這一關鍵概念，我需要對中西學界的情動理論（affect theory）作一個大致梳理。從九十年代末期開始，西方人文和社會科學研究呈顯出「情動論轉向」（the affective turn）的勢態。「情動」（affect）的哲學概念本源自斯賓諾莎（Baruch Spinoza）的《倫理學》，後由德勒茲

（Gilles Deleuze）和瓜塔里（Félix Guattari）發展為有關身心同感的情緒理論。與笛卡爾「我思故我在」所彰顯的心物二元論相反，斯賓諾莎認為是身體的觸感而非心靈的絕對律令引發了人之意識的流變，因此「身」（body）、「心」（mind）、「慾」（desire）乃是同一的關係。現代性以降，從達爾文對生物心理學的闡發到Silvan Tomkins的「基本情感類型」（basic emotion），神經科學的研究進展使得心理學家得以深入發掘基於生物性、外在刺激的情感強度（affective intensity）如何影響個人行為和理性決策。[15] 以此為憑，情動理論家拒斥康德——哈伯瑪斯的理性主體論述，認為情緒之流轉是一種基於外物刺激、無善無惡的生理體驗（non-intentional, physiological and autonomic experience），是先於任何理性認知和倫理判斷的自發自為的存在。由此看來，政治態度和價值立場的形成不單單由理性思辨而來，而且與「情狀的強度」（affective intensities）息息相關。

例如，分析2016年美國的大選的政治學者指出，唐納德·川普（Donald J. Trump）之所以能夠擊敗民主黨候選人希拉蕊·柯林頓（Hillary Clinton）問鼎總統寶座，並不在於他能夠以理服人，而在於他擅長運用富於煽動力的民粹主義言辭（抽乾官僚主義的沼澤！Drain the swamp of Washington!）和誇張的反政治正確表演引起美國勞苦大眾的情緒共鳴，從而以（基督教民族主義、白人至上主義之）「情」動人。即便大多選民並不認

---

15 關於情動論轉向的批判性梳理，見Ruth Leys, "The Turn to Affect: A Critique," *Critical Inquiry*, vol. 37, no. 3（Spring 2011）: 434-472.

同川普的政治理念，但是與代表「既成體制」的專家型官僚希拉蕊相比，川普極富魔性的煽情無疑使他們如痴如醉，轉而投下贊成的一票。[16] 與哈伯瑪斯設想下「交往理性」主宰的公共領域相反，後真相時代的政治場域經常呈顯出情感壓倒理性的勢態。[17] 由此可見，宣揚「我感故我在」的情動理論家不僅想要瓦解「理智與情感」（reason versus emotion）的二元對立，還試圖從根本上顛覆康德關於「自我立法」的主體論：並非人類心靈主動地產生認知結構，將感性經驗轉化為理性認知；相反，外在的情動力經由身體和感官塑造了人類內在的理性認知和倫理判斷。

　　「情動論轉向」自有其獨特的理論稟賦，卻有唯情是論、將意識形態場域的一切價值倫理衝突簡化為身體的物理狀態和情緒的悸動的嫌疑，將「人」的能動性完全等同於生物性，未免顯得矯枉過正。[18] 與生物心理學對情之「物性」（materialistic）

16　對川普的政治修辭的分析，見Scott Adams, *Win Bigly: Persuasion in a World Where Facts Don't Matter*（New York, NY: Portfolio, 2018）；對川普運用的民粹主義政治策略極為詳盡的分析，見Nadia Urbinati, *Me the People: How Populism Transforms Democracy*（Cambridge, MA: Harvard University Press, 2019）.

17　例如，Eugenia Lean認為，哈伯瑪斯的「公共領域」過於依賴理性人的認知假設，從而忽視了道德激情和政治慾望等多種情感對公眾輿論的強大影響。見Lean, *Public Passions: The Trial of Shi Jianqiao and the Rise of Popular Sympathy in Republican China*（Berkeley, CA: University of California Press, 2007）, pp. 5-8.

18　Ruth Leys認為，情動理論家堅持情動的「非人」（inhuman）、「前主體性」（pre-subjective）以及「發自身體」（visceral）的特質，是對主宰二十世紀人文／社會科學的唯理論的反撥。然而，唯情論卻有意無意地將人

的強調不同，政治哲學家認為情感其實包含理性認知，因而尤為關注某種文化和社會語境下情感與理性的互動。William Reddy借用J. L. Austin的「表演性話語」（performative utterance）理論，提出情感的表達（emotional utterance）可以被視為一種具有表現力和認知特徵的「言語行為」（speech act）。換言之，人們需要以情緒化的言辭（emotive）將鬆散雜亂的思想材料和抽象難解的觀點轉化為具有感染力和說服力的語言表達。[19] 同理，Martha C. Nussbaum將情感視作「思想的激盪」（upheavals of thought）：正是因為人類情感和倫理、價值、理性判斷緊密相連，「情動」與「思辨」乃是相互依存、相互闡發的關係。[20]

　　與兩位學者對情緒的社會性研究相得益彰的是，對於「情緒機制」（emotional regime）的考察一直是文化史學家關注的熱點：正如任何政權（political regime）自有其規訓和懲戒個體行為的複雜機制，從極權主義到自由民主制的各類政體亦孜孜不倦地試圖規訓個體的情感：什麼時候應該「愛」（國），什麼時候需要「敬畏」（權威），什麼時候必須「恨」（敵人）？西奧多・阿多諾（Theodor. W. Adorno）認為，法西斯主義的宣傳機器

的能動性──形成價值立場和道德判斷的能力──歸結於非意向性的、理智之外的生物性元素，進而造成了一種「去政治化的闡釋」：政治立場的形成被化約為外部感官刺激而非理性思辨的結果。見Leys, "The Turn to Affect: A Critique," pp. 435-436.

19　William Reddy, *The Navigation of Feeling: A Framework for the History of Emotions*（Cambridge, UK: Cambridge University Press, 2004）, p. 94.

20　Martha C. Nussbaum, *Upheavals of Thought: The Intelligence of Emotions*（Cambridge, UK: Cambridge University Press, 2003）.

極力將子民塑造為具有「威權人格」（authoritarian personality）的個體，其情感特徵是對上級無條件的服從和極富侵略性的好鬥品格。[21] 與此相反，Nussbaum認為民主政體的基石在於「情感教育」（sentimental education）：積極情緒（同理心、愛、內疚感）的培養可以激發並維持公眾對自由民主價值觀的認同感。[22] 由此可見，實體政治之依存離不開情緒體制的有條不紊的運作。[23]

　　我對於「思想的情動力」的討論試圖調和情動的生物性（affect as autonomic bodily reactions）和情感的社會性（emotion as social and political regulation）之間的張力。在此，我需要引入Anna M. Parkinson對「情感」（emotion）和「情動」（affect）的區分。在Parkinson 看來，「情動」乃是對外在刺激的直覺式反應，這種由條件反射引發的情緒波動基於生物性，並不蘊含任何理性思考。然而，當流變的情緒（愛、恨、悲、喜）進入社會場域，便會在各種倫理觀念和政治權力的規訓之

21　阿多諾對於威權人格的討論，近來由於右翼民粹主義的興起在西方學界得到了前所未有的關注。見Theodor Adorno, Else Frenkel-Brunswik, Daniel J. Levinson, and R. Nevitt Stanford, *The Authoritarian Personality*（New York, NY: Verso, 2019）；Peter E. Gordon, "The Authoritarian Personality Revisited: Reading Adorno in the Age of Trump," in Wendy Brown, Peter Gordon and Max Pensky, *Authoritarianism: Three Inquiries in Critical Theory*（Chicago, IL: University of Chicago Press, 2018），pp. 45-84.

22　Martha C. Nussbaum, *Political Emotions: Why Love Matters for Justice*（Cambridge, MA: Harvard University Press, 2013）.

23　關於emotional regime的提法，見Reddy, *The Navigation of Feelings*, pp. 63-111.

下被賦予新的政治和道德意蘊。[24] 譬如，盟軍占領德國之後為了讓西德民眾認識到納粹主義的滔天罪惡，組織他們觀看於奧斯維辛集中營攝下的各種慘不忍睹的照片。當民眾看到燒焦的屍體、成堆的屍山和毒氣室裡的人間地獄之時，會立即產生基於本能的「情動」：噁心、驚恐、不知所措。然而，在經過盟軍「去納粹化」（denazification）教育，無善無惡、波動起伏的情緒（affect）被轉化為具有道德訓誡功能和政治倫理觀的情感（emotion）：對證歷史，德國人應當感到罪惡（guilt）和羞恥（shame），進而唾棄希特勒政權而擁抱民主政體。[25] 從直覺式的「噁心」到內含倫理判斷的「罪感」，不同層次之間的（生物性）情動和（政治性）情感既有所區別，也有各種複雜的關聯。

同理，我在第三章對「左翼的憂鬱症」的研究亦試圖論證，許多懷戀社會主義往昔的作家和導演其實對高屋建瓴的空疏理論之爭（平等vs自由）毫無興趣，他們對於「革命的歷史意義」的倫理思考往往來源於情感的悸動。例如，王蒙曾在《蘇聯祭》中熱情洋溢地宣稱「青春就是革命，就是愛情，就是文學，也就是蘇聯」。對於情繫中蘇友誼的王蒙而言，蘇聯老大哥首先激起的是一種基於個人生命體驗的「情動」：「沒有哪個國家像蘇聯那樣，我沒有親眼見過它，但我已經那麼熟悉、那麼了解、那麼惦記過它的城市、鄉村、湖泊、它的人

24　Anna M. Parkinson, *An Emotional State: The Politics of Emotion in Postwar West German Culture*（Ann Arber, MI: University of Michigan Press, 2017），pp. 10-17.

25　同上，pp. 2-4.

物、旗幟、標語口號，它的小說、詩、戲劇、電影、繪畫、歌曲和舞蹈」。[26] 同時，失卻烏托邦的切膚之痛繼而引發了富於倫理和政治意蘊的憂鬱反思：蘇聯社會主義為什麼失敗了？私有化改革究竟好不好？什麼是左翼的正義訴求？「情動」與「情感」之間的辯證關係說明問題的關鍵不在於論證情感是否壓倒理智，而在於深入闡釋情動如何激發理性思辨，而理智和道德思考又如何反過來塑造情感之流變。

　　我還需要指出，西方「情動論」並不足以概括中國文化和思想傳統中不絕如縷的「情理之辯」。狄培理和安樂哲均認為，與西方哲學傳統的「情感／理智」二元論不同，儒家一元論傳統裡的「心」（heart-mind）統攝了理性認知能力和情動力。[27] 誠然，儒家倫理對於較為高級的純粹認知能力（如「仁義禮智信」）和低級的動物性情緒（如「食色性也」）自有區分，但並未形成類似笛卡爾唯心主義下的「心物二元論」

26　王蒙，《蘇聯祭》（北京：作家出版社，2006），頁54。

27　這種比較方法的一個問題在於，把西方情緒理論簡化為笛卡爾的心物二元論，從而忽略了中世紀基督教神學裡關於靈魂和激情的論述。正如Thomas Dixon對「情感」（emotion）的詞源學考察指出，基於物理性和生物性的「情感」二字是現代心理學的發明，而在此之前，基督教神學多用「靈魂」（soul）來表達具有神性的個人內心世界，因此並無感性和理性之分。對儒家「心」學傳統的梳理，見William Theodore De Bary, *Neo-Confucian Orthodoxy and the Learning of the Mind-and-Heart*（New York, NY: Columbia University Press, 1981）；對孔子之思的闡釋，見David L. Hall and Roger T. Ames, *Thinking Through Confucius*（Albany, NY: State University of New York Press, 1987），p. 44；對西方語境下「情感」的譜系學考察，見Thomas Dixon, *From Passions to Emotions: The Creation of a Secular Psychological Category*（Cambridge, UK: Cambridge University Press, 2003）.

（body/mind dualism）。[28] 由此，西方漢學家認為儒家之「心」
學傳統與當下西學「情動論」潮流不謀而合，均致力於打通
「情」與「理」之間的鴻溝。然而，正如Curie Virág指出，宣稱
孔子是「情動論」的先驅難免落入東方主義的偏見：經歷現代
性洗禮的歐洲已經喪失了文明初生時的質樸純潔，因此需要去
遙遠的東方尋找「情理交融」的理想國。[29] 如果我們暫且拋開
二元論的問題不談，我們會發現英文的「emotion」一詞可能無
法涵蓋中文語境下「情」的豐富意蘊：它不僅指向主觀情緒，
還被用於描述周轉於天地萬物宇宙間、介乎於形於神之間、甚
至超越生死的創生性力量。對先秦哲學的研究表明，「情」不
僅用於描述主觀情感，還被用以形容客觀的秩序和形勢。Virág
從詞源研究的角度出發，細緻梳理了先秦文本中的「情」的幾
種意思：表達某種具體情緒，如「喜」、「怒」、「哀」、
「樂」、「憂」、「悲」、「懼」、「愛」；表達偏好和意
向，如「好」、「惡」、「慾」、「志」；表達認知能力，如
「思」、「慮」；以及傳達道德情感和某種德行，如「敬」、
「孝」、「仁」、「禮」。由此可見，儒家語境下的「情」是
一個海納百川、極不穩定的概念組合。[30]

28　見Edward Slingerland, "Mind and Body in Early China: An Integrated
　　Humanities-Science Approach," *Journal of the American Academy of Religion*,
　　vol. 81, no. 1（March 2013）: 7；Curie Virág, "The Intelligence of Emotions?
　　Debates over the Structure of Moral Life in Early China," *L'Atelier du Centre de
　　Recherches Historiques*, accessed July 1, 2020, http:// acrh.revues.org/ 6721.

29　Virág, *The Emotions in Early Chinese Philosophy*（Oxford, UK: Oxford
　　University Press, 2017）, p. 3.

30　見A. C. Graham, "The Meaning of Ch'ing [Qing]," in *Studies in Chinese*

自五四以來，心與物、思與信、情感與理性的糾纏關係更是中國作家和知識分子爭論不休的話題。五四新文化運動的健將一方面將「啟蒙理性」視為最高價值，另一方面又受到各種歐美唯情主義、生命主義、美育主義的論述影響，不斷檢視和翻新儒釋道傳統中的情感論以對抗西洋物質文明觀。在1923-1924年的「科學與人生觀」論戰中，張君勱、張東蓀、張競生等「玄學派」認為，理性主宰一切的科學觀念導致了災難性的世界大戰，因此主張回到「一切有情」的東方哲學，推動美育理念，闡發人生觀問題。張競生在《美的人生觀》中提出，唯有將「全盤美治主義」作為協調社會改造人心的手段，製造「良政美法」，薰陶「佳男美女」，方能重塑道德個體和民族氣象。31 更有甚者，朱謙之以伯格森創化論發掘《周易》情

Philosophy and Philosophical Literature（Singapore: Institute of East Asian Philosophies, 1986），pp. 59-65; also see Halvor Eifring eds., *Love and Emotions in Traditional Chinese Literature*（Leiden, Brill: 2003）; Virág, *The Emotions in Early Chinese Philosophy*, pp. 8-9；需要注意的是，雖然「情」的意蘊豐富，然而儒家人文傳統仍然強調情感的薰陶與道德教化之間的緊密關聯。在孔子看來，「發乎情，止乎禮」，無節制的情緒發洩會使人誤入歧途，因此需要一套道德規範和禮儀教化來保持中正平和的情緒。在朱熹看來，正因為心外有「理」，追求純粹至善的德性需要「存天理、滅人欲」，摒棄不合理的私慾。 然而，自晚明以降，從大眾文化界到思想界處處瀰漫著「情欲覺醒」的勢態，各種詩文、小說、戲曲、以及異端思想紛紛歌頌重情尚真之風氣，要求擺脫日漸僵化的禮教的桎梏。從馮夢龍的「情教」到戴震的「以理殺人」，情逐漸成為是先於理、屬於本性、天性的全新哲學觀和世界觀。見Martin Huang, *Desire and Fictional Narrative in Late Imperial China*（Cambridge, MA: Harvard University Press, 2001）.

31　張競生，《美的人生觀》（北京：生活・讀書・新知三聯書店，2009）。

觀，大力頌揚「真情之流」即宇宙本源的唯情哲學。[32] 當然，情動理論並非文化保守主義者的專利。從三十年代左聯作家聲嘶力竭、充滿暴力修辭的「血淚文學」，到四十年代知識分子前仆後繼地奔赴延安、以「信」之熾熱取代「思」之縝密的革命激情，以星火燎原之勢瀰漫知識界的左翼文化風潮離不開去情感的躍動。再者，情可以發自智性的真誠，也可以被政黨組織、國家機器所操弄。從延安整風中的「自我批評」到土改中的「訴苦運動」再到文革時期的「大鳴大放」以及改革開放初期的「傷痕書寫」，激發、塑造、疏導、和撫平知識分子與大眾的各種情緒無疑是中國共產黨「輿情」工作的重中之重。[33] 可以毫不誇張的說，剛性硬氣、摧枯拉朽的共產主義的風起雲湧離不開政黨政治對身體、感覺、情緒的調動與控制。

　　為了分析這些目不暇接的情感政治，中國現代文學與文化研究在過去數十年間也經歷了一場「情感論轉向」（the emotive turn），由此產生了眾多學術論述。從對某種情緒的文學表徵和文化內涵的細膩梳理（例如創傷、疼痛、同情、情愛），到各派文藝美學風格所彰顯的唯情論（例如抒情主義和唯美主義），再到對形形色色公共空間、政治場域以及媒體輿論中的情緒化表達之考察，這些極富洞見的分析發掘了二十世紀中國

32　對五四以來唯情哲學的討論，見彭小妍，《唯情哲學與科學理性：五四的反啟蒙》（台北：聯經出版公司，2019）；Xiao Tie, *Revolutionary Waves: The Crowd in Modern China*（Cambridge, MA: Harvard University Press, 2017），pp. 59-90.

33　見Elizabeth J. Perry: "Moving the Masses: Emotion Work in the Chinese Revolution," *Mobilization*, vol. 7, no. 2（Jun 2002），pp. 111-128.

各種充滿思辨潛能和美學意蘊的詩歌、戲曲、小說、電影、以
及政論，徹底改變了唯「啟蒙」現代性馬首是瞻的研究導向。34
然而，唯情是論的學術風潮固然是對早先學者過度關注五四以
降的啟蒙與理性傳統的反撥，但如若陷入情感的一元論，便無
法回答「情理之辯」──情感如何影響和塑造思想之創生──
的問題。35 例如，王德威提出以「批判抒情主義」（critical

---

34 關於明清文學中的「情教」論述，見Wai-yee Li, *Enchantment and Disenchantment: Love and Illusion in Chinese Literature*（Princeton, NJ: Princeton University Press, 1993）. 對「疼痛」的中國文化史研究，見 Michael Berry, *A History of Pain: Trauma in Modern Chinese Literature and Film*（New York, NY: Columbia University Press, 2008）；有關「同情」，見 Eric Hayot, *The Hypothetical Mandarin: Sympathy, Modernity, and Chinese Pain*（Oxford, UK: Oxford University Press, 2009）；關於「情愛」，見 Jianmei Liu, *Revolution Plus Love: Literary History, Women's Bodies, and Thematic Repetition in Twentieth-Century Chinese Fiction*（Honolulu, HI: University of Hawai'i Press, 2003）；Haiyan Lee, *Revolution of the Heart: A Genealogy of Love in China, 1900-1950*（Stanford, CA: Stanford University Press, 2006）；關於抒情傳統與現代中國文學，見David Der-wei Wang, *The Lyrical in Epic Time: Modern Chinese Intellectuals and Artists Through the 1949 Crisis*（New York, NY: Columbia University Press, 2015）；關於美學實踐，見Ban Wang, *The Sublime Figure of History: Aesthetics and Politics in Twentieth-Century China*（Stanford, CA: Stanford University Press, 1997）；關於公共領域的情感論述，見Lean, *Public Passions*；關於電影的情動力，見Weihong Bao, *Fiery Cinema: The Emergence of Affective Medium in China, 1915-1945*（Minneapolis, MI: University of Minnesota Press, 2015）.

35 以啟蒙理性為主導的研究，見Vera Schwarcz, *The Chinese Enlightenment: Intellectuals and the Legacy of the May Fourth Movement of 1919*（Berkeley, CA: University of California Press, 1990）；Wei Zhang, *What is Enlightenment: Can China Answer Kant's Question?*（Albany, NY: State University of New York Press, 2010）.

lyricism）重思「啟蒙」與「革命」的兩大理論範式。這裡，
「抒情傳統」並非僅僅是一種表達家國情懷和個人情感的文學
論述，而是由感性「文思」、「情思」入理性「心思」乃至
「神思」的能動過程。36 同理，包衛紅所謂的「情動媒介」
（affective medium）印證三十年代左翼政宣片點燃的「情感之
火」不僅造成感官刺激，也以徜徉肆恣的情動力攪動思想，激
發政治行動。37

　　這些將思想形成之源頭追溯至情動力的理論嘗試讓人想起
康德的名篇〈何謂「在思考中定向」？〉（What Does It Mean
to Orient Oneself in Thinking）。康德認為，正如行走需要有上下
左右的方向感以感知空間，任何哲學思辨都必須由一個先在的
「指南針」（initial orientation）所引導。38 就像一個在陌生的
黑暗森林中憑藉若隱若現的北極星辨識方向的旅人，當我們無
法窺見超越經驗的認知對象之全貌時，便不得不依賴「感受」
（Gefühl）——具有知識意志的情感——來作為主觀的分辨根
據，指導思維的方向。毫無疑問，對於將理性設為真理之最高
標準的康德而言，這個先在的、引導智性活動的「指南針」就
是純粹理性本身。39 換言之，「定向」思想之框架、概念、趨

36　王德威，《史詩時代的抒情聲音》（台北：麥田出版，2017）。

37　Bao, *Fiery Cinema*, pp. 7-17。

38　李明輝指出，康德的「定向」（initial orientation）一詞本義是地理的，意
　　味「從一個特定的方位……去找出其餘的方位，特別是東方」。見李明
　　輝，〈康德的《何謂「在思考中定向」？》及其宗教哲學意涵〉，《國立
　　政治大學哲學學報》，第二十九期（2013年1月），頁161-62。

39　見Peter E. Gordon, *Continental Divide: Heidegger, Cassirer, Davos*（Cambridge,
　　MA; Harvard University Press, 2010），pp. 5-6.

勢、走向的根本能力只能源於內在的人類理性，而非外在的啟
示或者靈感。[40]

　　我以為，證明「情動力」之能量的關鍵不在於以「東風壓
倒西風」之勢態證明情感壓倒理智，而在於如何修正康德的唯
理論：情感是否具有「定向」思想之框架、概念、趨勢、走向
的根本能力？分辨「左」、「右」之爭、「進步」與「保守」
之爭的認知的「指南針」，究竟是純粹知性概念，還是融主觀
感受和知識意志為一爐的Gefühl？因此，我關於「思想的情動
力」的提法並非意在將「唯理論」替換為「唯情論」，而在於
理解雷蒙德・威廉斯所描述的情與理的辯證關係：「被感覺的
思想和作為思想的情感」（thought as felt and feeling as
thought）。[41]

　　舉一個例子，當代中國左派和自由派之所以因為「文革究
竟好不好」的問題而呈顯出言辭激烈、勢不兩立的兩極化傾
向，除了「自由」、「平等」的理念之爭以外，還事關「作為
生命體驗的社會主義」（the lived experience of socialism）。提
及文革，許多自由派立即想到的便是「群眾批鬥」、「紅衛兵
武鬥」、「抄家」、「大鳴大放」等慘痛經歷，而讓左派心有
戚戚焉的則是「革命與青春」、「集體生活」、「福利國

40　Immanuel Kant, "What Does It Mean to Orient Oneself in Thinking," in *Religion within the Boundaries of Mere Reason: And Other Writings*, ed. Allen Wood and George di Giovanni（Cambridge, UK: Cambridge University Press, 1999），pp. 1-18。

41　Raymond Williams, *Marxism and Literature*（Oxford, UK: Oxford University Press, 1977），p. 131.

家」、「烏托邦主義」等浪漫情懷。這些帶著私人記憶、生命體驗和政治慾望的「感受」（Gefühl）就好像一個認知的「指南針」（initial orientation），引導著左派和自由派打左燈或者向右轉，擁戴迥異的價值立場和政治主義。[42] 思想立場背後的「情動力」使得我們認識到，各種政治「主義」、「大說」的形成不是單單由「純粹理性」所推動，而是離不開浸潤著私人記憶、感官刺激、道德情感的美學和文學實踐。

　　唯其如此，本書並非旨在以傳統觀念史的角度梳理「左派」、「自由派」、「文化保守派」的譜系，研究各種學說如何以「理」服人。相反，我感興趣的問題是：「左派」、「自由派」和「文化保守派」如何以「情」動人？究竟是什麼樣的「情動力」在暗中塑造和驅動各種學說的政治慾望、文化想象和道德感召力？為何自由派學人頻頻以「傷悼的政治」（the politics of morning）為批判極左政治、告別革命的手段？為何左派知識分子難以忘懷革命往昔，以至於患上了「左翼的憂鬱症」（left-wing melancholia）？為何文化保守主義者對革命神學曾喚起的「海洋性感覺」（oceanic feeling）如此心醉神迷？誠然，這些「主義」和「學理」往往秉持著截然不同的價值立場

42　當然，我們也需要警惕那種認為可以從個人的生活體驗中找到其思想蹤跡的「傳記式思想史」。例如，James Miller在《福柯的生死愛慾》中把福柯對尼采─海德格等激進哲學的痴迷歸結於他私生活中對「極限體驗」（limit experience）的痴迷，顯得過於武斷，抹去了哲人的個人生活和其哲思之間的界限。詢問思想與生活世界的關聯，並非意味著一定要從個人生活中尋找思想的源頭來建立嚴格的因果關係。見Miller, *The Passion of Michel Foucault*（New York, NY: Anchor Books, 1994）.

和記憶政治。然而過於強調「啟蒙」、「革命」這些大而化之的理念之爭會導致我們無法細緻入微地體察宏大敘事背後各種複雜的、微妙的、難以言喻的情緒流變和美學表達：從傷悼死者、對證歷史的「懺悔意識」到以「樂感文化」薰陶大眾的情感教育，從革命的憂鬱症到自由主義者的道德義憤，「情」與「理」的糾纏不休提醒我們：「自由、平等、博愛」這些抽象理念之所以動人心魄，在於它們往往與道德激情、政治慾望和生命體驗息息相關。因此，唯有「有情的理念」（affective idea）方能賦予抽象難解的思想以生命活力和政治號召力，進而「引無數英雄競折腰」。

　　正因為政治情感往往埋藏於文學書寫以及美學論述之中，而不單單以抽象政論的形式表達出來，本書試圖跨越「思想」與「文學」的學科藩籬，進而思考「思想的文學性」和「文學的思想性」。換言之，我強調的是文（writing）與思（thinking）之間隨著情勢不斷湧現的或張或弛的有機連鎖。中國文化傳統中的「文」與「思」的相繫相依，早已超出了西學語境下文學（literary studies）／觀念史（history of ideas）的學科分野，而是蘊含著道之「蔽」與「現」的複雜律動。在此，「文」並非單指西學意義上的表徵策略（strategies of representation），而是代指以錯綜複雜的文辭、審美和想像力生成思想乃至干預政治的獨特路徑。正如王德威所言：

　　　　面對文學，中國作家與讀者不僅依循西方模擬與「再現」觀念而已，也仍然傾向將文心、文字、文化與家國、世界做出有機連鎖，而且認為這是一個持續銘刻、解讀生

命自然的過程，一個發源於內心並在世界上尋求多樣「彰顯」（manifestation）形式的過程。這一彰顯的過程也體現在身體、藝術形式，社會政治乃至自然的律動上。據此，在西方虛與實、理想與模擬的典範外，現代中國文學也強烈要求自內而外，同時從想像和歷史的經驗中尋求生命的體現。43

以此創生性的「文」之觀念回望現代中國思想史，無論是康有為、章太炎以「文」為手段鼓吹復古和革命，還是魯迅、梁啟超等五四學人以「小說」推行啟蒙、否思現代性，亦或是陳寅恪以柳如是之亡明「心史」抒發中國文化宣言，流動性的言說和星羅棋布的審美意象不斷生成著原創性的哲學話語。44 從李澤厚目睹文革之殤進而闡發康德哲學之意蘊，到劉小楓以煽動性的華美文辭描繪革命之保守主義「微言大義」；從由「民國熱」掀起的文化懷舊所激發的自由主義理念，到因革命幻滅之傷痛而引發的新老左翼政治訴求，對慾望、情態和生命世界的概念化和抽象化是一個持續辯識義理、賦予意義和實踐理念的

43　王德威，〈「世界中」的中國文學〉，《中國現代文學》，第三十一期，2017年6月，頁8。

44　關於對「文」的政治能動性和思想創生性的考察，比較具有代表性的論述有（但不局限於）：林少陽，《鼎革以文：清季革命與章太炎復古的新文化運動》（上海：上海人民出版社，2018）；同時，西方學界的討論包括德里達等後結構主義者對思之「再現」的理論，以及Blumenberg以哲學人類學為出發點梳理概念性邏輯背後的「絕對性隱喻」的嘗試。見Hans Blumenberg, *Paradigms for a Metaphorology*, trans. Robert Savage（Ithaca, NY: Cornell University Press, 2016）.

能動過程。在當代中國，文學書寫以錯綜複雜的言辭和意象不斷創生著政治意蘊和信仰辯難，成為彰顯或是質詢各式各色的「主義」與「學說」的重要媒介。同時，思想則從抽象的層面將捉摸不定的文學和美學意象理論化，形成整體性的架構、態度和論述，進而喚起記憶、對證歷史和激活政治潛能。如此一來，「思」、「文」之間的周流往復形成了從文學批評、審美意象、政治抒情到神學辯難的駁雜體系。對文與思互相塑型之強調既可以避免思想史研究過於空疏窄化的問題，也有助於以綜觀的角度梳理形形色色的文本背後的思想理念。

三、對證革命／與過去和解

本書關注後毛澤東時代的思想爭鳴如何「對證革命」，因此還需要對「對證歷史」／「與過去和解」（Coming to terms with the past）這一核心命題作出闡釋。「對證歷史」一詞本源自二戰之後的西方思想界對二十世紀人類所經歷的一連串慘烈的政治浩劫——從奧斯維辛到極權主義——的深刻反思，集中體現進步知識分子拒絕遺忘、悼亡死者、撫慰創傷、追尋轉型正義（transitional justice）的訴求。阿多諾在〈何謂與過去和解〉（What Does Coming to Terms with the Past Mean）一文中認為，對證歷史的關鍵在於喚醒不忍卒讀的慘烈往昔，使當代人直面歷史的罪行和集體的共犯結構，進而尋找道德救贖的可能。[45] 毫無疑問，阿多諾的反思根植於戰後西德知識界關於納

---

45 Theodor W. Adorno, "What Does Coming to Terms with the Past Mean?" in

粹歷史長達數十年的「記憶戰爭」（memory wars）。一方面，
以哈伯瑪斯為首的進步左翼認為，奧斯維辛之後，納粹罪行與德
國歷史已是難解難分，因此身負滔天罪孽的德國人已經喪失追尋
德意志民族認同的權利。不該發生的已然發生，德意志民族的重
生必須建立在徹底否定過去——甚至否定德意志民族存在的道德
正當性——的立場之上。以一言蔽之，要重新成為德國人，必須
首先放棄認同德國身分，成為「去德意志化的德國人」（Non-
German German），以「憲政愛國主義」（Constitutional
Patriotism）認同一種剝離了具體民族歷史和文化身分的普世價
值。[46] 另一方面，修正主義史學家則抱怨，左派的衛道士數十
年來反覆揮舞著納粹屠殺的「道德大棒」（moral cudgel），把
德國身分變成一種恥辱。他們宣稱，德國已經成為彰顯轉型正
義的道德楷模，數十年的去納粹化歷程已經洗刷了先輩的罪
行，進而要求「把過去正常化」（Normalize the past），並以此
重鑄德意志民族認同，最終把「新德國人」（German German）
身分合法化。[47]

　　Bitburg in Moral and Political Perspective, ed. Geoffrey H. Hartman
　　（Bloomington, IN: Indiana University, 1986），pp. 114-129.

46　見Jan-Werner Müller, *Constitutional Patriotism*（Princeton, NJ: Princeton
　　University Press, 2008）.

47　Dirk Moses將戰後西德進步左翼的史觀稱為「救贖式的共和主義」
　　（Redemptive Republicanism），將修正主義史學家的觀點稱為「整合式的
　　共和主義」（Integrative Republicanism）；前者企圖與（被納粹主義玷污
　　的）民族歷史一刀兩斷以求救贖，後者則致力於發掘民族歷史中的啟蒙理
　　念以鑄就新的德國身分認同。見A. Dirk Moses, *German Intellectuals and the
　　Nazi Past*（Cambridge, UK: Cambridge University Press, 2007）；關於戰後德
　　國是轉型正義的楷模的說法，見Jeffrey K. Olick, *The Sin of the Fathers:*

當代中國知識分子關於「對證革命」的思考，無疑借鑒了戰後德國經驗。文革結束之後，多有改革派知識分子痛斥由國家意志主導的「遺忘術」，要求審判歷史罪人，否思革命經驗。然而，戰後西德的左右之爭仍然基於一個根本的道德和政治共識：納粹往昔是「變態、瘟疫、災難和悲劇」（a perversion, a plague, a catastrophe, and finally a tragedy），因此兩派爭論的焦點在於以何種方式清除納粹遺毒。[48] 與此相反，中國八十年代知識界與政界曾經短暫凝聚起來的改革共識——「否定文革，解放思想，一致向前看」——早已蕩然無存。從九二年市場化進程加速開始，經濟改革造成的權力腐敗、貧富差距以及社會怨憤加速了思想界的對立與分化，關於如何評價毛澤東時代的遺產，朝野上下、左右之間已無共識可言。[49] 更何況，在不少知識分子看來，文革與奧斯維辛之間存在著千差萬別：希特勒為維護雅利安血統的純正而將「劣等民族」送進毒氣室的行徑遭萬人唾棄，而毛澤東的土地改革、階級鬥爭和大鳴大放等激進政治實踐依然蘊含著顛覆性的革命潛能。

我認為，與德國朝野「否定納粹」的政治共識不同，當代中國有關「對證革命」的敘述絕非僅僅意在「與歷史和解」，而是反其道行之，干預歷史，讓革命重新綻出，進而激活嶄新的政治主義和學理言說，投射中國政治共同體的未來圖景。誠然，中國學人熱衷於「古為今用」的記憶政治經常引發歪曲歷

Germany, Memory, Method（Chicago, IL: University of Chicago Press, 2016）.

48 見Fredrich Meinecke, *The German Catastrophe*（Boston, MA: Beacon Press, 1964）, pp. 101-103.

49 周濂，〈流沙狀態的當代中國政治文化〉，頁28-37。

史的指控。多有論者指出，不同派系的知識分子經常以偏概全，抽取革命歷史中的個案來為自己的政治議程辯護。於是乎，當左派大談「鞍鋼憲法」所揭示的「後福特主義」產業升級之道，自由派則念念不忘「道縣屠殺」裡裡外外的血跡斑斑。因此，我認為探討當代中國記憶政治的關鍵不在於「記憶」而在於「政治」：與先前學者關注「社會如何銘記歷史」（How societies remember）不同，本書的重點在於知識精英如何修正、改造以及動員革命的記憶來合法化各自的政治言說和意識形態議程。[50] 司馬遷說「述往事，思來者」，「對證革命」最終不全為還原歷史真相，而是指向當下和未來，關乎對革命與啟蒙之合法性的鬥爭。

此外，我們還需要質問「對證革命」所引發的極端情緒化和道德化的辯論。我雖然關注道德情感（moral emotion）如何塑造思想認知，卻並不打算以道德主義（moralism）的姿態指點江山、輕率地評判歷史和個人的是非功過。正因為當前學界對於中國革命的評價走向兩極分化，無論是將左派斥為「文革遺毒」，還是認為自由派漠視普羅大眾的疾苦，都不可避免地將個人情緒和道德義憤置於歷史分析之上。王德威認為，「訴苦」文體的弔詭之處在於，「自以為是的見證只能帶來傲慢與

50　相關的記憶研究著作有：Ching Kwan Lee and Guobin Yang ed., *Re-envisioning the Chinese Revolution: The Politics and Poetics of Collective Memory in Reform China*（Stanford, CA: Stanford University Press, 2007; Guobin Yang, *The Red Guard Generation and Political Activism in China*; Rubie Watson ed., *Memory, History, and Opposition Under State Socialism*（Santa Fe, N.M.: School of American Research Press, 1994）.

偏見，對暴力急切的控訴往往已經埋下了另一批暴力的種子」。[51] 當前中西學界關於知識分子如何「對證革命」的研究經常變成一種「控訴史學」，難掩作者的道德義憤：為什麼知識分子沒有守住「道德底線」，不但沒有「以真理質問權力」（speak truth to power），反而與「威權主義」同流合污？

　　當然，我們必須承認「遺忘的政治」所揭示的知識精英的背叛，然而後毛澤東時代「記憶」與「遺忘」之間的持續張力絕非可以簡單套用「抵抗／收編」的二元範式。Jeffrey K. Olick 曾指出：「國家認同與政治合法性（的重鑄）總是涉及銘記與忘卻之間的微妙平衡」。[52] 因此，記憶爭鳴往往折射更為複雜的問題：當代中國知識分子如何通過選擇性的記憶／遺忘（selective remembering/forgetting）來重建集體記憶、家國認同以及後社會主義政權的合法性？本書力圖證明關於革命歷史的爭論往往觸及中國現代性的複雜多義：在政府大力發展經濟、官媒宣揚「和平崛起」的當下，如何解釋毛澤東時代「以階級鬥爭為綱」、「向世界輸出革命」的理想追求？如果革命的遺產仍然可以為當代中國提供解放性的理念，那麼如何解釋歷史與倫理的二律背反、革命之「名」與「實」之間的巨大落差？二十世紀中國歷經左右之爭，五四反傳統主義主導了各種政治思想論述，新世紀以來質疑現代化論述、要求復興中國傳統的呼聲不絕於耳；藉此機緣，為何不一勞永逸地放棄「對證革

51　王德威，《歷史與怪獸：歷史，暴力，敘事》（台北：麥田出版，2004），頁6。

52　Olick, *The Sins of the Fathers*, p. 7.

命」，回歸五四之前的儒家文明本源？在這樣的問題脈絡裡面
回顧革命與啟蒙的此消彼長，要求我們超越簡單的道德評判，
看到記憶政治如何同當代中國的現實問題在更為深遠的層面上
擦出思想的火花，從而產生持久不衰的影響。

　　從另一方面來說，控訴史學所折射的「恨鐵不成鋼」的情
緒化表達與「知識分子」（intellectual）一詞所蘊含的道德理想
有關：自德雷福斯事件（Dreyfus affair, 1894）以來，西方有關
知識分子應當遺世獨立、質問權力、為公眾發聲的敘述不絕如
縷。[53] 冷戰結束後，在烏托邦主義的幻滅和知識精英話語權失
落的雙重桎梏之下，不少西方學者開始以「知識分子與政治」
為題大肆批判二十世紀歐陸哲學中「親暴政」（tyrannophilia）
的病症：從熱情讚頌納粹主義之「內在真理與偉大」（the inner
truth and greatness of National Socialism）的存在主義大師海德
格，到堅稱無產階級的暴力即是人道主義最高形式的法國哲學
家沙特，西歐知識分子似乎總是心醉於開天闢地的政治偉業，
不負責任地為各種「惡託邦」搖旗吶喊。[54] Mark Lilla在《魯莽

53　關於Dreyfus affair與現代公共知識分子這一道德理念的形成之分析，見
　　Benjamin Aldes Wurgaft, *Thinking in Public: Strauss, Levinas, Arendt*
　　（Philadelphia, PI: University of Pennsylvania Press, 2016），頁27；討論西
　　方公共知識分子衰落的經典著作，見Russell Jacoby, *The Last Intellectuals:
　　American Culture in the Age of Academe*（New York, NY: Basic Books, 2000）；
　　Richard A. Posner, *Public Intellectuals: A Study of Decline*（Cambridge, MA:
　　Harvard University Press, 2003）；Allan Bloom, *The Closing of the American
　　Mind*（New York, NY: Simon & Schuster, 1987）。

54　見Richard Wolin, *The Politics of Being: The Political Thought of Martin
　　Heidegger*（New York, NY: Columbia University Press, 1992）；Tony Judt, *The
　　Burden of Responsibility: Blum, Camus, Aron, and the French Twentieth Century*

的心靈》（*The Reckless Mind*）中直接將這種政治狂熱症歸結為「敘拉古的誘惑」（The lure of Syracuse）：公元前368年，「哲學王」柏拉圖接受獨裁者Dionysius the Younger之邀約前往敘拉古輔政，希望藉此權力實現其「理想國」之夙願。Lilla認為，「學成文武藝，貨與帝王家」的政治脾性源於思之本質：整日沉溺於純粹理念、憤世嫉俗的知識分子總想藉世俗權力完成其改天換地的宏偉願景。[55] 誠然，政治與哲學的關係是任何思想史學者繞不開的議題。然而不少學者指出，這種上綱上線的道德主義把哲學的政治性當做評判思想高低的絕對標準，使得思想史的研究變成一種「偵探式」（detective）、「審訊式」（interrogational）的寫作，完全消弭了個人政治野心和普遍思想理念之間的複雜張力。[56] 道德理想主義情懷誠然可貴，卻極易導致學術研究陷入一種涕泣好呼的情感宣洩。

　　唯其如此，關心思想背後的「情動力」並不意味著以主觀的道德情感評判是非，而是在具體的、動態的歷史脈絡中解釋「情」與「理」的辯證關係。換言之，我關心的並不是評價哪個主義、哪種學說可以更好地「對證革命」，而是試圖分析各種「對證革命」的政治與情感姿態背後複雜的歷史成因。

（Chicago, IL: University of Chicago Press, 2007）.

55　見Mark Lilla, *The Reckless Mind: Intellectuals in Politics*（New York, NY: New York Review Books, 2003）.

56　見Wurgaft, *Thinking in Public*, 4; Peter E. Gordon, "Heidegger in Black," *The New York Review*, October 9, 2014, https://www.nybooks.com/articles/2014/10/09/heidegger-in-black/; Julian Bourg, "Blame it on Paris," *French Historical Studies*, vol. 35, no. 1（Winter 2012）: 181.

Parkinson認為，治戰後西德思想史的學者往往過於糾結與「納粹往昔是否已經被徹底清除」（whether the past has been overcome or mastered in which way）之類的道德評價，以至於經常陷入「批判」（德國懺悔得還不夠）或是「辯護」（德國已成為發揚轉型正義的模範民族）的兩難選擇（the apologetic/ polemic model）。面對道德激情綁架學術判斷之困境，Parkinson轉而追問：究竟是哪些道德情感和倫理意識使得「與過去和解」成為當代德國學界不容置喙的共識（the framework established by the discourse of "coming to terms" with the past）？[57] 與此類似，本書要質問的並不是「為何左翼對毛澤東時代的人道主義災難緘默不言」或者「為何自由主者刻意忽略社會主義給底層人帶來的尊嚴與福利」。筆者要追問的是：究竟是什麼樣的道德激情和倫理質詢塑造了左翼學人對社會主義往昔「剪不斷、理還亂」的情絲？又是什麼樣的集體情緒和政治慾望使得「告別革命」成為自由派的共識？

四、章節概要

最後，我需要對本書的案例選擇與取捨做幾點方法論上的

57　關於「對證歷史」的論述，見Hannah Arendt, "The Aftermath of Nazi Rule: Report from Germany," in *Essays in Understanding, 1930-1954*, ed. Jerome Kohn（New York, NY, Harcourt Brace, 1994）, pp. 248-269; Alexander & Margarete Mitscherlich, *The Inability to Mourn: Principles of Collective Behavior*（New York, NY: Grove Press, 1975）; Meinecke, *The German Catastrophe*, pp. 101-103; Parkinson, *An Emotional State*, p. 4.

說明。當代中國思想場域變幻莫測，時至今日，各種奇說怪談仍源源不斷地湧現，由此而來的一個問題即是如何從泥沙俱下的「主義」、「大說」中選擇關鍵性的人物加以闡釋？如何證明我選取的思想文本能夠代表更為廣泛的思潮流變和政治趨勢？為什麼我對某些具有重大影響力的「思想領袖」語焉不詳？傳統的思想史研究往往以「學派」、關鍵人物、思想共識為研究對象，力求展示某一派別的知識團體、政治主義、或者大思想家的巨大影響力和輻射力。這種聚焦「典型人物」、「重大影響力」的分析範式面臨一個根本問題：究竟什麼是思想的影響力？什麼是某種思想是否足夠「主流」的評價標準？[58]受到進化論的影響，許多現代思想史著作經常陷入一種螺旋上升的線性敘事。以後見之明觀之，某一主義之所以力壓群雄成為「主流」思潮，是其更為「先進」、「科學」、「正確」。這是一種典型的黑格爾歷史演化論：絕對精神的演進預設了從低級到高級的歷史發展軌跡。然而世事往往變幻無常，善惡俱分進化，思想的「主流」與「邊緣」，「聲勢浩大」與「日漸衰微」之間的互換經常突然發生，令人猝不及防。從西方後現代主義者筆下「混亂無序」（chaos theory）的複調歷史，到王汎森近年來提倡的「風」的史學觀念，我們可以說百舸爭流的思潮背後總有無數股勢力在暗中攪動，審時度勢，試圖成為引領風潮的主流論述。結果是，某一時期成為強勢思維的關鍵思

58　對於西方思想史研究「影響範式」（influence paradigm）的批判，見
　　Quentin Skinner, "Meaning and Understanding in the History of Ideas," *History and Theory*, vol. 8, no. 1（1969）: 26-27.

想家或者學派隨著時勢變化而沒入潛流，數十年甚至百年之後才會再度破土而出。[59] 因此，與其費盡心思論證某種思想持久不衰的重大影響力，不如質問：究竟是什麼樣的「風」——集體情緒、道德慾望、政治時機——使得某一思想或者人物脫穎而出，引領風潮？

　　本書以相互關聯的四部分來展開論述。第一章題為〈「樂」與「罪」的隱秘對話〉，以李澤厚的「樂感文化」和劉再復的「罪感文學」為題，通過重構兩者之間關於情感倫理學的隱秘對話，來勾勒新時期反思革命烏托邦主義的兩種路徑。在李澤厚描繪的「由巫到禮，釋禮歸仁」的儒學情理結構中，先秦儒學以此世之情為本體，孕育了與西方救贖文化截然不同的「樂感文化」。這種美學想像重啟了五四時期的「美育代宗教」論，以感性詩意的方式呼喚文化和政治新命。同時，受到巴金《隨想錄》之啟發，劉再復以「懺悔」與「審判」為線索反思中國文學中罪感的缺失。劉著《罪與文學》受到西洋

59　相關的例子可謂是數不勝數：四九年之後，隨著官方整肅胡適等自由派在學界的影響力，自由主義在中國大陸淪為異端邪說，潛沉了數十年，卻在改革開放之後藉著自由市場的風潮登堂入室，迅速成為一支重要的意識形態陣營；康有為的「保教立國」說在其生前便遭到保皇派和進步派的詆毀與攻擊，然而近年來因為官方高調宣揚儒家文化軟實力，大陸新儒家竟重新祭起康有為立孔教為國教的主張，乃至形成「新康有為主義」一說。這些倏忽暴得大名、倏忽隱沒不見的思想風向變換都是進化論史觀無法闡釋的。見王汎森，〈「風」——一種被忽略的史學觀念〉，《執拗的低音：一些歷史思考方式的反思》（北京：生活・讀書・新知三聯書店，2014），頁167-210；以反事實思維解構單線西方史學的嘗試，見Philip E. Tetlock, Richard Nd Lebow & Geoffrey Parker ed., *Unmaking the West*（Ann Arbor, MI: The University of Michigan Press, 2006）。

啟示宗教的原罪意識啟發，思考文學如何對證歷史，傷悼死者，追尋一種詩學的正義。罪感文學實質上是一種懺悔的倫理行為，通過勾勒靈魂深處的掙扎與彷徨來反思劫後餘生之後生者的倫理職責。

本章試圖回答幾個問題：「樂」與「罪」這兩種情感究竟與告別革命的啟蒙議程有何關聯？反芻歷史的幽暗與暴力為何要從情感倫理學出發？我認為，新啟蒙知識分子之所以激辯「情感教育」（sentimental education），根本原因在於情感本身就是表達理性思辨與倫理判斷的重要形式（emotion as ethical reasoning）。當代中國知識分子對於情感倫理的思考，無疑受到了西方學界對納粹浩劫、大屠殺以及轉型正義等論述的影響。西方「懺悔文化」（the culture of contrition）可以溯源至基督教義的原罪一說。人雖由上帝所創生，卻是背負罪惡和墮落的凡塵之物，因此人性的去惡為善離不開認罪與自省。二戰之後的西方世界經歷納粹暴行和種族清洗，懺悔意識和轉型正義（transitional justice）主導了歐洲思想版圖。阿多諾的名言「奧斯維辛之後，作詩亦是一種殘暴」（To write poetry after Auschwitz is barbarous）集中體現了歐洲左翼知識分子要求直面歷史之惡行、國家機器之暴虐、社會道德之脆弱的強烈呼聲。這裡，西德知識分子要求德國民族集體懺悔、反思罪責的敘述顯得尤為矚目。面對戰後德國民眾對盟軍「去納粹化」教育的牴觸情緒和犬儒心態，卡爾‧雅斯培（Karl Jaspers）認為在法律與政治罪責之外，德國人必須直面「形而上之罪」（metaphysical guilt）：在屠殺五百萬猶太人的種族滅絕罪行面前，活著本身已是罪惡。因此，告別軍國主義傳統、實現德國的「西化」

（Westernization）和「民主化」，必須先從情感的薰陶開始。由此可見，「罪」之情感表達並非基於生物性的情緒釋放，而是與道德判斷和政治—宗教倫理息息相關。我以為，將中國知識分子對文革之罪與罰的反思置於全球語境下的「懺悔文化」之中考察，可以幫助我們了解新啟蒙運動的「情」之維度。

第二章題為〈自由主義的記憶政治：民國熱視野下的陳寅恪〉，講述社會主義實踐所帶來的災難性後果在大陸和華語學界引發了一股研究民國、懷念民國自由風氣的思潮。自八十年代初余英時以「文化遺民說」揭露文革的瘋狂對國學大師陳寅恪晚年造成的嚴重傷害，有關陳寅恪生前身後的是是非非開始逐漸從象牙塔瀰漫至文化界，成為兩岸三地知識界所熱衷的話題。九十年代以來，悼念、懷念和頌揚陳氏學術精神和文化人格的風氣愈演愈烈，以至於形成了「陳寅恪熱」的文化奇觀。眾聲喧嘩之下，陳寅恪被奉為曠世奇才、國學大師、文化巨匠，他的風度、胸襟和學識無愧於「學人魂」、「最後的大師」、乃至「中國文化托命之人」的稱號。陳寅恪生前與所處時代多有齟齬，不肯隨波逐流，垂暮之年又遭「巨劫奇變」，以死囚之心憤憤辭世，身後卻招來無數「後世相知」，不僅引得海內外各方知識人的回憶及紀念，還在民間擁有眾多追捧者，以至於成為二十世紀中國士人精神的象徵。

本章關注的核心問題是：為何自由主義學人對以陳寅恪為代表的民國士人情有獨鐘？為何「陳寅恪熱」會和自由主義發生關係？當前學界有關大陸（新）自由主義的論述大多從意識形態批判的角度剖析自由主義的「學理」：從「去政治化的政治」到「現代化的迷思」等不一而足。我認為，中國現代自由

主義思潮一貫以缺乏一套明晰的思想光譜和統一的政治理念而
著稱，因此從政治哲學的角度解構自由的理念往往以偏概全，
忽略了自由主義言說背後更加細膩的歷史意識和倫理關切。因
此，本章考察的對象與其說是自由主義的「學理」（liberal
theory），毋寧說是自由主義的「情動」（liberal affect）。我的
論點是，陳寅恪之所以會成為自由主義者關注的焦點，在於對
陳氏「獨立自由」的學術精神產生了廣泛的漣漪效應，引發華
語思想界對整個民國知識分子階層在社會主義政權下命運的持
續爭論。這些爭鳴超出了一般意義上的學術探討，而代表了自
由派士人以文化懷舊「告別革命」的政治議程。以「陳寅恪
熱」為圖鑒，我試圖考察自由主義者如何通過悼念、重構甚至
「悲情化」陳氏與社會主義政權的齟齬來激發各種政治情感，
進而在道德層面構築自由主義的合法性。正如思想史家Benjamin
Wurgaft指出，世人對於往昔知識人的「悲劇遭遇」或是「傳奇
經歷」的迷戀並非出於考據癖好，而是寄託了我們自身的政治
慾望和恐懼。[60] 通過梳理陳寅恪形象的千變萬化，我們得以探
究當代士人如何通過追憶陳寅恪來抒發他們對革命、自由以及
知識分子道德職責的思考。重訪由陳寅恪身前身後事激發的種
種傷慟、懷戀、懺悔乃至怨恨之情，可以幫助我們理解中國自
由主義學理背後的情感論底色。

　　第三章題為〈左翼的憂鬱〉，藉台灣左翼作家陳映真
（1937-2016）與上海作家王安憶（1954-）之間關於社會主義的
文學和思想對話，勾畫八、九十年代左翼徘徊於放棄與不屈之

60　Wurgaft, *Thinking in Public*, p. 13.

間的兩難。「左派的憂鬱症」（left melancholia）源自從班雅明
（Walter Benjamin）到溫蒂・布朗（Wendy Brown）等左翼知識
人對二十世紀共產革命在西方一挫再挫所引發的顧影自憐之病
症的批判。然而我認為傷悼並非導向政治癱瘓，而是在失卻了
革命合法性和人類解放之確定性之後，以「哀而不傷」的情態
與執念尋找激活左翼精神的路徑和希望。陳映真早期寫作以勾
勒「市鎮小知識分子」的傷婉情懷著稱。在大陸的文革「墮
落」之後，他的社會主義理念竟愈發堅定，轉而以現實主義的
筆觸描繪台灣革命者的壯美悲歌。陳映真的烏托邦理念進而深
刻地影響了王安憶九十年代以來的創作。從《紀實與虛構》
（1993）到《烏托邦詩篇》（1993）再到《憂傷的年代》
（1998），王安憶筆下的父輩知識分子與文人因實踐革命而犧
牲奉獻，然而上一代人所信奉的崇高理想卻和「知青」一代的
追名逐利、沉溺物質的人生哲學格格不入。對兩位作家而言，
雖然彌賽亞式的（messianic）政治革命已然失敗，但是革命的
彌賽亞性（messianicity）並未失落，因此憂鬱的左翼知識人得
以文學為載體演繹詩學正義的可能性。

　　本章所關注的關鍵問題是：左翼的憂鬱症是否應該被視為
「極權主義的懷舊」（totalitarian nostalgia）？在《懷舊的未
來》中，Svetlana Boym 認為修復型的懷舊（Restorative
nostalgia）具有一種烏托邦維度，通過構建一個田園牧歌式的美
好過去來表達一種精神的寄託。Boym的懷舊理論以後共產主義
時代的俄國知識文化界為對象：史達林時代無孔不入的極權統
治早已蕩然無存，然而葉爾欽治下腐敗叢生、民怨沸騰，極端
民族主義勢力抬頭，使得本已飄零散落的社會主義往昔成為記

憶中的黃金年代。歲月的濾鏡抹去了政治清洗的暴虐不堪，回憶裡留下的是動人雄渾的革命歌謠、甜蜜憂傷的青春、以及體制所帶來的安全感和歸屬感。唯其如此，戀舊之人極易以浪漫的私人記憶替換民族國家的歷史，從而對苦難和暴力視而不見。承接Boym女士的批判，中國研究學者白傑明（Geremie Barmé）亦將市場經濟時代方興未艾的「毛澤東熱」視為極權主義心態的回潮。不可否認，九十年代伊始，不僅毛澤東崇拜魂兮歸來，紅色年代的記憶也紛湧而出，經過文化產業的加工和包裝，人們一遍又一遍地重溫革命年代的人與物，並透過紅色歌謠、老照片、主旋律影片以及「戲說歷史」的暢銷書籍隱晦地表達對社會主義烏托邦的懷戀之情。我認為，後社會主義的文化懷舊之複雜多姿，絕非僅僅源於對強人政治的追憶。與「極權主義的懷舊」相反，憂鬱視角下的革命歷史並非田園牧歌式的黃金年代：過去代表著災難、失敗和挫折，而非任何文明的豐碑和歷史的功績。憂鬱之人可能會陷入自閉、抑鬱或是精神失常的狀態，但很少陷入政治狂熱，或是為革命領袖招魂。這種對於過去若即若離、欲說還休的曖昧態度正是左派的憂鬱症的重要表徵。

　　第四章題為〈從漢語神學到政治神學：劉小楓與保守主義的革命〉，嘗試以劉小楓所代表的施特勞斯學派為例，勾勒當代中國保守主義政治神學的復興。劉早在八十年代即以《拯救與逍遙》一書成名。受到西洋啟示宗教的原罪意識啟發，劉認為唯有基督教之「神道」方可超越蒼白無力的人道主義情感，賦予劫後餘生的個體徹底和深刻的尊嚴。文革之殤促使劉小楓反思歷史理性之局限，悟得現世生命之缺憾，通過將自身所在

交付上帝，從而消解革命機器與國家意志對個人的主宰。時至
九十年代，劉小楓以「文化基督徒」之身分發起一場聲勢浩大
的漢語神學運動，試圖調和中華文化本位主義和基督教普遍主
義的張力。令人詫異的是，新千年伊始，劉開始專研德國法學
家卡爾・施密特（Carl Schmitt）和德裔美國政治哲學家列奧・
施特勞斯（Leo Strauss）的政治神學論述，並逐漸對早先的基督
教信仰緘默不言。與此同時，劉以施特勞斯的介譯者的身分大
舉介入文化保守主義和自由主義的論爭，發出一陣陣密集的研
究「排炮」，借廖平（1852-1932）和康有為（1858-1927）之公
羊學說發掘現代中國革命的保守主義之微言大義。近年來，劉
更是以反啟蒙、民族主義乃至「國父論」四處出擊，八面樹
敵。我們何以理解劉小楓由「漢語神學」到「政治神學」的思
想轉折？為何一個曾經渴求來自彼岸世界的「神」的救贖的基
督徒，如今要為此岸世界的「國父」毛澤東搖旗吶喊？

　　本章的論點是，劉小楓對充滿宗教靈韻的「終極價值」
（ultimacy）的執念主導了他數十載的思想旅程。劉氏孜孜不倦
追問的問題是：在革命的神話煙消雲散、世俗化浪潮以復仇的
激情捲土重來的改革時代，究竟何種宗教或者精神資源能夠為
當代中國提供一種超越性的價值立場？從李澤厚的「告別革
命」到劉再復的「放逐諸神」，新啟蒙運動曾以「政治的去宗
教化」為旗幟，力求解構革命烏托邦的神聖靈韻，瓦解威權政
治對宗教元素的借用。然而在劉小楓看來，毛澤東的革命本身
就是一種宗教式的救世情懷，它代表著「最高權威」，意味著
「正義、美德和聖潔」，並喚起「理想主義、浪漫情懷、鋼鐵
般的意志和九死不悔的意願」。在革命烏托邦崩塌、市場經濟

大潮衝擊傳統、信仰、集體、記憶和價值的後社會主義時代，唯有毛澤東革命曾經喚起的「海洋性感覺」（oceanic feeling）能夠將民族國家「再魅化」，為精神分裂的當代中國提供一種超越性的價值。劉小楓對革命之宗教性的痴迷並非個案。自新世紀之初，革命的「神話」竟裹挾著新的大國想像捲土重來：從大陸新儒家以「儒家社會主義」為綱復興孔教之實踐，到「天下」哲學家以「文明」、「王道」等烏托邦願景喚起徜徉肆恣的宗教情懷。對於超越世俗民族國家的神性「中國」之追求，究竟是徹底終結世俗革命遺產之嘗試，還是昭示著革命靈韻的魂兮歸來？我的目的是以劉小楓的心路歷程為切入點來敘述革命與宗教、啟蒙與神話、祛魅與再魅化之間的複雜律動。

　　總結全篇，我強調「思想的情動力」在當代中國以三種迥異的形式不斷延宕、散播和嬗變，激發各種「主義」、「理念」和「信仰」的過程。無論是自由主義者以哀慟的姿態不斷銘記和追憶陳寅恪的歷史創傷，還是左翼回望紅色年代青春年華的憂鬱凝視，亦或是保守主義政治神學家極力渲染的「海洋性感覺」，形形色色的政治信仰和思想理念的形成與流變必依託於「情動」與「思辨」之間的複雜律動。以此跨學科的途徑，我試圖證明以「情理之辯」為核心關切的當代中國文學與思想研究能夠為文化理論、情感研究、新馬克思主義和政治神學等諸多學界熱點問題提供新的視角和思考方法。

　　不僅如此，重新認識華語思想的地理疆域也是本書的關懷所在。近年來中國崛起帶來東亞地緣經濟和政治格局的巨大變革，與港台、東南亞以及全球各地的華人離散群體產生了複雜的文化互動，有關「中國性」、「中國與周邊」乃至「華夷之

辯」的論述此起彼伏。一方面，華語語系研究（Sinophone Studies）在歐美學界大行其道，多有論者力圖從民族國家拯救文學，從後殖民、反霸權立場批判漢族中心主義，強調「反離散」（anti-diaspora）、「在地性」、「寧夷勿華」之道德正當性。[61] 另一方面，不少大陸學者則熱衷於在儒家傳統和現代民族主義的理論倉庫裡搜尋派得上用場的貨色，以「天下主義」、「朝貢體系」、「文明國家」、「跨體系社會」乃至「神性中國」的政治大說重新確證華夏正統。[62] 前者以多元文化主義為金科玉律，義正辭嚴地拆解民族國家的謎思（mythos），高談闊論以夷變夏的政治潛能；後者則心繫近代中國之內憂外患，力陳自古以來華夷論述中的內外之別、正統與異端之辯，強調「能夏則大」、「漸慕華風」之歷史必然性。[63] 這兩種論述看似南轅北轍，怎奈何「兩極相近」（extreme meets），針鋒相對的理論演繹難掩背後非此即彼的二

61　見史書美，《反離散：華語語系研究論》（台北：聯經出版公司，2017）。

62　見趙汀陽，《天下體系：世界制度哲學導論》（北京：中國人民大學出版社，2011）；《惠此中國：作為一個神性概念的中國》（北京：中信出版社，2016）；王銘銘，《超社會體系：文明與中國》（北京：生活・讀書・新知三聯書店，2015）；汪暉，〈民族研究的超民族視角——跨體系社會及中國化問題〉，《西北民族研究》，2021年春季刊（總第108期），頁1-6。

63　需要指出的是，在這兩極論述之間，仍有許多持溫和立場的學者強調中華文明於周邊文明之間互動的複雜性。比較有代表性的著作有葛兆光，《宅茲中國：重建有關中國的歷史論述》（台北：聯經出版公司，2011）；有關古代華夏觀的細膩梳理，見胡鴻，《能夏則大與漸慕華風：政治體視角下的華夏與華夏化》（北京：北京師範大學出版社，2017）。

元邏輯和非敵即友的政治姿態。[64]

　　由此，本書試圖展現改革開放以來三、四十年間兩岸三地學界之間曾經維繫過的多元駁雜、和而不同的思想空間。我認為，華語語系研究的「華語」，並非暗示某種預設立場與姿態，亦非將中國知識分子／海外華人學者「排除在外」或是「包括在外」，而僅僅是希冀以語言為最大公約數，來討論關於中國革命的歷史與記憶如何在大陸與海外之間不斷更迭、延異、散播，產生持續的思想激盪與政治論爭。當前中英文學界關於知青一代如何對證革命的研究可謂是汗牛充棟，卻往往囿於地理的疆界和區域研究的學科藩籬，以大陸知識分子作為論述的主體，從而忽略了後毛澤東時代風行大陸的各種「主義」與「言說」離不開思想的越界旅行（traveling theory），離不開中國與駁雜廣闊的海外世界之間頻發的律動。正因如此，第一章討論李澤厚、劉再復的告別革命論，則不能不考慮到去國離鄉、流亡海外之生命歷程如何致使兩位反省、修正和重思早先的啟蒙學說。在第二章對當代中國自由主義記憶政治的討論中，我認為「陳寅恪熱」的興起既直接承自八十年代席捲大陸學界的新啟蒙主義思潮，也離不開港台以及流亡北美的知識分子在漫長的冷戰年代艱難維持一縷自由主義的香火，繼而回應、參與、支援大陸自由主義者的不懈努力。若是沒有台灣作為大陸的對照，不考慮九十年代台灣民主轉型給大陸自由派學人展現的另一種現代化道路的圖景，有關民國自由主義的討論

---

64 見王德威，〈華夷之變：華語語系研究的新視界〉，《中國現代文學》，第三十四期，2018年12月20日，頁1-27。

很難不墮入一種純粹的懷舊之旅，從而失卻了緊迫的現實意義。同理，第三章力圖揭示台灣左翼作家陳映真如何以至死不休的革命信仰反過來激勵大陸作家王安憶的文學寫作。離開了大陸革命的母體之後，加上時間、地緣、風土的糅雜，毛澤東的革命在陳映真筆下籠罩著一層基督教社會主義色彩；這種烏托邦主義進而成為王安憶抵抗歐風美雨、物質主義、反思文革之殤的精神圖騰。第四章聚焦於「中國施特勞斯學派」大將劉小楓的心路歷程，既討論文革經歷對劉氏神學思想的源頭性影響，也剖析海外學術場域（尤其是漢語神學運動的重鎮香港）如何促成了劉氏的保守主義轉向。這些例子無不展現兩岸三地之間、中國與西方之間、「華」與「夷」之間的內外交錯、博弈交鋒的能動過程。

第一章

「樂」與「罪」的隱秘對話

一、前言

　　1981年，李澤厚的《美的歷程》行世，隨即在校園和文化界掀起一陣「美學熱」。李著以迷人的筆觸描繪了中華文明起源之初的諸多美學意象：從遠古圖騰的「龍飛鳳舞」，到殷商青銅藝術中的抽象紋飾，再到百家爭鳴時期的理性與抒情，這幅綿長的歷史畫卷如暖流般撫慰著飽受創傷與離亂之苦的莘莘學子的心靈。[1]李澤厚早先以其獨樹一幟的「回到康德」論述著稱，然而啟蒙思辨不僅關乎繁複的哲學論證，也得負起終極價值的使命。康德人性論的提綱挈領背後，是幾代中國美學家的關於審美與宗教的深思與求索。五四運動之初，蔡元培以「美育代宗教」首倡用美學陶冶性靈以代宗教教化之說。[2]相形之下，李著異彩紛呈的美學意象背後，隱約流動著其對儒學情感

1　李澤厚，《美的歷程》（北京：生活・讀書・新知三聯書店，2009），頁1。

2　蔡元培，〈以美育代宗教說〉，《蔡元培美學文選》（北京：北京大學出版社，1983），頁68。

倫理學的重新闡釋。在李澤厚隨後描繪的「由巫到禮，釋禮歸仁」的儒學情理結構中，先秦儒學以此世之情為本體，孕育了與西方救贖文化截然不同的「樂感文化」。這種既具有民族本位主義又內含終極價值維度的審美主義試圖為文化轉型時期的中國提供一種安身立命的根基。

　　八十年代的啟蒙運動以美學的朦朧想像，重新啟動了五四時期的美育論，以感性詩意的方式呼喚文化和政治新命。面對新的政治想像，批評家劉再復以「文化反思」為出發點，將李著的啟蒙理念闡釋為一種高揚「文學主體」與「人性」的文藝理論，為重思現代中國文學打開了一個嶄新的視野。然而劉說並非僅僅局限於簡單的控訴暴政和直覺式的人道主義，更旨在叩問已發生的歷史浩劫中「我個人的道德責任」。[3] 換言之，文化反思並非以高揚個人主義為旨，而必須審判晦暗不明的個體在政治暴力中的共謀。受巴金《隨想錄》之啟發，劉再復以「懺悔」與「審判」為線索反思中國文學中罪感的缺失。[4] 劉著受到西洋啟示宗教的原罪意識啟發，卻並非意在推崇一種新的信仰體系。他希望另闢蹊徑，思考文學如何對證歷史，傷悼死者，追尋一種詩學的正義。罪感文學實質上是一種懺悔的倫理行為，通過勾勒靈魂深處的掙扎和彷徨來反思劫後餘生之後生者的職責。

　　本章以李澤厚的「樂感文化」和劉再復的「罪感文學」為

3　劉再復，〈我的思想史〉，《五史自傳》（香港：生活・讀書・新知三聯書店，2020），頁28。

4　劉再復、林崗，《罪與文學》（北京：中信出版社，2011年）。

題，通過重構兩者之間的隱秘對話，來勾勒新時期文化反思的
兩種路徑。李澤厚在大力頌揚華夏美學的生存意趣和人間情懷
的同時，毫不猶豫地拒斥神的恩寵以及救贖的可能。而劉再復
則將現代中國文學對世俗政治的屈從歸咎於超越性宗教的缺
失。二者凸顯的共同問題是： 新啟蒙運動為何需要以情感倫理
的宗教維度為鑒來反思毛澤東革命的神聖性（sacrality）？簡而
言之，對威權政治的批判，為何要以儒學之「樂」與基督教之
「罪」這兩種道德—宗教情感為切入點？

　　在這裡，我需要引入「政治神學」（political theology）這一
理論框架，來解釋政治神聖性（the sacralization of politics）與啟
示宗教（revealed religion）之間的複雜張力。在其始作俑者卡
爾・施密特（Carl Schmitt）看來，理性化進程在驅逐宗教幻象的
同時，也導致了「規範性價值的缺失」（normative deficit of
modernity）。[5] 以技術理性為內驅力的自由民主制不僅無法掩飾
其內在的道德缺失，而且在危急時刻不得不求助於高懸於政治程
序之上的主權者以神裁之名降下決斷，以維護其根本存在。[6] 施
密特的決斷論不乏將政治美學化的非理性衝動，然其學說要義並
非推崇回歸政教合一的神權國家，而在於借用神學要素來維護世

5　在這裡，我借用了Peter Gordon 以規範性價值為綱討論施密特和韋伯之關
　　聯的說法。見Peter E. Gordon, "Critical Theory between the Sacred and the
　　Profane," *Constellations*, Vol. 23（4）（December 2016）: 468-469.

6　學界對施密特主權論的討論所在多有，比較代表性的著作有，John P.
　　McCormick, *Carl Schmitt's Critique of Liberalism: Against Politics as
　　Technology*（Cambridge, UK: Cambridge University Press, 1999）；另見卡
　　爾・施密特著，劉宗坤譯，《政治的概念》（上海：上海人民出版社，
　　2004）。

俗政治之存有。[7] 由此可見，「政治神學」一詞內含無法調和的
矛盾：它既喻指重新引入超越性的宗教價值來將現代政治「再魅
化」，又意味著將神學「去魅化」為工具性的世俗政治。不同於
施密特對政治「再魅化」的偏愛，二戰後的德國思想家往往以神
學的政治化為出發點反思現代政治對宗教的濫用。在卡爾・洛維
特（Karl Löwith）、埃里克・沃格林（Eric Voegelin）和漢娜・鄂蘭
（Hannah Arendt）等人的論述中，極權主義往往祭起宗教的術
語、儀式、和情感來神聖化其世俗統治。現代政治權威不僅借用
宗教的組織和符號，也從基督教的救贖理念和末世論中汲取靈
感。[8] 在沃格林的筆下，現代全能政治源於靈知論（Gnosticism）
對正統基督教救贖觀的顛覆：靈知主義者憑藉獲取一種超凡的真

7　Jan-Werner Müller 認為施密特的法學理論每每以模糊的描述性修辭和美學
　意象來掩蓋其邏輯漏洞，這種將政治美學化的傾向承自十九世紀的德國文
　人傳統。見Müller: *A Dangerous Mind: Carl Schmitt in Post-War European
　Thought*（New Heaven, CT: Yale University Press, 2003）. 另外，已有不少學
　者從威瑪保守主義的角度探討施密特的法學決斷論和存在主義哲學之間的
　關聯。見Jeffrey Herf, *Reactionary Modernism: Technology, Culture and
　Politics in Weimar and the Third Reich*（Cambridge, UK: Cambridge University
　Press, 1986）.

8　極權主義（totalitarianism）是一個極為寬泛的分析概念，用來描述國家社
　會主義和布爾什維克政權對於社會、公眾和私人生活的絕對控制。雖然鄂
　蘭和波普爾對於極權主義的運用具有鮮明的冷戰主義色彩，這個分析範式
　深刻影響了五、六十年代西方學者對於共產主義政權的認知。見漢娜・鄂
　蘭（阿倫特）著，林驤華譯，《極權主義的起源》（北京：生活・讀書・
　新知三聯書店，2008）；卡爾・波普爾著，陸衡等譯，《開放社會及其敵
　人》（北京：中國社會科學出版社，1999）；有關極權主義的概念史梳
　理，見Abbott Gleason, *Totalitarianism: The Inner History of the Cold War*
　（Oxford, UK: Oxford University Press, 1997）.

知在此岸世界建立完美的天國。[9] 洛維特則更進一步探討了共產
主義理念和基督末世論的親和性：暴力革命的進步觀、烏托邦的
理念和社會主義新人的三位一體均是基督救世思想的世俗形
式。[10] 誠然，這種闡釋學的局限性顯而易見：現代政治進步觀與
基督末世論之間的概念親和性（elective affinity）並不等同於歷史
因果關係（historical causality），把神學理念直接推衍到對現代革
命思想和社會運動的闡釋，其解釋效力值得懷疑。[11] 例如，中國

9　Eric Voegelin, *The New Science of Politics: An Introduction*（Chicago, IL:
　　University of Chicago Press, 1987）；關於沃格林對靈知論的批判和政治保
　　守主義的聯繫，見Mark Lilla: *The Shipwrecked Mind: On Political Reaction*
　　（New York: New York Review Books, 2016）.

10　Karl Löwith, *Meaning in History: The Theological Implications of the
　　Philosophy of History*（Chicago, IL: The University of Chicago Press, 1957）.

11　例如，在Blumenberg 對Löwith 的批判中，Blumenberg 指出Löwith 的範式
　　忽略了現代性的根本特徵在於「自我確證」（self-assertion），因此現代政
　　治以自主性為其核心原則，與前現代的神權政治有根本的區別。
　　Blumenberg 接著以「替換」（reappropriation）這一範式來描述世俗化的過
　　程：現代進步觀固然和基督末世論具有概念上的親和性，然而世俗的進步
　　觀逐漸替換了基督末世論成為現代政治的根本標誌。Blumenberg 的理論源
　　自馬克斯・韋伯的宗教社會學。值得一提的是，九十年代的中國知識分子
　　急於從儒學倫理中發掘資本主義精神，誤讀了韋伯關於新教倫理和資本主
　　義關係的論述。韋伯並未將資本主義的興起歸因於加爾文教義，而是重在
　　描繪資本主義倫理如何侵蝕並且替換了宗教精神成為現代社會的根本動
　　力。見Hans Blumenberg, *The Legitimacy of the Modern Age*, trans. Robert M.
　　Wallace（Cambridge, MA: The MIT Press, 1985）；關於韋伯對概念親和性
　　與歷史因果關係的區分，見Peter E. Gordon, "Weimar Theology: From
　　Historicism to Crisis," in *Weimar Thought: A Contested Legacy*, ed. Peter
　　Gordon and John P. McCormick（Princeton, NJ: Princeton University Press,
　　2013）；關於中國語境下對韋伯理論誤用的批判，見余英時，《中國近世
　　宗教倫理與商人精神》（北京：九州出版社，2014），頁56-79。

政治學者雖然注意到毛澤東崇拜與宗教儀式之間的類似性，卻更傾向於強調世俗政治對於宗教符號的「策略性借用」（strategic deployment）。[12] 換言之，政治的神化僅僅是一種對宗教元素的功能主義利用。

我以為，這種功能主義的判斷無法解釋二十世紀中國革命的宏大敘事賦予世俗政治的一種富於宗教情懷的「海洋性感覺」（oceanic feeling）[13]。革命的神聖化本身蘊含了一種相互矛盾的雙向運動：在以世俗政治對宗教信仰的「去魅化」的同時，試圖將宗教的神聖性注入以「革命」、「社會主義」和「民族國家」為圖騰的世俗變革中。此文旨在以政治神學為切入點來重構李澤厚的「樂」與劉再復的「罪」之間的隱秘對話。我將論證，兩者的論述均以一種隱喻的方式構築宗教意識和政治專制的聯繫，並提出了相應的啟蒙路徑。李澤厚在大力

---

12 在對安源工人運動的研究中，裴宜理以「文化定位」（Cultural Positioning）來描述中共通過策略性地借用廣泛的宗教以及民俗文化符號來達到政治動員的過程。換言之，在中共的意識形態中，宗教元素經過了理性化且已經失去了其信仰價值，僅僅成為一種世俗政治權術的存在。Daniel Leese 和王紹光對毛澤東崇拜的研究也拒絕了政治宗教的範式，旨在強調政治對宗教元素的工具化（instrumentalization）。他們認為領袖崇拜雖然承自帝王崇拜且呈現出一定的宗教性，但歸根到底是一種理性的政治表演秀。見Elizabeth J. Perry, *Anyuan: Mining China's Revolutionary Tradition*（Berkeley, CA: University of California Press, 2012），p. 5; Daniel Leese, *Mao Cult: Rhetoric and Ritual in China's Cultural Revolution*（Cambridge, UK: Cambridge University Press, 2013）；王紹光著，王紅續譯，《超凡領袖的挫敗：文化大革命在武漢》（香港：香港中文大學出版社，2009）。

13 Sigmund Freud, *Future of an Illusion*, ed. James Strachey（New York, NY: Norton, 1989）.

頌揚華夏美學的生存意趣和人間情懷的同時，毫不猶豫地拒斥神的恩寵以及救贖的可能，而劉再復則將現代中國文學對世俗政治的屈從歸咎於宗教性的缺失。對於基督教超驗上帝（transcendental God）的文化想像導向了兩種看似截然不同卻隱隱相合的啟蒙路徑：以此岸世界的審美主義來消解共產革命的彼岸神話，或是以超驗世界的本真維度來放逐世俗國家對寫作的控制與奴役。

值得一提的是，我所指的「隱喻」並非狹義的修辭策略，而是以錯綜複雜的文辭、審美和想像力生成哲學論述的獨特路徑。不論是德里達等後結構主義者關於文字與思之「再現」（representation）的立論，還是Hans Blumenberg 以哲學人類學為出發點梳理概念性邏輯背後根深蒂固的「絕對性隱喻」（absolute metaphor）的嘗試，這些論述均將流動性的言說和星羅棋布的審美意象看做創生性哲學話語的源泉。[14] 更不必說，中國傳統中的「文」與「政」的相繫相依，早已超出了西學語境下的模仿論，而蘊含著道之「蔽」（concealment）與「現」（manifestation）的複雜律動。正因如此，單單從觀念史學或是從文學史的角度梳理李與劉的論述，都無法細緻地追蹤和指認

14　感謝黃冠閔教授提醒我注意Blumenberg 學說與文學之關係。在Blumenberg 的隱喻學（Metaphorology）理論中，笛卡爾以降的哲學首要目標在於擺脫對意象性思維和模糊修辭的依賴，以追求概念邏輯的純粹性。然而理性迷思的背後卻是不絕如縷的「絕對性隱喻」── 以意象思維感通、銜接和補充邏輯思維的思想傳統。在Blumenberg 看來，絕對性隱喻的存在印證了哲學論證的內核仍然源於概念和隱喻的聯動關係。見Hans Blumenberg, *Paradigms for a Metaphorology*, trans. Robert Savage（Ithaca, NY: Cornell University Press, 2016）.

政治—宗教批判與文學／文化批評之間看似毫無關聯，但卻以
嬗變的「文」為媒介相互闡發的能動過程。因此，八十年代的
啟蒙話語「荊軻刺孔子」式的隱喻政治正是我們闡釋李澤厚之
「樂」與劉再復之「罪」的起點。15

　　從另一方面來看，隱喻政治也凸顯「文」的歧義性：與狹
義的（現代）文學之「文」不同，四處流串的「文」似乎缺乏
有機統一，四處彌散，消解了「文化」、「文理」或「文統」
本來具有的批判意義。在這裡，我關心的並不是是大而化之、
無所不包的「文」的概念演化，而是重在討論新啟蒙知識分子
如何以「文」——從李澤厚糅雜中西的美學、哲學實踐到劉再
復天馬行空的文化批評——彰顯「情」的倫理教化之功。「情
感教育」（sentimental education）一詞源自十八世紀的西歐啟蒙
運動。與高揚理性主體的康德不同，大衛‧休謨（David
Hume）、亞當‧斯密（Adam Smith）等英國經驗主義哲學家極
為強調感性教育的維度，提出培育「同情心」之必要。同一時
期的法國啟蒙作家亦把小說作為熏陶情感、塑造道德激情、進
而傳播啟蒙理念的重要媒介。16 與此類似，晚清以來的中國啟

15　「荊軻刺孔子」取自秦暉對於八五文化熱的一個形象的概括：荊軻本意在
　　秦王，然奈何秦王手握政治重權，只能拿無權無勢的封建文化象徵孔子開
　　刀。這一寓言用以解釋新啟蒙運動中的激烈的文化反傳統主義：由於不敢
　　觸碰政治紅線，知識分子只能藉以批判傳統文化之名影射政治問題。見秦
　　暉，《問題與主義：秦暉文選》（長春：長春出版社，1999），頁447。

16　在Michael Frazer 看來，西歐啟蒙運動可以大致分為兩支：注重理性思辨的
　　德國啟蒙傳統和注重感性教育、培育道德激情的英法啟蒙傳統。這一二分
　　法近來遭到不少新銳學者的質疑。見Frazer, *The Enlightenment of Sympathy:
　　Justice and the Moral Sentiments in the Eighteenth Century and Today*（New

蒙知識分子將「文」視為情感教育、聯通啟蒙人性論的關鍵性媒介。例如，陳建華認為，《玉梨魂》這樣的「傷情—艷情」小說旨在「祛除暴力及其情感創傷」，通過「情教」來「重建一種現代國民主體與家庭倫理」。[17] 同理，在從「革命」到「啟蒙」的轉型語境中思考情感教育，意味著理解李澤厚與劉再復如何以文學和美學實踐批判毛時代的「階級仇恨」教育，為後革命時代提供普世人性的基礎，進而重塑後革命時代的公民主體性與感覺結構。

二、樂感文化：由巫到禮，釋禮歸仁

在《八十年代訪談錄》中，查建英如此形容自己的八十年代情節：「我一直認為二十世紀八十年代是當代中國歷史上一個短暫、脆弱卻頗具特質、令人心動的浪漫年代。」[18] 1979年，百廢待興的中國文化界開始醞釀一場史無前例的變革。 有關「異化」以及「青年馬克思」問題的討論方興未艾，成為引人矚目的理論話語和政治風向標。《今天》詩人和朦朧詩的愛好者們以反叛者的姿態從白洋澱裡走出來，進入中國詩壇，在校園裡引發了一陣陣閱讀詩歌的熱潮；戴厚英的長篇小說《人

York, NY: Oxford University Press, 2010），p. 4；對Frazer理論的批評，見 Hina Nazar, *Enlightened Sentiments: Judgement and Autonomy in the Age of Sensibility*（New York, NY: Fordham University Press, 2012）.

17　陳建華，〈「共和」主體與私密文學——再論民國初年文學與文化的非激進主義轉型〉，《二十一世紀》，2015年12月號（總第152期），頁66。

18　查建英，〈寫在前面〉，《八十年代訪談錄》（北京：生活・讀書・新知三聯書店，2006），頁3。

啊，人！》直面歷史傷痕，呼喚人性的復歸，標誌著人道主義
思潮的蓬勃興起；西方十九世紀的啟蒙文學開始經由大規模的
介譯重新進入中國學界的視野。眾聲喧嘩之下，一場新啟蒙運
動終於在革命后的中國拉開了帷幕。

　　在思想解放、傷痕文學和人性論蔚為大觀的潮流下，李澤
厚的成名作《美的歷程》以一種獨特的姿態登場，呼喚人性的
復歸。李著的走紅與當時風行於知識界的「美學熱」不無關
係。文革結束后，有關美育問題的討論重新浮出歷史地表。從
七八年到七九年，有關形象思維、西方美學和悲劇理論的論文
開始大量見於報刊。從1980年起，朱光潛、宗白華和李澤厚等
著名學者的美學論著集結出版。同時，全國高校普遍開始設立
各種美學課程，美學專業的報考人數持續增加，乃至出現爆滿
的盛況。[19] 劉小楓寫道：「《美的歷程》猛然改變了我對國人
哲學的偏見……激動、興奮在我身上變成了「美學熱」，狂熱
愛上了「美學專業」。」[20] 另一位學者如此回憶八十年代初幾
位著名美學家應邀來高校講學時的盛況：「千人大廳座無虛席
直至飽和，群情振奮，如春潮湧動」。[21] 作為「憂時傷世」之
作的《美的歷程》，以極富情感和表現力的語言將中國古典美
學數千年的起承轉合娓娓道來，隱約透露著李氏對於文革以來

19　祝東力，《精神之旅：新時期以來的美學與知識分子》（北京：中國廣播
　　電視出版社，1998），頁81-86。
20　劉小楓，〈修訂本前言〉，《拯救與逍遙》（修訂本）（上海：上海三聯
　　書店，2001），頁4。
21　馬國川、李澤厚，〈李澤厚：我和八十年代〉，馬國川，《我與八十年
　　代》（北京：生活・讀書・新知三聯書店，2011），頁55。

「丑學」氾濫的批判，與時人的普遍情緒不謀而合。經歷十年運動，嘗遍了以醜為美、指鹿為馬、造反奪權和階級鬥爭的一代中國知識人，將政治上的苦悶、思想上的彷徨以及各種難以言喻的複雜情感轉化為對美的熾熱訴求：「因為文化大革命毀滅文化、毀滅美……一些野蠻的、愚蠢的、原始的行為也被說成是革命的，給人的教訓太深了。這樣，尋找什麼是美、什麼是丑，就帶有很大的普遍性。」[22] 帶著政治上的憤怒、情感上的彷徨和思想上的苦悶，無數苦難的青年以談論、閱讀美學來表達心聲。 除了《美的歷程》之外，朱光潛的《談美書簡》和宗白華的《美學散步》等美學論述一時間洛陽紙貴，在知識界和讀書界發生廣泛影響，成為新時期的重要思想文本。

不僅如此，何為美感的抽象理論思辨與民間的文化風潮息息相關。 隨著商品經濟的復甦，各種時尚新潮以復仇的激情席捲城市的大街小巷，鄧麗君的的靡靡之音、崔健的搖滾樂、造型奇特的喇叭褲、張揚個性的披肩髮、牛仔裝和蛤蟆鏡風靡民間，引起了廣泛討論。 從個人主義的標新立異到小資情調的濫觴，從自甘墮落的頹廢到憤世嫉俗的抵抗，美學的經典議題——原始情慾、感性與理性、崇高與庸常、美的社會性與自然性——一度擺脫了詰屈聱牙的學院遊戲，而是關乎飲食男女、聲光色影，喚起了經歷無數苦難的青年一代對告別烏托邦、重建人性理想的由衷嚮往。

在這種追求生活美學、世俗情調、人間之樂的大時代氛圍之下，李澤厚致力於發掘以「樂感文化」為根本特質的儒家美

---

22 同上，頁54。

學情感論述。《美的歷程》（1981）便以「先秦理性精神」來概括儒道互補的情理結構，《中國古代思想史論》（1986）進一步闡釋了以「仁」與「禮」為要義的儒學倫理，《華夏美學》（1988）則以「禮樂傳統」來概括儒家的基本美學特徵。表面上來看，李澤厚的論述並未脫離一種本質主義的文化比較：不同於猶太─基督教傳統中的超越性的信仰，儒學傳統對個體的救贖並不關心，而是專注於關注現世的政治與倫理。中國美學因此並不欣賞西方的「罪感文化」，而是推崇以「美」、「情」、「度」為基準的「樂感文化」。然而，這種路徑承接了五四時期中國美學關於終極價值的思考。從王國維糅合佛學與叔本華哲學而成的生命美學，到朱光潛以現代心理學為綱闡發古典悲劇的宗教意識；從蔡元培的「美育代宗教」論到宗白華的「氣韻生動」說，漢語審美主義論述試圖構築一種具有超越性而不失人間情懷的「本體論」，並以此抗衡西洋宗教的信仰之魅。23

　　不同於五四論述，李澤厚的美學意象背後是康德唯心主義和馬克思主義的實踐論。24 康德的先驗論旨在釐清理性的範

23　關於中國美學本體論的提法，出自陳望衡對五種美學本體論（情感、生命、社會、自然和實踐本體論）的劃分。見陳望衡，《20世紀中國美學本體論問題》（武漢：武漢大學出版社，2007年）；從現代性理論角度對五四美學與西洋宗教之間張力的論述，見劉小楓，《現代性社會理論緒論》（上海：上海三聯書店，1998年），頁317；另見拙文〈美育代宗教：後五四時代的美學思潮〉，《南方文壇》，第188期（2019年1月），頁74-79。

24　關於李澤厚對康德和馬克思的糅合與闡發的討論頗多。具有代表性的著作主要有：顧昕，《黑格爾的幽靈與中國知識分子：李澤厚研究》（台北：風雲時代出版社，1994）；Woei Lien Chong, "Combining Marx with Kant:

圍、限度和可能性，進而確立自我立法的可能性。李澤厚則試
圖引入歷史唯物主義來改造其唯心主義底色。如果康德的主體
論將理性預設為一個超驗的普遍認知框架，李澤厚的「積澱
說」則將理性的產生歸咎於人類物質生產實踐。在李看來，任
何民族意識和藝術特質的歷史輪廓的形成離不開人類的勞動和
生產實踐。 首先，原始人在改造外在自然的過程中，逐漸掌握
自然的秩序、規律，由此產生了朦朧的美的認知。 隨著歷史的
進程，這種直覺式的、零散的審美感受便日積月累而形成一套
「藝術積澱」。 這裡，李澤厚通過一個考古學的案例來闡釋其
美學積澱說：即便是最原始的圖騰圖像也具有一種粗糙的幾何
形狀，而這種精確的美感正是歷史積澱的產物。在考察中國新
石器時代的陶瓷設計之後，李澤厚認為其設計原理並非單純模
仿動物圖形，而是蘊含了幾何原理。這種從簡單仿製到程序化
的抽象幾何的發展正是一種歷史積澱：正是人類勞動過程中的
經驗積累把單純的內容和模仿變成有意義的形式，從而創造了
比較純粹的美的幾何形式和審美感。 以一言蔽之，只有通過勞
動的歷史過程，粗糙的感性經驗才能被轉化成抽象美的形
式。這個過程被李稱為「文化心理積澱」：勞動將感性經驗累
積成理性認知，在改造外在自然社會的同時也構築了內在的理

The Philosophical Anthropology of Li Zehou," *Philosophy of East and West*, vol. 49, no. 2（April 1999）: 120-149; Kang Liu, *Aesthetics and Marxism: Chinese Aesthetic Marxists and Their Western Contemporaries*（Durham, NC: Duke University Press, 2000）；另見拙文〈回到康德：李澤厚與八十年代的啟蒙思潮〉，《思想雜誌》第34期（2017年12月），頁35-59。

性認知。[25]

　　這種歷史積澱說隨即被李澤厚用於闡釋儒學禮樂傳統的起源。李氏把從殷商祖先崇拜到儒家禮治的衍變敘述為「由巫到禮」的理性化過程。[26] 從遠古到殷周，祖先崇拜和上帝崇拜相互糅雜並且緊密相連。卜辭中的神既是上天也是先祖。這種相關性構成了「巫君合一」的文化特質：巫祝既掌握著溝通天人的最高神權，又享有最高政治統治權。[27] 巫術禮儀則以一套極其繁瑣的盛典儀式（巫舞、祈雨、祭祀）溝通神明，撫慰祖先，降服氏族。重要的是，敬神與主事的混合使得祭祀充滿了世俗性與實用性，因此對神的「畏、敬、忠」等宗教情感逐漸讓位於以「明吉凶、測未來、判禍福」為目的邏輯認知，占卜儀式中數字演算的精確性和客觀性取代了神秘主義和狂熱的宗

25　李澤厚，《批判哲學的批判：康德述評》（北京：生活・讀書・新知三聯書店，2007），頁51-169。

26　理性化（rationalization）一詞出自韋伯，指的是傳統價值和情感考量逐漸被理性和計算取代，成為世俗化社會中個人的行為動機。李澤厚更多的是從康德的意義上使用這個術語來描述主體的積極性和理性，而忽略了韋伯關於理性祛魅效應的論述。

27　值得一提的是，祭祀系統往往和宗教神話體系互為表裡，而李著並未詳細闡釋殷商神話體系是如何印證了「巫君合一」的特質。冷德熙探討了殷商神話中的諸神系統（自然神、圖騰神、祖先神等），認為不同於閃米特諸教中的一神論（monotheism）傳統，中國古代神話中缺乏一個主神的存在，大量的自然神和祖先崇拜交叉滲透，直到殷周之際原始神話才被「歷史化」為古史傳說（如堯舜禪讓）。這個神話歷史化的進程可以用來佐證李著中的「巫君合一」的論斷。見冷德熙，《超越神話：緯書政治神話研究》（北京：東方出版社，1996），頁20-25；顧頡剛，《古史辨自序》（北京：商務印書館，2011）。

教情感。[28] 巫術禮儀的「理性化」體現為從對神秘上蒼的恐懼
與絕望到對確證個體品德力量的轉化。[29] 敬天並非旨在乞求上
天垂憐或獲得一種神秘力量，而在於強調吉凶成敗與個體道德
責任的息息相關。[30] 這個理性化的過程既體現在工具操作技藝
的演化（卜筮、數、易、及禮制），也體現為一種特定的文化
心理結構的形成（德行）。直至周初時代，巫的神秘主義特質
讓位於君的道德品質，溝通神明的原始禮儀則演化為關於巫術
品德的道德主義。

從殷周鼎革到百家爭鳴，巫術禮儀進一步分化，德外化為
「禮」，內化為「仁」。禮本源自祭祀中尊神敬人之儀式，王
國維認為「奉神人之事通謂之禮」[31]，而《說文解字》中則以
「禮者，履也」來形容侍神之禮器與承載傳統之關係。周禮囊

28 李澤厚，〈說巫史傳統〉，《由巫到禮，釋禮歸仁》（北京：生活・讀
書・新知三聯書店，2015），頁15。

29 李澤厚把這個過程稱之為由巫術力量（magic force）到巫術品德（magic
moral）的轉化。李澤厚，〈說巫史傳統〉，《由巫到禮，釋禮歸仁》，頁
23。

30 例如，徐復觀非常詳細地論證了中國文化從原始宗教的「敬天」到儒家
「敬德」的轉化。周人的「憂患意識」並非源於對神的虔敬和畏懼，而是
一種凸顯主體和理性作用的道德責任感。憂患意識體現在當事者將事功成
敗歸咎於自身的德行和理性認知，因此周人之「敬」是一種初的道德意
識而非宗教情緒。見徐復觀《中國人性論史：先秦篇》（上海：上海三聯
書店），第1-20頁；對徐復觀儒家道德主義的批判，見唐文明，《隱秘的
顛覆：牟宗三、康德與原始儒家》（北京：生活・讀書・新知三聯書店，
2012年），頁5-31。

31 王國維，〈釋禮〉，《觀堂集林》，卷六（合肥：河北教育出版社，
2003）；轉引自閻步克《士大夫政治演生史稿》（北京：北京大學出版
社，1996），頁74。

括了一整套秩序規範，並置人間之禮於敬神的儀式之上，這意
味著禮所呈現的世俗人倫關係已經代替了鬼神崇拜。禮的神聖
性不再依賴於宗教祭祀的虔敬，而將塑造、培育人性本身作為
世俗社會的最高價值。在李澤厚看來，儒家對禮的闡發著力點
在於將以外在的秩序和規範為基準的周禮內化為一種情感論
述。既然禮代表了一整套的秩序規範，「習禮」則包括對「各
種動作、行為、表情、言語、服飾、色彩等一系列感性秩序」
的訓練。32 這種美學式的熏陶不以約束和控制個體為手段，而
在於陶冶性情，以達成內在之情和外在倫常互為表裡的和諧之
道。在塑造情感方面，「樂」與「禮」相生相伴，形成一套獨
特的禮樂傳統，以熏陶內在人性的方式來維繫倫理關係。
「樂」雖是一種情感形式，卻需要由外物疏導而引起，因此聲
音、樂曲和詩文則喚起各種情感形式。在「樂從和」的儒學原
則中，華夏美學擺脫了巫術儀式中那種「狂熱、激昂、激烈的
情感宣洩」，著重塑造「和、平、節、度」等旨在和諧人際關
係的溫和情感。33 樂源於禮，發乎情，與政通，將審美、情感
和政治教化融為一爐，形成了一套「彌散性」的理想世俗秩
序。34

---

32 李澤厚，《華夏美學・美學四講》（北京：生活・讀書・新知三聯書店，
    2008），頁18。

33 同上，頁34。

34 「彌散性」一詞來自閻步克對禮治文化的概括。在閻氏看來，禮介於俗與
    法之間，既囊括了人倫風俗，又指涉政治領域的規範，因此呈現出一種無
    所不包性和功能混溶性。見閻步克，《士大夫政治演生史稿》，頁73-
    124。

　　但是，李澤厚也指出，禮樂傳統的「內」（自發情感）與「外」（倫理政教）並非始終琴瑟相和。倫常對個體的束縛與限制在美學上呈現為關於文與質、緣情與載道、樂教與詩教等不絕如縷的紛爭。[35] 這種衝突反映了周禮本身還未脫離原始宗教的儀式化特徵。「儀」既承自對天意無常和神之法力的恐懼和敬畏，又糅合了以血緣宗族為基礎的道德訓誡，因此具有一定的外在約束性和強制性。在李氏看來，儒學的突破體現在「釋禮歸仁」的精神旨趣：仁的實質內涵是人的道德自覺和責任意識。它把外在性的禮內化為生活的自覺理念，並把宗教性的情感變為日常人倫之情，從而使社會倫理與人性欲求融為一體。[36] 面對禮樂崩壞的時代危機，孔子的解決渠道是以人性內在的倫理「仁」化解外在崇拜和神秘主義，將禮安置於世俗倫理關係中，以仁學思想替代宗教信仰。至此，支撐宗教的「觀念、情感和儀式」[37] 被一種現實主義的倫理—心理特質取代，使得中國文化精神和以原罪觀念為特點的西洋宗教分道揚鑣，形成了以積極入世為基本特質的「樂感文化」。

　　最終，樂感文化以巫君合一的原始宗教而始，以「情本體」為情理結構的儒學倫理學—美學而終。「情」多被李用以描述糅雜感官欲望和審美體驗的複雜認知過程，是「性」的外在表徵，是「欲」的自然抒發，可以釋「禮」，可以證「道」。[38]

35　李澤厚，《華夏美學‧美學四講》，頁39。

36　李澤厚，《中國古代思想史論》（北京：生活‧讀書‧新知三聯書店，2008），頁10-29。

37　同上，頁16。

38　李澤厚的情感論述散見於八九十年代的著作中，學者多為關注其「情本

這種認知源於日常人倫給予人性的喜悅和恬靜祥和之感，使得個體生命得以告別「天命」、「規律」、「敬畏」和「恐懼」，在轉瞬即逝的真實情感中靜觀自然之流變，並停留、執著、眷戀於塵世中的七情六欲。承接蔡元培「美育代宗教」說，情本體拒斥神的本體，以美學返璞歸真，回到人的本性。審美「沒有去皈依於神的恩寵或拯救，而只有對人的情感的悲愴、寬慰的陶冶塑造」。[39] 經由美學熏陶，樂感文化將哲學的最終存在寄託於「這人類化的具有歷史積澱成果的流動著的情感本身」，並且以此世之情「推動人際生成的本體力量」，從而開啟了「把超越建立在此岸人際和感性世界中」的華夏美學之路。[40]

　　作為八十年代文化啟蒙的思想領袖，李澤厚更多是以啟蒙哲學和溫和改革派的形象被世人銘記，而其獨樹一幟的儒學情感─美學論述並未被深度發掘。文革浩劫之後，對「人性」、「人道」和「價值」的反思由傷痕文學開啟，在「文化熱」期間達到高潮。新啟蒙運動的核心議題即終極價值的重建：在神聖的革命煙消雲散之後，中國學人如何重新審視毛時代的烏托邦主義，又如何重建新的歷史理性？李澤厚以審美為切入點，

體」理論和郭店楚墓竹簡中「道始於情」論述的聯繫。對「情」的中國文學傳統的細膩梳理，見王德威，《史詩時代的抒情聲音：二十世紀中期的知識分子與藝術家》（台北：麥田出版，2017），頁25-100；對「情本體」和郭店竹簡關係的論述，見賈晉華，〈李澤厚對儒學情感倫理學的重新闡釋〉，見安樂哲、賈晉華編：《李澤厚與儒學哲學》（上海：上海人民出版社，2017），頁159-186。

39　李澤厚，《華夏美學‧美學四講》，頁216。

40　同上，頁62。

通過追尋儒學的理性之源，以滌盪狂熱的政治熱情和領袖崇拜，對「超越」、「宗教性」和「彼世」的拒斥是否隱含了其對革命理想主義的批判？李著中無疑充滿了抽象哲學思辨與現實政治隱喻的複雜辯證，這種隱喻式的論述似乎與卡西爾（Ernst Cassirer）的文化哲學形成一種奇妙的共鳴。在納粹肆虐歐洲之際，卡西爾以《國家的神話》（1946）叩問現代理性何以生出如此殘暴之行徑，將納粹國家的神話追溯至鴻蒙之初的原始宗教。諸神想像起源於先民的恐懼，而從希臘哲學到啟蒙運動的西方思潮不斷以邏各斯之名驅散非理性的宗教情感。可誰料想到納粹的國家神話裏挾著原初的宗教敬畏捲土重來，使得現代性徹底淪為主宰和奴役的工具，啟蒙重新倒退為神話，乃至釀成歷史浩劫。[41] 相形之下，中國語境下的神話喻指共產革命的超凡魅力：以摧枯拉朽的暴力滌盪階級社會的罪惡，以對超凡領袖的崇拜之情塑造個體倫理和規範，最終在現世主義的此岸建立社會主義的烏托邦。在這個意義上，李澤厚「由巫到禮，釋禮歸仁」的儒學起源說以一種隱喻的方式解構了革命烏托邦的宗教性。在李著不斷以「理性」之名驅逐神話的背後，蘊含著動人心魄的啟蒙號召：唯有釐清中華文明源頭的非宗教性，唯有回到以禮樂人情為本然真實的樂感文化，才能徹底告別革命製造的狂熱情感和彼岸神話。

---

41 恩斯特・卡西爾著，范進譯，《國家的神話》（北京：華夏出版社，2003）。

三、罪與文學：從「性格組合論」到「罪感文學」

　　在李澤厚極力頌揚此世情懷、構築樂感文化的同時，有關
「懺悔罪責」和「反省文革」的公眾和學術辯論亦不絕如縷。
文革結束後，官方敘事在譴責以四人幫為首的反革命集團的同
時，極力迴避個人罪責的問題，轉而使用「受蒙蔽者無罪」這
樣的含糊之詞來為參與文革的億萬紅衛兵和民眾脫罪。1981
年，十一屆六中全會一致通過《關於建國以來黨的若干歷史問
題的決議》，號召全國人民「向前看」，將文革發生的原因歸
咎於毛澤東晚年的左傾錯誤，並把革命群眾描述為受到意識形
態蒙蔽的無辜者、抵抗者和受害者：「『文化大革命』初期被
捲入運動的大多數人，是出於對毛澤東同志和對黨的信賴，但
是除了少數極端分子以外，他們也不贊成對黨和各級領導幹部
進行殘酷鬥爭。後來，他們經過不同的曲折道路而提高覺悟以
後，逐步對『文化大革命』採取懷疑觀望以至抵制反對的態
度，許多人因此也遭到了程度不同的打擊」。[42] 換言之，作為
普遍集體的「廣大人民」均受到蒙蔽參與了文革，因而沒有任
何具體的團體或是個人應該承擔道德和法律責任。[43] 然而，在
不少知識分子看來，對極左暴力的沉默與遺忘是不啻於一種共

42　《決議》的全文可以在中國中央人民政府網站上查閱。見http://big5.www.
　　gov.cn/gate/big5/www.gov.cn/test/2008-06/23/content_1024934.htm.

43　見Susanne Weigelin-Schwiedrzik, "In Search of a Master Narrative for 20th-
　　Century Chinese History," *The China Quarterly*, vol. 188（Dec. 2006）: 1070-
　　1091; Alexander C. Cook, *The Cultural Revolution on Trial: Mao and the Gang
　　of Four*（Cambridge, UK: Cambridge University Press, 2016）, pp. 227-234。

謀。正因為往昔的暴力和創傷已然發生，傷痛的歷史記憶時刻面臨著被抹去的危險，革命狂飆年代的見證者和親歷者只能以懺悔的姿態，不斷叩問良知，反省個人在罪惡的時代所負道德職責。

　　當代中國知識分子對於文革之罪與罰之關注，無疑受到了西方學界對納粹浩劫、大屠殺以及轉型正義等論述的影響。西方「懺悔文化」（the culture of contrition）可以溯源至基督教義的原罪一說。人雖由上帝所創生，卻是背負罪惡和墮落的凡塵之物，因此人性的去惡為善離不開認罪與自省。二戰之後的西方世界經歷納粹暴行和種族清洗，懺悔意識和轉型正義（transitional justice）主導了歐洲思想論述。阿多諾的名言「奧斯維辛之後，作詩亦是一種殘暴」（To write poetry after Auschwitz is barbarous）集中體現了歐洲左翼知識分子要求直面歷史之惡行、國家機器之暴虐、社會道德之脆弱的強烈呼聲。前有雅斯培、鄂蘭等德裔學者痛陳納粹主義的百般迷障，以德意志民族之罪叩問人性之淵藪，後有列維納斯（Emmanuel Levinas）、德里達等法國知識人以他者的倫理重塑存有的本質，以友誼的政治學追尋正義的可能性。時至今日，有關奧斯維辛的故事已成家喻戶曉的道德訓誡，揭示極權主義的悲劇以儆效尤。川普治下的美國，有關印第安人大屠殺、奴隸制、和麥卡錫主義的歷史記憶隨著政治的兩極化和種族問題的愈演愈烈再度紛湧而出，牽動著億萬人心。[44] 相形之下，不少中國知

44　關於戰後懺悔文化的系統論述，見Thomas U. Berger, *War Guilt and World Politics after World War II*（Cambridge, UK: Cambridge University Press,

識分子痛斥新時期以來國家意志主導的「遺忘術」（The Chinese amnesia），使得緘默不言、自我審查逐漸成為士人之間心照不宣的共識。[45] 對比西方蔚為風潮的懺悔文化，陳丹青有如此戲謔之語：「中國人三十年來的渾渾噩噩若無其事，簡直億萬活神仙……舊時代的賬目遠未結清，簇新的時代改頭換面，出發上路了：這偉大的民族真會『向前看』。」[46]

作為八十年代啟蒙的先行者，作家巴金因其在《隨想錄》中對自己「卑鄙齷齪」的真誠反思，贏得了巨大的名聲，被譽為「全民族道德與良知楷模」。[47] 誠然，新時期以來傷痕文學、報告文學、知青文學等文類蔚為風潮，然而敘述者大多極盡所能渲染自身苦難，而對個人與時代的共謀關係語焉不詳，以至於怨言溢口、涕泣好呼的「訴苦文體」汗牛充棟。多有論

2012）；關於當代美國記憶政治與公眾辯論，見Erika Doss, *Memorial Mania: Public Feeling in America*（Chicago, IL: University of Chicago Press, 2012）.

45　早期西方學界關於文革記憶政治的研究多半強調國家主導的審查和控制，然而近來不少論述更加關注個體如何參與、介入、乃至重塑官方的禁抑政策。例如，Margaret Hillenbrand 研究了天安門事件等敏感話題在中國當代媒體和文化界的呈現，提出大陸知識分子和民眾多半非常了解這些政治禁忌，只是出於自身利益而選擇緘默不言。因此，國家主導的審查政策並非導致集體遺忘，而是讓人「知道不該知道什麼」（Knowing what not to know）。關於「遺忘術」的敘述，見Fang Lizhi, "The Chinese Amnesia," *The New York Review of Books*, September 27, 1990, https://www.nybooks.com/articles/1990/09/27/the-chinese-amnesia/; Hillenbrand, *Negative Exposures: Knowing What Not to Know in Contemporary China*（Durham, NC: Duke University Press, 2020）.

46　陳丹青，〈幸虧年輕〉，北島、李陀主編，《七十年代》（香港：牛津大學出版社，2008），頁66。

47　徐友漁，〈懺悔是絕對必要的〉，《南方週末》，2000年6月2日。

者指出，此類傷痕書寫的作者雖然出身「右派」，卻不由自主地延續了三十年代共產作家頌揚「被侮辱與被損害者」的文藝主題和「毛文體」式的政治修辭，使得新時期要求個人解放的呼聲與毛時代的訴苦文學竟呈現出一種極為弔詭的親和性。[48] 唯其如此，巴金的散文集《隨想錄》因其真誠的懺悔，被國內知識界譽為比肩盧梭《懺悔錄》的文學巨著，代表了「20世紀中國文學的良心」。

　　受到巴金影響，劉再復自八十年代後期便開始對懺悔倫理進行思考。在其《性格組合論》第一版於1986年發行之時，劉再復便提醒讀者「懺悔乃是民族新生的第一步」，而個體雖然對文革的悲劇沒有法律責任，但仍然背負良知責任。[49] 劉再復對個體責任的確證離不開他苦心經營多年的人道主義文學批評理論體系。其成名作《性格組合論》（1986）從十九世紀歐洲文學的視角，檢視現代中國文學。[50] 他的初步論斷是：革命文學的人物塑造圍於「階級性」、「革命鬥爭」和「政治實踐」等機械的馬克思主義理論，將「人」闡釋為被社會政治力量支配的附屬品，消解了人的主體性和能動性。[51] 在隨後的系列論

---

48 見王德威，《歷史與怪獸：歷史，暴力，敘事》（台北：麥田出版，2004年），頁7。

49 劉再復，《五史自傳》，頁188。

50 關於八十年代人道主義思潮的十九世紀歐洲文學之底色，學者多有論述。見賀桂梅，《「新啟蒙」知識檔案：80年代中國文化研究》（北京：北京大學出版社，2010），頁51-114；楊慶祥，《「主體論」與新時期文學的建構：以劉再復〈論文學的主體性〉為中心》，見程光煒編，《重返八十年代》（北京：北京大學出版社，2009），頁227-245。

51 劉再復，《性格組合論》（上海：上海文藝出版社，1986）。

述中，劉再復不斷擴充其「文學是人學」的思考起點，以「內宇宙」、「超越意識」、「懺悔」、「人的靈魂」等敘述來構建一種以世界文學為坐標的龐雜體系。從八十年代中期起，劉再復的名字，連同「情欲論」、「主體論」、「性格二重組合」等帶有個人生命印記和審美激情的批評術語，同文化熱期間爆炸性的知識空間和學人的文化想像彼此呼應，成為新啟蒙運動的時代精神之一。

　　需要指出的是，劉再復的主體論並非人道主義在文學批評上的顯白教誨，而內含複雜的脈絡和知識譜系。其理論所體現的哲學意義，主要體現在性格組合論對馬克思主義人性論的反駁。性格／人格（personality）問題本在古典德國哲學中有其重要位置。與當下的理解不同，十九世紀語境下的「性格」（personality）一詞並不具有內在心理情感（psychological makeup）的含義，而更多意指具體「個人」（person）和抽象「主體」（subject）之間的複雜律動。[52]康德的自我立法預設了一個自為自主的普遍主體（universal subject），然而康德主體以普遍理性為內驅力，卻並未顧及具體的、特殊的個人所在。在黑格爾的論述中，自我意識為了獲得更高的社會性存在必須揚棄個體自由，通過「去人格化」（depersonalization）昇華為「絕對精神」。作為普遍理性的主體彷彿可以自我演進，直至歷史終點。德國浪漫主義運動隨即以「基督人格論」（Christian

---

52　Warren Breckman, *Marx, the Young Hegelian, and the Origins of Radical Social Theory: Dethroning the Self*（Cambridge, UK: Cambridge University Press, 1998）, p. 11.

personalism）為綱，通過高揚感性的、特殊的、獨一無二的個人人格（individual personality）來反駁啟蒙的抽象主體論。 這種反啟蒙論述從《舊約全書》中上帝造人中獲取靈感：人格雖是神格的拙劣模仿，卻因上帝之愛而獲得了無限性和豐富性；「三位一體」意味著人格與神格之間存在著聯動關係，人性內在的複雜性和情感變化由神性所鑄成，絕非理性可以主宰，更不可以化約為空洞的普遍主體。

作為黑格爾的繼承人和顛覆者，馬克思主義人性論以一種激進的社會本體論（the social ontology of the self）完全消解了基督人格論。在〈論猶太人問題〉中，馬克思將基督教人格論（Christian personhood）貶低為市民階層的粗鄙意識形態，將人格的特殊性和商品市場中唯利是圖的個體（egoistic individual）完全等同起來。[53] 在馬克思的宏觀圖景裡，唯有將個人消融在社會性的主體之中，人類的自我解放才得以達成。馬克思主義以實現人的物種存有（species-being）為終極目標，何以革命的主體竟自噬其身，消解了多元人格的存在？這種二律背反深刻地影響了二十世紀的中國左翼文學理論：個人往往和罪惡、動搖、局限性聯繫在一起，而從階級性、黨性到民族國家的社會本體則被賦予了崇高的美學意象。在這個意義上來說，劉再復以「性格」為切入點重新確證個體尊嚴和人格之複雜性，不僅和當時中國政治問題形成錯綜複雜的交匯，而且在思想史層面上通過反寫馬克思回歸德國古典哲學的人格論，頗具「截斷眾

53　Karl Marx, "On the Jewish Question," *Early Writings*, trans. Rodney Livingstone and Gregor Benton（New York, NY: Penguin Books, 1975）, pp. 211-242.

流」的魄力和勇氣。對性格多重組合的闡述並非僅僅應和官方
意識形態或是為傷痕文學提供一種理論支撐，而在於將同質化
的革命「主體」（subject）重新還原為具有深度、內在性和道德
判斷力的「人格」（personality）。針對毛時代形形色色的壯美
革命神話，劉再復極力推崇人格的「內宇宙」一說：人的性格
並非僅僅是外在元素的機械反映，而是一個博大精深的動態環
境；感性、欲望、潛意識等形形色色的元素相互衝撞，不斷地
生成新的人格。文學的任務不是以預設的社會屬性描寫人物性
格，而是通過萬花筒式的性格組合將人性的複雜性淋漓盡致地
展現出來。54

　　對於人的內在深度之發掘固然打開了新的文學批判空間，
可是「內宇宙」將社會性消融於個體之中，極易導致個人主體
的無限膨脹。由此形成的二律背反關係，未必能夠真正賦予人
格以深度和尊嚴。性格組合論的核心觀念——理性主體和個人
能動性，和馬克思主義終歸是同宗同源，未必不會帶來一種新
的宰治關係。55 以人性論為內核的傷痕書寫在八十年代蔚為風
潮，究竟是對文革暴力的控訴和反思，還是毛文體式「訴苦文
學」的陰魂不散？56 在這個意義上，基督教的原罪說給劉氏的

54　劉再復，〈論文學的主體性〉，《文學評論》1985年第6期，頁11-26。

55　陳燕谷、靳大成，〈劉再復現象批判——兼論當代中國文化思潮中的浮士
　　德精神〉，《文學評論》1988年第2期，頁16-30。

56　關於社會主義「訴苦文體」的研究，見Gail Hershatter, *The Gender of
　　Memory: Rural Women and China's Collective Past*（Berkeley, CA: University
　　of California Press, 2011）；關於訴苦文體與新時期文學的關聯，見Ann
　　Anagnost, *National Past-Times: Narrative, Representation, and Power in
　　Modern China*（Durham, NC: Duke University Press, 2012）.

文化反思提供了一個嶄新的宗教維度。與儒學成聖論相反，基督教神學中的人雖是由上帝所創生，卻是塵世墮落之物，因此注定背負罪與罰。宗教改革繼而將人的內在世界交付上帝，賦予其彼岸命運，將個體的內在自由從世俗統治者手裡解放出來，使得人的內在自由與救贖息息相關，非塵世力量可以左右。[57] 在當時不少學人看來，唯有基督教的「神道」方可超越蒼白無力的人道主義情感，賦予劫後餘生的個體徹底和深刻的尊嚴。例如，思想史家張灝在《幽暗意識與民主傳統》一文中，將近代自由主義的萌發歸因於基督教的性惡論：〈創世紀〉中人類始祖亞當因偷吃禁果獲得智慧，卻使得世代子孫背負罪孽。墮入凡塵的人類身負原罪，雖可得救，卻無法洗滌塵世種種而成為至善之神。然而，正是由於基督教傳統對「人性中或宇宙中與始俱來的種種黑暗勢力」有所正視和醒悟，才得以發展出一套限制個人權力的政治架構和文化價值觀。[58] 相形之下，儒家哲學的「成德意識」缺乏對世間之惡的深刻認知，由此生出的內聖外王之道未免顯得一廂情願，其致善主義的傾向往往助長帝王之學。[59] 與張灝所推崇的世俗自由主義（secular

---

57　中文學界有關近代自由主義個人觀念和基督教之內在聯繫的論述，見叢日雲，《在上帝與凱撒之間：基督教二元政治觀與近代自由主義》（北京：生活・讀書・新知三聯書店，2003）。

58　張灝，《幽暗意識與民主傳統》（北京：新星出版社，2006），頁23-43。

59　見韋政通，《儒家與現代化》（台北：水牛圖書出版事業公司，1978），頁3；殷海光，《中國文化的展望》（台北：桂冠圖書公司，1988），下冊，頁682-683；值得一提的是，近來不少學者反其道而行之，試圖以儒家致善主義解決西方自由民主制中的價值虛無問題，見Joseph Chan, *Confucian Perfectionism: A Political Philosophy for Modern Times*（Princeton, liberalism）不同的是，許多八九十年代的大陸文化基督徒看重的是罪感文化的宗教信仰維度。 這一立場最為激烈的表達者無疑是劉小楓。劉氏將共產主義的神話稱為「偽造的奇跡」，而革命暴力促使他不斷追尋「真正的神跡」。在拒斥了屈原式的自我放逐和道家的消極遁世之後，劉小楓在罪感宗教中找到了救贖之道。在劉氏看來，罪感並非意味著自我淪喪，而暗含走向超越的微弱可能：唯有使人意識到自然狀態之欠然，方可迸發追尋上帝的精神意向。60

　　劉小楓從罪感中悟得生命之缺憾，繼而放棄現世的一切政治和道德的約束，將自身全部人性所在交付上帝，以求得神之救恩。61 相形之下，劉再復從罪感中發掘人對現世的道德職責。更重要的是，劉再復的原罪將個體靈魂從外在的社會—國家意志中解放出來，回歸內在性，將靈魂置於良知的法庭上審判，從而反思個體的倫理職責。值得玩味的是，與劉小楓的認信行為不同，劉再復僅僅把原罪當做一種認知假設，對「罪」之確認並非導向宗教情感，而在於迫使個體進行理性自省。道德自省雖以現世職責為導向，卻必須繞開世俗政治，尋找一個

NJ: Princeton University Press, 2016）.

60　劉小楓，《拯救與逍遙》（修訂版）（上海：華東師範大學出版社，2011），頁158。

61　例如，劉小楓如此表達對「基督之外無救恩」的確信：「我能夠排除一切『這個世界』的政治、經濟、社會的約束，純粹地緊緊拽住耶穌基督的手，從這雙被鐵釘釘得傷痕累累的手上接過生命的充實實質和上帝之愛的無量豐沛，從而在這一認信基督的決斷中承擔其我在自身全部人性的欠然。」劉小楓，《聖靈降臨的敘事》（增訂本）（北京：華夏出版社，2017），頁266。

具有超越性的原點。[62] 劉再復的罪感試圖賦予道德一種內在的、原生的、自發性的存在，罪與責任因而相形相依，為人之存有特質。早先的主體論述經由罪感文學的「自我坎陷」，獲得了一種新的倫理—政治維度。從這個角度出發，劉再復叩問中國文學傳統中的罪感缺失：文學對惡之控訴往往導向外在的社會與政治議程，而無法激發內在的心靈懺悔。相反，五四文學之伊始便通過自我懺悔來審視傳統與野蠻的糾纏，而魯迅則無愧於這種罪感意識的激烈表達者。從〈狂人日記〉以吃人為隱喻來審判封建傳統，到自我剖析靈魂裡的「毒氣與鬼氣」，魯迅的懺悔意識將宗教式的「迴心」轉化為一種自覺的道德意識。這種自省雖無上帝作為絕對參照物，卻以反芻歷史傳統之罪為其坐標，使文學獲得了一種靈魂的深度。以人本主義的罪感文學為視角反思八十年代的文化批判之局限，劉再復的論述無疑超越了之前主體論的局限，展現出新的思想深度。

值得玩味的是，劉再復的「罪感文學」與德國哲學家雅斯培對德國民族的罪責問題的討論頗有相似之處。鑒於戰後初期西德民眾對盟軍所施加「納粹罪行」與「集體罪責」（collective guilt）的指控有著普遍的抵觸情緒，雅斯培試圖證明對納粹主義的清算並非「勝利者的正義」（victor's justice），而旨在喚醒德國人的懺悔意識與道德良知。作為戰敗國的一員，德國不得不接受盟軍所施加的「政治罪責」（political guilt）：自我清算，審判戰犯，經濟賠償，以換取鄰國的寬恕。然而，雅斯培認為更深一層的懺悔必須深入到道德和形而上意義的罪孽

62　劉再復、林崗，《罪與文學》，頁123。

（moral and metaphysical guilt）。逝者已矣，生者何堪，五百
萬猶太人已化為灰燼，在此滔天罪行面前，無論個人參與與
否，「活著本身便是一種罪惡」（That I live after such a thing
has happened weighs upon me as indelible guilt）。[63] 因此，德意
志民族的每一員都已背負道德原罪，而承擔戰爭責任，肅清納
粹往昔，則是直面形而上罪責以求得救贖的唯一路徑。與此類
似，劉再復亦把道德原罪看做是超越法律問責的存在，極力反
對將文革悲劇歸咎於「四人幫」的主流政治敘事。他如此質問
文革的親歷者：「我們有沒有為這場劫難歡呼過，鼓掌過，賣
力過？我們有沒有揭發過別人，檢舉過別人，批判過別人？我
們有沒有面對淋漓的鮮血閉著眼睛，裝著糊塗，聽之任
之？⋯⋯我們是否在無意識中參與製造了一個邪惡的時代？」[64]
不同的是，雅斯培最終還是回到了基督教新教的虔敬倫理
（Protestant Pietism），聲稱形而上罪責的最終裁判者是上帝本
身（jurisdiction rests with God alone）。[65] 對於劉再復而言，因
為超越性宗教倫理的缺失，中國文學傳統向來「缺乏『上窮碧
落下黃泉』的究問精神、缺乏對罪責的承擔精神⋯⋯懺悔意
識」，因此當代作家寫出來的小說也只能是「世俗意義上『認

63　Karl Jaspers, *The Question of German Guilt*（New York, NY: Fordham
　　University Press, 2001）, 26.

64　劉再復、林崗，《罪與文學》，頁132。

65　見Alan Norrie, "Justice on the Slaughter-Bench: The Problem of War Guilt in
　　Arendt and Jaspers," *New Criminal Law Review*, vol. 11, no. 2（April 2008）:
　　187-231.

錯』的小說」。[66]

　　儘管劉再復努力推崇原罪精神，為後毛澤東時代提供一種超越世俗的道德律令，許多學者卻注意到基督教的罪感文化與毛主義極力渲染的階級原罪意識之間令人不安的相似之處。1927年大革命失敗之後，太陽社的左翼作家將慘痛的政治潰敗歸咎於「踟躕不覺、無行動力、無責任感」的小資產階級知識分子。革命作家姚方仁這樣概括布爾喬亞青年的劣根性：「虛榮，彷徨，畏怯，偷巧，淺薄，貪閒一時，無責任心，意志薄弱，縱慾……。」[67] 為了改造小資產階級文人趨炎附勢、見風使舵、意志軟弱的歷史罪性，左翼文人開始形成一套自我懺悔、自我規訓、以求得革命救贖的理念。[68] 中國政治研究者裴宜理和劉瑜亦觀察到，毛澤東在思想改造運動中頻頻借用基督教的「原罪—救贖」邏輯，強調階級敵人和資產階級知識分子已被修正主義、封建思想所腐蝕而墮落，刻意營造一種內在的罪惡感和羞恥感，進而使得「罪人」為求得救贖而極力向黨靠

66　劉再復、林崗，《罪與文學》，頁152、155；劉著對於中國文學和思想傳統中罪感文化之缺失的表達過於簡單，陷入了一種中西二元對立的本質主義視角。以孟子「性善論」為重要特點的儒家傳統固然沒有基督教倫理中的原罪一說，但仍不乏關注人性乃至宇宙中各種罪惡的論述。學者陳志強便認為，晚明儒學從王陽明之心學，到劉宗周之《人譜》，蘊含了討論「過惡」的豐富資源，見陳志強，《晚明王學原惡論》（台北：台大出版中心，2018）。

67　姚方仁，〈文藝與時代〉，《文學週報》339期，1928年；轉引自張廣海，〈小資產階級原罪意識的誕生、規訓與救贖——論大革命後左翼知識分子自我認知機制的轉型〉，《文藝理論研究》，2012年第4期，頁30。

68　關於左翼文人的原罪意識理念，見第三章筆者對陳映真的「市鎮小資產階級」意識的分析。

攏。[69] 美國心理學家Robert J. Lifton在其著作《思想改造與極權心理》中則進一步將宗教皈依（religious conversion）視為共產主義思想改造的根本特質。他把毛澤東對知識分子的整肅歸結為三個階段：（1）首先，用某個至高無上的意識形態權威、超凡脫俗的英明領袖來製造一種天啟式的、正邪大戰式的世界觀；（2）其次，利用階級原罪說調動被改造者的道德良知，逼迫其敞開心扉，進行「自我批評」以供認罪行；（3）最後，宣布皈依者的「重生」，重歸於集體的懷抱。[70] 正所謂「靈魂深處鬧革命」，要成為社會主義的「新人」，資產階級的舊知識分子必須對往昔犯下的罪行供認不諱，以滌蕩內心深處反動思想殘餘。這種高度儀式化的皈依並非簡單粗暴地製造一種服從權威的表象，而是旨在「徹底摧毀個人自主意識」，使得戴罪之人對讓他重獲新生的政治領袖感激涕零。[71]

因此，儘管劉氏將內生性的罪感視為激發道德本心的倫理資源，但多有論者認為，正是宗教原罪所帶來的無所不在的桎梏之感——而非世俗主義的濫觴——驅使毛時代的知識分子徹

69　Elizabeth J. Perry, "Moving the Masses: Emotion Work in the Chinese Revolution," *Mobilization*, vol. 7, no. 2（Jun 2002）: 111-128; Yu Liu, "Maoist Discourse and the Mobilization of Emotions in Revolutionary China," *Modern China*, vol. 26, no. 3（May 2010）: 329-362.

70　見David A. Palmer and Vincent Goossaert, *The Religious Question in Modern China*（Chicago, IL: University of Chicago Press, 2010）, p. 180; Robert Jay Lifton, *Thought Reform and the Psychology of Totalism: A Study of "Brainwashing" in China*（Chapel Hill, NA: University of North Carolina Press, 1989）.

71　Richard Bernstein, *China 1945: Mao's Revolution and America's Fateful Choice*（New York, NY: Vintage, 2015）, p. 133.

底放棄自我，服膺於社會主義國家的規訓與救贖。在此，季羨林的《牛棚雜憶》提供了一個絕佳的案例。建國初期，經歷了三反、五反、思想改造運動，季氏如此回憶自己作為一個「摘桃派」知識分子的負罪感：

> 當中華民族的優秀兒女把腦袋掛在褲腰帶上，浴血奮戰，壯烈犧牲的時候，我卻躲在萬里之外的異邦，在追求自己的名山事業……我覺得無比地羞恥。連我那一點所謂的學問……也是極端可恥的。我左思右想，沉痛內疚，覺得自己有罪，覺得知識分子真是不乾淨。我彷彿變成了一個基督徒，深信「原罪」的說法。在好多好多年，這種「原罪」感深深地印在我的靈魂中……就這樣，我背著沉重的「原罪」的十字架，隨時準備深挖自己思想，改造自己的資產階級思想……脫胎換骨，重新做人。[72]

由此可見，正因為毛主義詞典中的階級原罪說以一種泛道德主義的立場渲染個體的「無罪之罪」，劉再復的懺悔意識面臨著兩難處境：如果宗教原罪說曾經淪為規訓知識分子的政治工具，那麼人道主義者提倡的罪感意識如何才能避免另一種意識形態灌輸呢？無獨有偶，學者鐘文在讚頌巴金「說真話」的勇氣之時，亦生出疑竇：「巴金的懺悔並非始於80年代，他在自己一生的各個階段都在『懺悔』：不僅僅在早年的小說中為自

72　季羨林，〈我的心是一面鏡子〉，《牛棚雜憶》（北京：中共中央黨校出版社，2005），頁204。

己的出身懺悔，在50-70年代為自己的階級懺悔，到80年代為自己的盲從和軟弱懺悔……不論身處的時代發生什麼變化，巴金都以同一種方式應對，那就是『懺悔』。」[73] 如此不絕如縷的懺悔意識，究竟是世紀良心的彰顯，還是揭示了認罪行為內蘊的表演性（performativity）和曖昧性？[74] 由此可見，有關懺悔之宗教倫理的思考，有待於進一步的細膩辯證。[75]

四、結語：樂與罪的交匯：告別革命

　　1995年，李澤厚和劉再復在《告別革命》的序言中宣稱：

73　鍾文，〈「懺悔」與「辯解」，兼論反思歷史的方式──以巴金《隨想錄》為例〉，《文藝爭鳴》，2008年第4期，頁8。

74　解構主義文學批評家保羅・德曼曾經對盧梭的《懺悔錄》進行過細緻的剖析，指出盧梭的懺悔與自我辯解之間難以區分的曖昧詭譎。在德曼看來，儀式化的認罪行為也難逃通過祭起真相、良知等永恆真理來為自己脫罪的嫌疑。見Paul de Man, *Allegories of Reading: Figural Language in Rousseau, Nietzsche, Rilke, and Proust*（New Heaven, CT: Yale University Press, 1982），p. 279.

75　在罪感宗教倫理的問題之外，還有不少學者質疑「懺悔」、「道歉」的歷史敘事主導了文革的記憶，以一種政治道德化的姿態消解歷史。例如，汪暉便以「顛倒」為題痛斥道歉文化對革命的污名化。在汪暉看來，人道主義的敘事以一種「去政治化」的道德姿態否定毛時代的革命倫理，遮蔽了文革實踐所體現的深刻歷史複雜性：「一旦『道歉』省略了對於自己身分的質詢，就談不上對歷史的反思；一旦以總體否定的方式，而不是從具體的歷史矛盾和衝突中解釋悲劇的形成，就只能提供一種非歷史的、從而也是『去政治化的政治』所慣用的道德姿態。這種道德姿態的唯一功能是把罪惡歸咎於『歷史』而遮蔽現實關係，從而也阻斷了對『當下』關係的政治分析和倫理追問」。見汪暉，〈紀念碑的限度、或真知的開始〉，《顛倒》（香港：香港中文大學出版社，2015），頁370。

「影響20世紀中國命運和決定其整體面貌的最重要的事件就是革命。我們所說的革命，是指以群眾暴力等急劇方式推翻現有制度和現有權威的激烈行動。」[76] 此書一經出版引起極大反響，堪稱對八十年代啟蒙歷程的歷史性回顧與總結。九十年代伊始，隨著新左派和自由主義的論戰不斷激化，「告別革命」逐漸成為一個空洞的意識形態能指。對於受到各種新潮理論洗禮的年輕學人而言，它的靈感主要來源於業已破產的新啟蒙運動，這與其說是徹底終結社會主義的遺產，毋寧像是昭示著革命的魂歸兮來。政治漩渦之下，告別革命論的標誌性和格言式論述遮蔽了李、劉二人的複雜心路歷程與思想求索。李澤厚的儒學情感論述承自蔡元培「美育代宗教說」，以美感教育為薰陶手段回到此世的禮樂人情，以樂感文化拒斥超凡脫俗的革命烏托邦。劉再復的罪感文學則以宗教性的超越激發人內生的倫理職責，以懺悔罪責，審判歷史，實現文學對國家的「放逐」。在這個意義上，樂感文化和罪感文學最終匯聚於「告別革命」：以人間之樂解構革命的烏托邦神話，以超驗世界的本真維度來驅逐革命政治對文學的主宰。革命旨在超越現世生活的不完美性，以一種超拔的救世理念喚起一種集體的、解放自我的激烈變革。告別革命則是要在人間世情裡、在禮樂薰陶中、在沒有宏大敘事的靈丹妙藥和救贖之確定性的斷裂時空中，以靈魂的本真維度叩問傳統、歷史與神話所遮蔽的墮落、共謀和殘暴，以氤氳之情細緻入微地體驗、捕獲和發掘此世之

---

76 李澤厚、劉再復，《告別革命：李澤厚、劉再復對話錄》（增訂本）（香港：天地圖書有限公司，2011），頁60。

樂的本然真實。

　　總結本章，我重構李之「樂」與劉之「罪」之間的隱秘對話，為的是揭示其學說意在言外的隱喻：對中西宗教倫理的批判意在解構革命烏托邦的神聖靈韻，從而瓦解世俗政治對宗教元素的功能性借用。更重要的是，我認為只有將兩人對儒學情理的現世性與基督倫理的超越性之闡發置於政治神學的脈絡下考察，方能體察其告別革命論的批判潛能。理性的病症致使施密特以「政治的再宗教化」為藥方，企圖給分崩離析的威瑪民主注入一種強勢的、同質性的規範性道德。[77] 相形之下，李與劉則以「政治的去宗教化」為旗幟，力求告別毛澤東時代革命烏托邦主義與威權政治互為表裡的政治神學實踐。

　　本章偏離了以「啟蒙」與「革命」為主導的學術範式，轉而關注李、劉二人學說的宗教維度。此處的「宗教性」並非基於制度性宗教（institutional religion）的教義辯難，而指以宗教為隱喻而構成的美學論述和文學批評。我認為，以「文」為切入點探討李、劉二人的文化反思得以探勘當前學界未能觸及的維度：政治神學的含混性提醒我們世俗政治與宗教信仰不是此消彼長的對立，而是隨著情勢不斷湧現著或張或弛的有機連

---

77 施密特批判自由主義以道德倫理之名侵襲政治決斷，並強調其政治理論意在回歸政治的根本原則──分清敵我。然而在施特勞斯看來，既然其決斷論的終極目的仍在於維繫自由民主政體的完整性，因此施密特的敵我之分實質上與自由主義者暗通曲款，都是立足於一定道德原則。遵循施特勞斯的批判，我認為施密特的神權政治也提供了一種規範性道德的激烈版本。見列奧・施特勞斯，〈「政治的概念」評注〉，劉小楓編，《施米特與政治法學》（上海：上海三聯書店，2002）。

鎖;在此曖昧不明的動態時空中,「文」以錯綜複雜的隱喻不斷創生著政治意蘊和神學辯難,成為彰顯或是遮蔽神聖(the sacred)與世俗(the profane)之間持續張力的重要媒介。

　　與此同時,「文」也提醒我們世俗化範式的局限性。不僅毛澤東的革命以神聖性的言辭來維持其絕對權威,新啟蒙話語在高揚理性的同時也裹挾著自我神化的幽暗意識。對中國現代革命的反思往往以世俗化範式為綱,而遮蔽了中國現代性與宗教遊魂的複雜辯證關係。世俗主義的傲慢可以追根溯源至馬克思的宣言:「彼岸世界的真理消逝以後,歷史的任務就是確立此岸世界的真理。」然而在揭穿宗教的意識形態幻象之後,馬克思卻不得不藉助神學隱喻來闡述「商品拜物教」(commodity fetishism)這一資本主義的核心理念:「要找一個比喻,我們就得逃到宗教世界的幻境中去。在那裡,人腦的產物表現為賦有生命的、彼此發生關係並同人發生關係的獨立存在的東西。在商品世界裡,人手的產物也是這樣。我把這叫做拜物教。」正如思想史家Warren Breckman所言,馬克思唯有調用類比和隱喻的手法,將資本的瘋狂喻作宗教的非理性,方可預示資本主義最終消亡的歷史必然性。[78] 馬克思之「文」暗中瓦解了其世俗化立場的絕對性:宗教並非前資本主義時代的遺跡,而是資本的最初象徵形式。馬克思對於宗教比喻的依賴意味著神學如同

78　Warren Breckman, *Marx, The Young Hegelians, and the Origins of Radical Social Theory*, p. 305;對馬克思文本的隱喻最為詳細的解讀,莫過於德里達對「遊魂」這個意象的持續追蹤,見Jacques Derrida, *Specters of Marx: The State of Debt, the Work of Mourning, and the New International*(New York, NY: Routledge, 2006).

遊魂般附著在世俗化進程之中：即使宗教並非現代政治的內驅
力，宗教仍然以隱喻的方式彌散於世俗文化想像和政治符號學
中。毛澤東需要將人民喻作共產黨的「上帝」以印證新政權的
道統，而新啟蒙的文化政治也以「神權」和「宗教專制」的比
喻來喻指革命極權的殘暴。這表明，現代政治的神聖底色既不
可化約為對宗教的功能主義借用，也無法導向「現代政治無非
是神學理念的世俗版本」之論斷。[79] 這意味著我們需要重新檢
討政治、宗教、世俗化三者的聯動關係。作為一個初步的嘗
試，本章以李、劉二人的「文」之論述來試圖勾勒革命與宗
教、啟蒙與神話、祛魅與再魅化之間的複雜律動。

　　李澤厚與劉再復的論述在美學、儒學、文學批評和啟蒙政
治等諸多方面留下來豐富的財富，而對革命政治的去魅則貫穿
了兩人數十年的思考與反思。當今中國不僅反啟蒙論述甚囂塵
上，革命的幽靈借屍還魂，更讓人驚異的是，政治神學裏挾著
新的大國想像捲土重來。在與港台儒家分道揚鑣之後，大陸新
儒家回到康有為的孔教實踐，以「儒家社會主義」重新神化國
家。[80] 施特勞斯的中國信徒則孜孜不倦地發掘公羊學中的微言

79　施密特的政治神學是這一理念的經典表達：「現代國家理論中的所有重要
　　概念都是世俗化了的神學概念。」在施密特的主權理論中，高懸於政治程
　　序之上的主權者以神裁之名在危機時刻降下決斷，以維護國家的根本存
　　在，因此國家存有與神權的至高無上緊密相連。見卡爾・施密特著，劉宗
　　坤譯，《政治的概念》，頁24。

80　大陸新儒學的康有為轉向是一個極為複雜的現象，對於其政治傾向的批
　　判，見葛兆光，〈異想天開：近年來大陸新儒學的政治訴求〉，《思
　　想》，第33期（2017年7月），頁241-284。

大義，以廖平之王道捍衛「國父」毛澤東之榮譽。[81] 新左派以施密特主權論義正言辭地辯證革命暴力之正當性。[82] 這些論述流派紛呈，各異其趣，然而無不裏挾著猖狂肆恣的宗教性，喚起以「革命」、「文明」、「天下」和「王道」為圖騰的烏托邦願景。難以想像，政治神學的高級祭司們曾經也為新啟蒙運動搖旗吶喊：那是一群醉心於《美的歷程》中的華夏文明，頂著滂沱大雨聆聽劉再復「論文學主體性」，排著隊搶購雨果《悲慘世界》，偷偷摸摸赴約《今天》詩歌會的知識青年。而如今他們又戰戰兢兢地請出毛澤東、康有為和施密特的亡魂，演出世界歷史新的一幕。這是對啟蒙遺產的辯證揚棄，還是伊底帕斯癥結之倒錯（perverted Oedipus rebellion）？以神學之名為中國崛起作一字腳註，究竟是時代精神的史詩氣質使然，還是政治犬儒主義濫觴之際的虛張聲勢？值此政治大說粉墨登場之刻，我們更需要回到新啟蒙運動的最初時刻，尋覓李澤厚筆下流溢人間的本性之情，閱讀劉再復對靈魂維度的深度思考，以此岸世界的「樂」與「罪」不斷地叩問彼岸世界的神話。

---

81 劉小楓，《百年共和之義》（上海：華東師範大學出版社，2015）。

82 例如，汪暉近年來介入朝鮮戰爭研究，推崇以革命政治的內在視野重思毛澤東時代的外交策略，無疑受到了左翼施密特主義的影響。見汪暉，〈二十世紀中國視野下的抗美援朝戰爭〉，《文化縱橫》，2013年第6期，頁78-100。

第二章

自由主義的記憶政治
民國熱視野下的陳寅恪

一、「情動」陳寅恪

　　1983年元月，余英時先生在香港《明報月刊》刊出長文〈陳寅恪的學術精神和晚年心境〉，隨即在海內外學界引發激烈討論。1949年，陳寅恪先生一家為躲避戰火南下廣州，應陳序經之邀赴康樂園任嶺南大學（1953年併入中山大學）歷史系教授，從此寄身嶺南二十餘載直至生命終點。然而，關於陳寅恪的晚年遭遇和心理狀態，一直是眾說紛紜。文革結束後，廣東省理論刊物《學術研究》率先發表陳寅恪遺著《柳如是別傳》的〈緣起〉部分。編者有如此按語：「解放後，黨和政府對陳寅恪先生的工作和生活給予妥善的照顧，使這位早年雙目失明的學者的著述工作，從未中斷。對此，他曾多次表示對毛主席和共產黨的感激」。與此相反，余英時以「文化遺民」說勾勒陳氏晚年著述中隱而不彰的「興亡遺恨」和質疑「曲學阿世」、拒絕向政治教條屈服的士人節氣。遺民一詞，原指「江

山易代之際，以忠於先朝而恥仕新朝者」。[1] 與執著於忠君報
國、恪守避世守節之道的明清遺老不同之處在於，余氏的「文
化」遺民指向一個超越狹隘王朝政治的文化請命者。依此邏
輯，陳之所以晚年對柳如是、錢牧齋等明朝遺民心有戚戚焉，
乃是源於其殉道成仁、與歷經奇變與劫數的中國文化「共命同
盡」的良知與勇氣。[2] 再者，文化遺民並不意味著政治上的裝聾
作啞。余英時認為，身處社會主義改造洪流中的陳氏屢屢借古
諷今、針砭時弊，以一套複雜的「暗碼系統」將對所處時代的
種種憂憤之情寄託於古典詩文之中，「明清痛史」背後是暗流
湧動的不屈與抗爭。不僅如此，余英時對陳先生1949年之際的
留陸選擇亦不勝惋惜。陳氏雖然對俄氏共產主義心有疑慮，但
最終仍決定寓居廣州而拒絕遷往港台，並非意在向新政權積極
靠攏，而是為客觀條件所限。國共內戰的亂局讓疾病纏身、雙
目已盲的陳寅恪一度意志消沉，屢發「避秦無地」之悲歎。以
余氏眼光觀之，陳先生之所以沒有「逃離大陸」，「是不能
也，非不為也」。

　　陳寅恪生於1890年，為江西修水義寧陳氏之後，家學淵
源。陳門素有「烏衣世家」、「門風優美」之美譽。寅恪祖父
陳寶箴（1831-1900）在湖南力行新政，直至戊戌政變遭到革
職，與其子陳三立（1853-1937）一道以戴罪之身退歸江西南
昌。在開明家風的耳濡目染之下，寅恪十三歲便隨長兄東渡日

1　王德威，〈時間與記憶的政治學〉，《後移民寫作》（台北：麥田出版，
　　2007），頁6。

2　余英時，〈陳寅恪的學術精神和晚年心境〉，《陳寅恪晚年詩文釋證》
　　（台北：東大圖書公司，1998），頁1-72。

本，至三十六歲歸國任教，遊學國家遍及日本、德國、瑞士、法國以及美國。1925年，已在學界嶄露頭角的陳寅恪受吳宓之邀，與王國維、梁啟超和趙元任一道受聘成為清華國學研究院導師，擅長以梵文、巴利文、藏文等「殊族之文」研習邊疆塞外之史。三、四十年代，陳氏逐漸轉向「中古以降民族文化之史」，致力於隋唐政治史的研究，因其學識淵博獲有「教授的教授」之讚譽。抗戰開始後，陳氏一家先隨西南聯大遷至昆明，本欲應牛津大學之聘赴英國治療眼疾，卻因二戰爆發而滯留香港，又輾轉至桂林，直至1946年回到清華。1954年，已定居嶺南的陳氏寫就考釋清代彈詞小說家陳端生生平及寫作始末的《論再生緣》一文，引起學界熱議，乃至「傳播中外，議論紛紛」。隨後陳以「不奉馬列主義」為由婉拒出任新成立的中國科學院哲學社會科學部歷史研究所二所（中古史所）所長之職，表明其堅守「自由之意志、獨立之精神」的問學宗旨。陳氏晚年失明臏足，只能以口述的方式完成生平最後一部著作《錢柳姻緣詩證釋稿》（後易名為《柳如是別傳》）。廣州文化大革命開始後，陳家受到衝擊，陳寅恪已患有心力衰竭症，卻被迫向紅衛兵作「口頭交代」，歷經身心煎熬，最終於1969年10月7日凌晨五時半溘然長逝，可謂是「生為帝國之民，死作共產之鬼」，走完風風雨雨的一生。

　　由此可見，余英時的文化遺民一說試圖揭露文革的瘋狂對陳氏晚年造成的嚴重傷害，並以此凸顯陳氏不惜「一死見其獨立自由之意志」的抗爭精神。在余氏論述掀起海外學界議論風潮之際，一篇署名「馮衣北」的檄文〈也談陳寅恪先生的晚年心境——與余英時先生商榷〉亦在《明報月刊》刊出。據稱，

馮衣北的辯駁文章，是在時任中共中央政治局委員的胡喬木的
指示下精心布置的「弦箭文章」。[3] 在馮氏看來，余文在大肆渲
染陳氏「殉文化」的超然物外之追求的同時，又標舉其晚年的
興亡哀感出於「守節」，似乎暗示陳寅恪對蔣家王朝的覆滅不
勝惋惜，以至於使得「陳先生成為一個錢牧齋式的人物，一個
未能『屍蹕』又未能『殉節』，從而對國民黨政權充滿愧悔和
眷戀的孤臣孽子」。[4] 歸根結底，余氏以我心釋陳心，與其說是
與陳氏共悼中國文化之衰亡，不如說是把自身的政治意識投射
於陳寅恪晚年心境的移情之舉。換言之，余氏筆下「對中共政
權充滿敵意」，既不「靠攏」更不「認同」的晚年陳寅恪形象
實則源於其自身的冷戰「有色眼鏡」。[5] 正是因為余氏自身對
1949年政權易手充滿了「明末遺民式的悲愁苦恨」，他才極力
刻畫陳先生不仕紅朝的遺民節氣。為此，馮氏針鋒相對地描繪
陳寅恪晚年的「愛國主義」：陳氏的1949年抉擇無疑是出於
「狐死正丘首」的愛國情懷。即便他在建國初期對新政權有所
疑慮不安，其詩文抒發的多是含蓄勸諫之意，而絕沒有對「讓
他失望到極點的國民黨政權」產生「孤臣孽子般的眷戀之

3　「弦箭文章」的說法出自余英時，然而目前並未有任何原始文獻或者史料
　　佐證。按照中國政治運動的尋常邏輯，如果此次論戰真的是出自文教戰線
　　負責人的手筆，應當有官方的具體批示或者是當事人的回憶錄問世。關於
　　馮衣北的真實身分，廣東作家劉斯奮曾受《中華讀書報》訪談，表明是其
　　本人。見余英時：〈陳寅恪研究的反思和展望〉，周言編，《陳寅恪研
　　究：反思與展望》（北京：九州出版社，2013），頁1-19。

4　馮衣北，〈也談陳寅恪先生的晚年心境——與余英時先生商榷〉，《陳寅
　　恪晚年詩文及其他》（廣州：花城出版社，1986），頁2。

5　同上，頁10。

情」。[6] 一言以蔽之，陳寅恪沒有在天地玄黃之際「乘桴浮於海」，非不能也，是不為也。

　　自八十年代余英時和馮衣北互擲「弦箭文章」，有關陳寅恪生前身後的是是非非開始逐漸從象牙塔瀰漫至文化界，成為兩岸三地知識界所熱衷的話題。九十年代以來，懷念和頌揚陳氏學術精神和文化人格的風氣愈演愈烈，以至於形成了「陳寅恪熱」的文化奇觀。眾聲喧嘩之下，陳寅恪被奉為曠世奇才、國學大師、文化巨匠，他的風度、胸襟和學識無愧於「學人魂」、「最後的大師」、乃至「中國文化托命之人」的稱號。陳寅恪生前與所處時代多有齟齬，不肯隨波逐流，垂暮之年又遭「巨劫奇變」，以死囚之心憤憤辭世，身後卻招來無數「後世相知」，不僅引得海內外各方知識人的回憶及紀念，還在民間擁有眾多追捧者，以至於成為二十世紀中國士人精神的象徵。我們不禁要問：為何陳寅恪的文字和遭遇如此動人心弦？頗有症候意味的是，當代知識文化界對陳寅恪的關注並非徒重其學術創建，而是更多寄情於那個於混亂政治漩渦中貶斥勢利、篤守舊義、遺世獨立的遺民形象。從某種意義上來看，陳寅恪在文革中的個人遭遇折射了二十世紀中國士人所經歷的種種晦暗與不明，因此追憶陳氏不啻於對證歷史（witness against history）的倫理職責。

　　八、九十年代持久不衰的「陳寅恪熱」反映了華語學界關於知識與權力，學術與政治，知識分子與政權等多重關係的探索與思考。本章關注的核心問題是：為何自由主義學人對以陳

6　同上，頁32。

寅恪為代表的民國士人情有獨鍾？自余英時點明陳氏「獨立」
與「自由」的為人為學宗旨，陳寅恪堅持不受意識形態「俗
諦」之桎梏的學人立場在期待學術自由和政治民主的大陸學人
團體中產生了強大吸引力。雖然「自由」的定義模糊不堪，有
強烈批判意識、對現實政治憤憤不平的自由派學人將陳後半生
「不識時務」的抗爭與不屈視為中國自由主義的先聲。逝者已
矣，陳氏在文革中雖生猶死的處境不啻於一則道德箴言，既凸
顯極左群眾運動的怨懟暴虐，也警醒世人保護個人權利、限制
公權力的必要性。於是乎，以李慎之、朱學勤為首的自由派借
陳氏之身世遭遇拒斥激進主義，呼喚重建市民社會。傷悼死者
不僅是簡單的排遣傷痛、自怨自艾，而是為生者相勉，彰顯自
由主義的政治信念和倫理承擔。7

　　唯其如此，本章以「陳寅恪熱」為線索，勾畫中國當代自
由主義的記憶政治。我的論點是，在後毛澤東時代的文化語境
之中，陳寅恪之所以會成為自由主義者關注的焦點，在於對陳
氏「獨立自由」的學術精神產生了廣泛的漣漪效應，引發華語
思想界對整個民國知識分子階層在社會主義政權下命運的持續
爭論。這些爭鳴超出了一般意義上的學術探討，而代表了自由
派士人以文化懷舊「告別革命」的政治議程。在自由主義者的
歷史敘事中，追尋未來的自由與民主需要回到過去，重訪革命
前眾聲喧嘩的民國士人群體，挖掘被社會革命壓抑和遺忘的

7　朱學勤，〈1998年自由主義學理的言說〉，《思想史上的失蹤者》（廣
　　州：花城出版社，1999），頁237-256；李慎之，〈「獨立之精神、自由之
　　思想」──論思想家陳寅恪〉，《炎黃春秋》，2000年第2期，頁58-61。

「執拗低音」。[8] 與此同時，自由主義知識分子熱衷於渲染以陳寅恪為首的民國士人在毛澤東時代飽受欺凌的慘烈遭遇，描繪天地玄黃之際的個人政治取向與道德選擇，並以此讚頌自主意識與抗爭精神。從痛斥「侮食自矜，曲學阿世」的陳寅恪到「地獄裡的思考者」顧準，從難逃「如來佛掌」桎梏的張東蓀到徘徊於順從與抗爭之間的頭號右派章伯鈞，自由主義者以哀慟的姿態，不斷銘記和追憶個人與革命的齟齬與時代的創傷，並以愈挫愈勇的執念尋找激活自由理念的路徑和希望。[9]

需要指出的是，近年來，針對（新）自由主義文化政治的批判已在國際學界形成一套精緻的學術工業，不少參與者言必稱「權力」、「宰制」和「共謀」，動輒以高屋建瓴的意識形態批判揭穿「自由」的險惡用心。在此學術範式的影響之下，多有論者將中國當代自由主義思潮斥為「去政治化的政治」，將「告別革命」視為復辟資產階級法權與道德合法性的嘗試。[10] 本文並非意欲從政治理論層面反思大陸自由主義與新左派之爭。我認為，正是因為中國現代自由主義缺乏一套明晰的思想光譜，從意識形態批判的角度解構自由主義的學理往往以偏概

8　王汎森，《執拗的低音：一些歷史思考方式的反思》（北京：生活・讀書・新知三聯書店，2014）。

9　關於「顧準熱」的評述，見魏華瑩，〈以學術為志業──「顧準熱」的文化圖景〉，《南方文壇》，2014年01期，頁72-79；「如來佛掌」的說法，出自戴晴，《在如來佛掌中：張東蓀和他的時代》（香港：香港中文大學出版社，2009）。

10　見汪暉，〈去政治化的政治、霸權的多重構成與60年代的消逝〉，《去政治化的政治：短20世紀的終結與90年代》（北京：生活・讀書・新知三聯書店，2008），頁1-57。

全，忽視了「主義」與「大說」背後更加複雜細膩的歷史意識和倫理關切。因此，本章考察的對象與其說是自由主義的「學理」（liberal theory），毋寧說是自由主義的「情動」（liberal affect）。這裡，「情動」指的是將記憶、情感、和政治慾望轉化為各色「主義」、「理念」和「信仰」的由情入理的思維過程。以「陳寅恪熱」為圖鑒，我試圖考察自由主義者如何通過悼念、重構甚至「悲情化」陳氏與社會主義政權的齟齬來激發各種政治情感，進而在道德層面構築自由主義的合法性。正如思想史家Benjamin Wurgaft指出，世人對於往昔知識人的「悲劇遭遇」或是「傳奇經歷」的迷戀並非出於考據癖好，而是寄託了我們自身的政治慾望和恐懼。[11] 通過梳理陳寅恪形象的千變萬化，我們得以探究當代士人如何通過追憶陳寅恪來抒發他們對革命、自由以及知識分子道德職責的思考。重訪由陳寅恪身前身後事激發的種種傷慟、懷戀、懺悔乃至怨恨之情，可以幫助我們理解中國自由主義學理背後的情感論底色。

　　雖然本章關注的焦點是自由的「情動」，但仍必須處理「陳寅恪熱」與自由主義思潮之間的藕合（articulation）問題。從學理的角度看，且不說陳寅恪生前從未對任何政治「主義」、「大說」趨之若鶩，即便是他「近乎曾湘鄉、張南皮之間」的中體西用立場也與新時期風行大陸學界的諸多「新自由主義」言說距離甚遠，自由派學人何以將陳氏殉文化之遺民悲情演繹為與二十世紀自由主義共命同盡之決心？有批評者指

11　Benjamin Wurgaft, *Thinking in Public: Strauss, Levinas, Arendt*（Philadelphia, PA: University of Pennsylvania Press, 2015）, p. 13.

出，所謂「陳寅恪熱」實非其學術意趣之「熱」，只因今日之讀者往往不識陳氏初衷而盲人摸象，藉殘餘斷片「捉妖打鬼」，以抒書生怨氣。[12] 換言之，陳寅恪更多的是作為一種象徵的姿態傳達著自由主義學人的抗爭意識；結果是，借陳以澆胸中塊壘的自由派並未仔細辨析陳氏自身複雜的思想走向和學術嬗變，更沒有為陳寅恪在五四新潮與儒家舊制之間游移的複雜立場找到其現實歷史中的坐標。

　　不可否認，有關自由主義者是否「誤讀」了陳寅恪的爭議絕非空穴來風。縱觀各式「主義」百舸爭流的百年中國思想歷程，自由派學人面臨的根本困境在於，相比於其他融世界觀、組織架構以及行動綱領於一爐的「剛性主義」，[13] 中國現代自由主義由於缺乏一套「明晰的思想光譜」而顯得支離破碎，[14] 不僅自由派學人內部對何為「自由」、「民主」、「權利」這些基本價值莫衷一是，為堅守個人意識而拒斥組織、政黨和群眾神話的鬆散學術團體始終難以形成一支獨立的政治力量浮出水面，因此往往難逃分崩離析的多舛命途。[15]　因此，中國語境

12　見羅志田，〈陳寅恪的文字意趣札記〉，《中國文化》，2006年第1期，頁175-186；關於大陸陳寅恪熱的詳細評述，見王震邦，《獨立與自由：陳寅恪論學》（上海：上海人民出版社，2011），頁1-5。

13　關於剛性主義的說法出自王汎森，見氏著，〈「主義時代」的來臨——中國近代思想史的一個關鍵發展〉，《思想是生活的一種方式》（台北：聯經出版公司，2017），頁174-186。

14　關於中國自由主義學理的含混性，見章清，《「胡適派學人群」與現代中國自由主義》（修訂版）（上海：上海三聯書店，2015），頁1-8。

15　為了凸顯現代中國自由主義學人的困境，這裡需要簡要梳理一下近代中國自由主義的歷史：由於二十世紀的中國經歷如此劇烈的革命、戰爭和社會動亂，關於自由為何的激辯和爭鳴可謂是不絕如縷。自清末民初，近世西

洋自由主義進入中國學人的視野，自由的觀念便與創造現代民族國家的歷史任務產生了複雜的張力。嚴復以《群己權界論》釋義穆勒《論自由》，主張與民約法，合私為公，進而在物競天擇、優勝劣汰的強權世界自強保種、救亡圖存；梁啟超熱情提倡天賦人權說，為的是「閤國人之權」，通過開民智、新民德形成「軍民一體、上下同情、朝野共好」的現代政治共同體，以彰「我國自由之權」。　五四以降，以胡適為代表的自由派學人團體粉墨登場，標誌著限制政府權力、保障個人權利的民主憲政觀開始引領風潮。然而，正如章清和格里德的分析指出，以胡適為核心的改良主義者堅守「不合作」、「超政治」的超然姿態以在軍閥混戰、左右撕扯、對外戰爭衝擊下的亂世捍衛獨立的批評立場和思想的自由，長期游離於被革命和民族主義裹挾的中國政局之外，不僅受到當政者的圍追堵截，對處於水深火熱之中的民眾來說更是毫無吸引力。　雖然抗戰勝利之後，中國民主同盟等「第三勢力」得以藉國共和談的膠著之勢形成一種獨立於政黨政治的「中間道路」，但終究是曇花一現，很快便因內戰爆發而流產。　隨著建國後數次「思想改造」、「胡適批判」和「反右運動」，作為政治勢力和學術理念的自由主義逐漸淡出大陸思想界的視野。同時，胡適、雷震、殷海光等人發起並參與的《自由中國》雜誌構成了流亡海外的知識團體的重要言論平台，試圖在戒嚴、反共的國民黨威權統治下延續自由主義的一絲命脈，由此展開了戰後台灣自由民主運動的艱難歷程。關於晚清一代的公私觀念的論述，見黃克武，〈近代中國轉型時代的民主觀念〉，《近代中國的思潮與人物》（修訂版）（北京：九州出版社，2016），頁76-101；對嚴復之民權、國權觀念的細緻梳理，見汪暉，《現代中國思想的興起》（下卷）（北京：生活・讀書・新知三聯書店，2008），頁844-881；關於胡適派學人政治立場的獨立性的討論，見王彬彬，〈讀書札記：關於自由主義〉，李世濤主編《知識分子立場：自由主義之爭與中國思想的分化》（長春：時代文藝出版社，2000），頁165-177；章清，《「胡適派學人群」與現代中國自由主義》，頁630-648；Jerome B. Grieder, *Hu Shih and the Chinese Renaissance: Liberalism in the Chinese Revolution, 1917-1937*（Cambridge, MA: Harvard University Press, 1970），pp. 293-348；關於四十年代自由主義浮出水面的論述，見章清，〈1940年代：自由主義由背景走向前台〉，高瑞泉主編，《中國思潮評論：自由主義諸問題》（上海：上海古籍出版社，2012），頁34-82。

下的自由主義從來不是有著嚴格清晰價值體系支撐的「主義」，而往往與錯綜複雜的歷史記憶、相互衝突的價值觀念和政治反抗的慾望交織在一起，具有強烈的彌散性質。

　　文革之後，隨著政治禁抑的日漸鬆弛，有關民國自由主義的歷史記憶重新呈現於改革時代的大陸思想舞台，並藉著經濟改革的風潮登堂入室，在知識界和公共媒體界迅速擴張，逐漸成為一支重要的意識形態陣營。處於轉型時期的執政者鼓勵有限度的「思想解放」，發動知識分子訴說極左政策造成的動亂和苦難，並藉這些記憶來印證改革開放的合法性，結果是以報告文學、傷痕文學為載體的文類的大量湧現。八十年代伊始，懷著不同理念的官方以及民間的公共知識分子和改革派人士，以「態度的同一性」形成了共同的改革主義立場，要求告別革命，恢復五四啟蒙的理念。新啟蒙主義的信徒圍繞著青年馬克思主義與異化、人道主義與人性論、文學與藝術的「主體性」、以及西學與反傳統主義等諸多問題與社會主義意識形態的衛道士之間爆發了激烈的論戰。[16] 誠然，八十年代的新啟蒙

16　汪暉認為，新啟蒙知識分子與正統馬克思主義者之間的論戰並非彰顯知識分子與社會主義國家體制的對抗，因為「中國新啟蒙思想的基本立場和歷史意義，就是在於它是為整個國家的改革實踐提供意識形態的基礎的」。汪暉從批判新自由主義的角度，將八十年代龐雜的啟蒙思潮的基本要務概括為「確立市場經濟的正當地位」的現代化意識形態。這種說法雖然一針見血地指出了八十年代文化啟蒙的盲點，卻是一種後視之明，淡化了啟蒙知識分子與國家意志之間極為複雜的張力。關於啟蒙主義要求的「告別革命」、「政治現代化」以及「反傳統」之類的激進主義論述是否可以統稱為「現代化的意識形態」，我對此表示懷疑。見汪暉，〈當代中國的思想狀況與現代性問題〉，《去政治化的政治：短20世紀的終結與90年代》，頁72-73；關於「態度的同一性」的 法，見汪暉，〈中國現代歷史中的

思潮並未形成系統的自由主義學理，而是更多通過反思文革之
殤來彰顯一種道德憤慨和政治批判。然而，隨著革命烏托邦的
陷落以及政治風潮的反覆，不少知識人轉向追思五四時期百家
爭鳴的自由學風和獨立的士人精神。經過三十年的政治清洗，
民國自由派的書籍和言論被禁絕流傳，在官方學術體制之中已
無容身之地。然而，在代代相傳的師承、家族、以及地方性的
口傳文化和私人領域中，仍舊保留著對民國知識人的歷史記
憶。在內外鬆動之際，學術領域開始出現大量諸如「重評魯
迅」、「重寫文學史」的年青一代的呼聲，使得一大批被社會
主義正朔所壓抑的隱沒思潮再度進入大陸學人的視野。[17]

　　以上關於自由主義的譜系之梳理構成了我們理解「陳寅恪
熱」的起點。在餘下部分，我將以時間為線索系統梳理陳寅恪
的三種形象：感傷前朝舊事的文化遺民、推退守書齋、疏離政
治的現代學人、以及以死相抗的自由主義殉道者。八十年代
初，余英時率先從「文化遺民」的角度發掘陳寅恪晚年詩文中
的春秋筆法，引發了兩岸三地知識界對於陳氏晚年著述《論再

　　「五四」啟蒙運動〉，《汪暉自選集》（桂林：廣西師範大學出版社，
　　1997），頁306-340；對於八十年代中國思想界的啟蒙共識形成的歷史脈絡
　　分析，見許紀霖，《當代中國的啟蒙與反啟蒙》（北京：社會科學文獻出
　　版社，2009），頁3-27；對於八十年代文化熱的批判性研究，見賀桂梅，
　　《「新啟蒙」知識檔案：80年代中國文化研究》（北京：北京大學出版
　　社，2010）。

17　關於重新評價魯迅的精彩論述，見汪暉，〈魯迅研究的歷史批判〉，《文
　　學評論》，1988年06期，頁4-17；對八、九十年代重寫文學史的系統研
　　究，見楊慶祥，《「重寫」的限度：「重寫文學史」的想象和實踐》（北
　　京：北京大學出版社，2011）。

生緣》以及《柳如是別傳》的文化和政治意蘊的爭辯。八九風
波之後，不少恪守啟蒙理念的學者選擇淡出公共領域，退守書
齋，在象牙塔內堅守獨立自主的學術精神。在「思想家淡出，
學問家凸顯」的潮流下，陳寅恪篤守學術獨立和思想自由的節
氣逐漸成為獨立學人的共識話語和典範。1995年，陸鍵東的
《陳寅恪的最後二十年》以極富渲染力的文學手法還原陳寅恪
晚年的孤獨旅程，通過把陳氏遭遇戲劇化和悲情化，來塑造一
位「以一死見其獨立自由意志」的殉道者的形象。在結語部
分，我將討論以李慎之和朱學勤為首的自由派如何藉陳寅恪之
死引發的道德憤慨以及民國熱引發的文化懷舊來鼓吹自由主義
的權利意識和抗爭精神。

二、文化遺民說

　　1958年秋天，寓居劍橋的余英時在哈佛大學燕京圖書館偶
然讀到《論再生緣》的油印稿本，由此造成精神上的極大震
動。余氏曾於1949年短暫就讀北平燕京大學歷史系，但不久便
隨父母轉赴香港，入讀新亞書院，師從國學大師錢穆，隨後又
赴美國哈佛大學留學，隨漢學泰斗楊聯陞攻讀博士學位，卻因
被台北政府列為反國民黨的「第三勢力」而淪為「無國籍之
人」（a stateless person）。[18] 面對模糊的法律身分，去國離鄉
的遊子之情油然而生：「我一向認為沒有國籍，並不能阻止我

18　見余英時，《余英時回憶錄》（台北：允晨文化公司，2018），頁156-
　　157。

在文化上仍然做一個中國人」。[19] 然而，余英時回不去卻揮之
不去的「中國」，與其說是政治實體，不如說是原鄉想像。彼
時，大陸正在轟轟烈烈地展開大躍進，而「自由世界」的冷戰
意識形態也形成無孔不入的影響。 即便如此，不少飄零異鄉的
海外華人依然渴望以儒家文化為安身立命之道。新儒家大師唐
君毅先生便以「花果飄零，靈根自植」來形容中華文化的散
播：秉持中道精神的華人所飄零之處，便是中華文化傳承所
在。[20] 對於余英時而言，歷經思想改造與反右運動的華夏故土
已成萬劫不復的淵藪，而閱讀《論再生緣》則讓他首次聽到直
接來自大陸內部的真摯聲音：「中國文化的基本價值正在迅速
地隨風逝去」。[21] 在余英時的回憶錄中，一種深沉的家國舊
情、興亡遺恨瀰漫在字裡行間：「我已失去國家，現在又知道
即將失去文化，這是我讀《論再生緣》所觸發的一種最深刻的
失落感」。[22]

　　余英時為何會被《論再生緣》中流露的「無限沉哀」所深
深觸動？《再生緣》為清代女作家陳端生所著彈詞小說，寫的
是才貌雙全的女子孟麗君與其愛人皇甫少華之間錯綜複雜的感
情糾葛。麗君為奸佞小人逼婚而被迫女扮男裝出走，誰料陰差
陽錯之間一舉考中科舉，就此平步青雲，官至宰相，尤勝男
兒。陳寅恪早年曾認為《再生緣》思想迂腐、乏善可陳，無非
是「男扮女裝、中狀元、作宰相等爛俗可厭之情事」，即便撰

19　余英時，〈書成自述〉，《陳寅恪晚年詩文釋證》，頁1。
20　唐君毅，《論中華民族之花果飄零》（台北：三民書局，1974）。
21　余英時，〈書成自述〉，《陳寅恪晚年詩文釋證》，頁1。
22　同上，頁2。

寫《論再生緣》時亦強調自己是因「衰年病目」、「廢書不觀」而「唯聽小說消日」的消遣之作。[23] 余英時在〈陳寅恪先生《論再生緣》書後〉中提出兩點假設：陳氏以「頹齡戲筆」繁複考證三百年前的一位閨秀作家，有兩重意義：「其一為藉考證《再生緣》作者陳端生之身世以寓自傷之意」；「其二為藉《論再生緣》之書而感慨世變，以抒發其對當前之極權統治之深惡痛絕之情」。[24] 陳寅恪之所以「深有感於其作者之身世」，在於自己蹉跎一生，歷經抗戰、國共內戰以及改朝換代的亂世沉浮，以至於百病纏身、雙目失明，無法靜心著述，其身心痛苦與「生不逢辰」、「絕世才華偏薄命」的陳端生之遭遇相通。乾隆三十五年，年方二十的端生一氣呵成《再生緣》前十六卷，可謂是意氣風發。豈料「為人事俗累所牽，遂不得不中輟」，雖後來勉強續上一卷，已無當年敏捷才情。在余氏筆下，陳寅恪對陳端生同情的基礎，在於陳氏亦因「俗累終牽」致「暮齒無成」。這裡的「俗累」的弦外之音即指紅朝治下「撰述環境之不自由」。[25] 最終，余英時得出結論，此書乃是發「興亡遺恨」之微言，以讚頌端生自由獨立之思想，痛斥統治者鉗制思想之舉，哀歎萬馬齊喑的學術文化狀況。

23　陳寅恪，〈論《再生緣》〉，收入《寒柳堂集》（上海：上海古籍出版社，1980），頁1。

24　余英時，〈陳寅恪先生《論再生緣》書後〉，《陳寅恪晚年詩文釋證》，頁228。

25　同上，頁230；關於《論再生緣》的出版遭遇的波折，見徐慶全，〈陳寅恪《論再生緣》的出版風波〉，周言編，《陳寅恪研究：反思與展望》，頁195-208。

　　作為陳寅恪的「後世相知」者，余英時認為，陳寅恪的遺民情節並非消極避世，而是一種高揚獨立自由的抗爭精神。1927年，國學大師王國維自沉昆明湖，引發眾人猜測。羅振玉等滿清遺老紛紛宣揚王氏殉清一說。早在1924年馮玉祥驅逐末代皇帝溥儀出宮之時，王國維即言明「主辱臣死之義」。其遺書亦開篇明義：「五十之年，只欠一死。經此世變，義無再辱」。[26] 然而陳寅恪卻另闢蹊徑，在〈王觀堂先生輓辭並序〉中將殉清之舉演繹為「殉文化」之大義：

　　　　凡一種文化值衰弱之時，為此文化所化之人，必感痛苦，其表現此文化之程量愈宏，則其所受之苦痛亦愈甚，迨既達極深之度，殆非出於自殺無以求一己心安而義盡也……蓋今日赤縣神州，值數千年未有之巨劫奇變；劫竟變窮，則此文化精神所凝聚之人，安得不與之共命運而同盡，此觀堂先生所以不得不死，遂為天下後世所極哀而深惜者也！至於流俗恩怨榮辱委瑣齷齪之說，皆不足置辯，故亦不及云。[27]

26　關於王國維聚訟不休的死因，翟志成總結並分析了四大類：殉清說、討債逼死說、殉文化說、紅色恐怖逼死說。見翟志成，〈王國維尋死原因三說質疑〉，《新亞學報》第二十九卷，2011年3月，頁155-196；關於王國維之死在民國知識界引發的公眾輿論的分析，見林志宏，《民國乃敵國也：文化轉型下的清遺民》（北京：中華書局，2013年），頁249-280。

27　陳寅恪，〈王觀堂先生輓辭並序〉，《陳寅恪集：詩集》（北京：生活‧讀書‧新知三聯書店，2001），頁12。

　　依此邏輯，殉清與殉文化乃是互為表裡的關係。陳寅恪悼
詞中的王國維既是忠君殉節的道德楷模，又是為「三綱六紀」
之抽象理想殉道成仁的文化遺民。[28] 王國維自沉固然是出於
「一姓之興亡」的政治遺老情節，可是清王朝的覆亡指向的是
更深重的文化危機。正所謂「漢家之厄今十世」，陳寅恪將自
道光以降愈演愈烈的巨劫奇變闡釋為綱紀廢弛的文化亂象，而
王國維「從容殉大倫」則代表了為中國傳統文化所化之人最為
激烈的抗爭：愈是歐風美雨愈要認祖歸宗，愈是革命、民權高
漲之世愈要宣揚「白虎通三綱六紀之說」。數年之後，陳寅恪
撰寫〈清華大學王觀堂先生紀念碑銘〉，將王國維這種驚天
地、泣鬼神的抗爭精神歸結為「自由」之真義：

　　士之讀書治學，蓋將以脫心志於俗諦之桎梏，真理因得
　　以發揚。思想而不自由，毋寧死耳。斯古今仁聖同殉之精
　　義，夫豈庸鄙之敢望。先生以一死見其獨立自由之意志，
　　非所論於一人之恩怨，一姓之興亡。嗚呼！樹茲石於講
　　舍，繫哀思而不忘。表哲人之奇節，訴真宰之茫茫。來世

28　李惠儀教授認為，陳寅恪悼王國維經歷了「三變」：由殉清死節到殉中國
　　文化，再進至殉自由。我認同李教授的演化說，並強調陳氏的殉文化說與
　　殉清說並非相互排斥，而是相互包容的關係。陳氏之所以強調王氏殉文化
　　非出於「一人之恩怨，一姓之興亡」，乃是為了駁斥羅振玉極力渲染的王
　　氏對溥儀以及清廷的感激涕零。王氏所殉之清王朝，代表的是歷經劫數的
　　「漢文化」。因此在陳氏看來，清廷是抽象的漢文化的具體表徵，殉清與
　　殉文化是互為表裡的關係。見李惠儀，〈懷舊與抗爭：獨立、自由、性別
　　書寫與陳寅恪詩文〉，《中國現代文學》，第三十一期，2017年6月，頁
　　31-58。

> 不可知也，先生之著述，或有時而不彰。先生之學說，或
> 有時而可商。惟此獨立之精神，自由之思想，曆千萬祀，
> 與天壤而同久，共三光而永光。[29]

循此思路，陳氏之謂「自由」者，乃是史家的基本立場：以獨
立學術、純粹知識關懷和倫理立場質疑各種政治流俗和西學潮
流。王國維以「一死見其獨立自由之意志」，代表的是文化遺
民為捍衛中國文化本位立場而不惜逆流而上、以死相抗的問學
宗旨和生命精神。

在余英時看來，陳寅恪的泣血之作《論再生緣》，正是繼
承了王國維的遺民精神，以文化懷舊來睥睨世俗、質疑政治權
威。陳、王二人均身處「新舊蛻嬗之間際」，目睹「不肖者巧
者」因「善應付此環境」而致「富貴榮顯，生泰名遂」，內心
瀰漫著一股揮之不去的對降志辱身的恐懼。王國維身陷北伐戰
爭的時代洪流，深恐於長沙葉德輝、武昌王襃生等宿學為國民
革命軍槍殺之暴虐，以為革命黨人且夕將至，因而為避免「再
辱」憤而自沉。[30] 同理，陳寅恪在解放初期先是因暴風驟雨的
土改運動而「領略新涼驚骨透」，繼而諷刺思想改造運動中不
惜「塗脂抹粉」、媚俗求全的讀書人，在士人節氣蕩然無存之
際，唯有寄情於「明清痛史」、「興亡遺恨」，稱頌陳端生、
柳如是等紅妝之奇才異節，方能以傳統守舊與時代革命相抗。

---

29 陳寅恪，〈清華大學王觀堂先生紀念碑銘〉，《金明館叢稿二編》（上
海：上海古籍出版社，1980），頁218。

30 徐中舒，〈王靜安先生傳〉，原載《東方雜誌》，卷24，號13，收入羅繼
祖編，《王國維之死》（廣州：廣東教育出版社，1999），頁14。

在這個意義上，文化遺民之「遺」，並非陶潛之隱逸出世，而是於禮崩樂壞之際遺世獨立，繼志述事，由此生出自由精神和抗爭意識，成為超越政治遺民的倫理關切所在。[31]

　　然而，余英時的文化遺民說的曖昧之處在於，他對於陳寅恪所懷「了解之同情」是如此深切，對陳氏之興亡遺恨是如此感同身受，以至於陷入了一種基於共情的詮釋學。余氏對陳寅恪的認同實則來於自身的文化遺民情節。然而如此一來，余英時對「摧殘文化」、「侮弄知識分子」的政治運動反而更加義憤填膺。原因無他，正是五十年代初舉國趨新、厚今薄古、文人言必「遵朱頌聖」的時代風潮導致了陳寅恪的痛苦，進而讓同為遺民的余英時唏噓不已。「了解之同情」本出自於陳寅恪的移情史學理念：「所謂真了解者，必神遊冥想，於立說之古人，出於同一境界……表一種之同情，始能批評其學說之是非得失，而無隔閡膚廓之論」。[32] 與德國學者赫爾德（Johann Gottfried Herder）的「同感」（Einfühlung）思想相近，陳氏認為史學研究面對有限的材料，需帶著情感和想像來重構古人豐富的內心世界，與歷史人物共感共悲，方能觸摸靈魂、進入歷史。[33] 無論是以「回思寒夜話明昌，相對南冠泣數行」悼念與

31　關於傳統遺民的「遺」、「逸」之辯，見趙園，〈遺民論〉，《明清之際士大夫研究》（北京：北京師範大學出版社，2014），頁1-37。

32　陳寅恪，〈馮友蘭〈中國哲學史〉上冊審查報告〉，《金明館叢稿二編》，頁279。

33　關於陳氏史學理論與赫爾德關係的細緻梳理，見陳懷宇，〈陳寅恪與赫爾德——以了解之同情為中心〉，《在西方發現陳寅恪》（北京：北京師範大學出版社，2013），頁320-354。

王國維共話前朝舊事的情誼，亦或是感慨陳端生「禪機蚤悟，
俗累終牽」以寓自傷之意，陳寅恪暗中將切身經驗帶入歷史，
借著神遊冥想古人心境來「述事言情，憫生悲死」，化歷史為
「心史」，以個人心史寄託時代悲歌。[34] 余英時如此執著地為
陳寅恪「代下注腳，發皇心曲」[35]，亦是出於一種想象性的親密
關係：在萬馬齊喑、暴風驟雨的政治情勢之下，唯有遠在異國
他鄉的遊子知曉坐困圍城的陳氏之「所南心史」。這頭是移居
海外卻心繫儒家文化之賡續的「無國籍之人」，那頭是眾叛親
離卻偏要脫政治「俗諦」之桎梏的孤獨史家，藉著《論再生
緣》裡哀怨纏綿的乾隆才女陳端生，跨越了時間和空間，共訴
幽暗時代學人的悲憤和無奈。[36]

　　王德威在《後移民寫作》中認為，遺民之「遺」既是遺
失──「失去或棄絕」，也是遺傳──「傳衍和留駐」。[37] 如
果陳寅恪的遺民意識以哀慟的姿態，不斷銘記和追憶「猶是開
元全盛年」的前清舊事，余英時的文化遺民說則化「剪不斷、
理還亂」的文化鄉愁為激烈的抵抗意識，不斷發掘陳寅恪詩文
中被政治高音所壓抑的執拗抗爭。本文開頭已指出，余英時八
十年代初提出陳氏「晚年心境」一說，再度激起兩岸三地學人

34　陳寅恪，《柳如是別傳》（上海：上海古籍出版社，1980），頁1224。
35　余英時，〈書成自述〉，《陳寅恪晚年詩文釋證》，頁6。
36　關於余英時自述其中國情懷，見氏著，〈嘗僑居是山。不忍見耳──談我
　　的「中國情懷」〉，《文化評論與中國情懷》（上）（桂林：廣西師範大
　　學出版社，2006），頁3-8。
37　王德威，〈時間與記憶的政治學〉，《後移民寫作》（台北：麥田出版，
　　2007），頁6。

經久不息的爭議。「晚年心境」一詞首先讓人想起西方音樂哲
學界關於「晚期風格」（late style）的討論。阿多諾曾經以「晚
期風格」形容貝多芬暮年作品中令人難以理解的艱澀、凋敗乃
至肅殺的音律風格。貝多芬的遲暮之作與其早期簡潔圓潤的音
色迥異，刻意以怪誕、刺耳和稠密的多聲部引起聽者的不適。
在阿多諾看來，貝氏晚期音樂中的「斷裂和沉淪」（fissures and
rifts）乃是一種有意識的自我坎現，通過掙脫古典音樂形式律的
藩籬，獲得一種審美批判的制高點，從而蘊含著抵抗黑格爾式
總體性（Hegelian totality）的哲學潛能。繼阿多諾之後，美國批
評家愛德華・薩依德（Edward Said）把文學中的晚期風格定義
為一種與時間牴牾的頑強態度：所謂壯士暮年，雄心不已，身
體的衰亡並未減弱思想的強度，反而促使作家打破沉默，拒絕
妥協，一往無前地追求藝術的顛覆性和批判性。[38] 與此相似，
余英時認為陳寅恪晚年以詩證史，一改早年治「塞外之史，殊
族之文」的正統史學寫作，不惜以洋洋八十萬言鉤沉「紅妝」
之身世，甘願為柳如是、錢謙益之詩文發皇心曲，絕非「清
閒、風流之行事」，而是「借此以查出當時政治（夷夏）、道
德（節氣）之真實狀況」，其心史寫作是「深意存焉」。[39] 如

38　見 Theodor W. Adorno, "The Alienated *Magnum Opus*: On the *Missa Solemnis*,"
　　in *Beethoven, the Philosophy of Music: Fragments and Texts*, ed. Rolf
　　Tiedemann, trans. Edmund Jephcott（Stanford, CA: Stanford University Press,
　　1998）, pp. 141-153; "Late Style in Beethoven," in *Essays on Music*, ed.
　　Richard Leppert, trans. Susan H. Gillespie（Berkeley, CA: University of
　　California Press, 2002）, pp. 564-568; Edward W. Said, *On Late Style: Music
　　and Literature Against the Grain*（New York, NY: Vintage, 2007）.
39　余英時在〈陳寅恪的史學三變〉中，認為陳氏晚年由正統史學話題轉向柳

果晚年貝多芬以連綿不絕的顫音和犬牙交錯的變奏與死亡相
抗，陳寅恪亦懷「失明臏足，尚未聾啞」之勇氣，合史家之春
秋筆法與詩家之憂憤抒情於一爐，藉「頌紅妝」發憂憤之情，
寄託對自由理想不折不撓的希望。

　　不僅如此，余英時還認為心史寫作的另一層含義則是以一
套複雜晦澀的「暗碼系統」藉古諷今，針砭時弊。無獨有偶，
德裔美國學者列奧・施特勞斯便有「字裡行間寫作法」（writing
between the lines）一說。在經歷納粹浩劫、死裡逃生的流亡哲
學家看來，自蘇格拉底被逐出雅典城邦以來，迫害異見人士、
箝制思想就是人類政治的普遍狀況，而哲學思辨之所以能夠生
生不息，皆在於審時度勢的哲人能夠為尊者諱，將顛覆性的真
知埋藏於層層隱喻和謎語之中，故而唯有少數智的傳人能夠以
意逆志，參透「顯白教誨」背後的「微隱教誨」。[40] 與施特勞
斯的雙重教誨頗為相似的是，余英時亦認為陳寅恪晚年詩文中
交錯的「古典」與「今典」蘊含著陳氏心境之「蔽」與「現」
的複雜律動。陳寅恪晚年屢屢提及大宋遺民鄭思肖（字所南）
（1241-1318）的遺著《心史》，隱隱響應著藏與現的啟悟。大
宋滅亡之後，鄭氏將自己所著詩文以鐵盒封函，埋於蘇州承天
寺內井中，三百五十餘年之後才為後人發現，並一度成為體現

　　如是研究，乃是寄託心事的心史寫作，見余英時，〈陳寅恪的史學三
　　變〉，《現代學人與學術》（桂林：廣西師範大學出版社，2006年），頁
　　142-173；另見吳學昭，《吳宓與陳寅恪》（北京：清華大學出版社，
　　1992），頁145。

40　Leo Strauss, *Persecution and the Art of Writing*（Chicago, IL: University of
　　Chicago Press, 1988），pp. 22-37.

遺民節氣的傳奇符號。陳寅恪作於1953年的詩〈廣州贈別蔣秉南〉中有「所南心史井中全」一說，便是恐其著作不能傳布於當世，故而將其託付門生，並以「心史」比擬，期待後人發掘。[41]

作為陳氏的「後世相知」，余英時自覺負有道義責任去偽存真，將陳氏詩文中的古典今情、井中心史和盤托出。[42] 由此看來，陳寅恪撰寫《論再生緣》和《柳如是別傳》，並非出於「作無益之事，遣有涯之生」的考據癖，而是以「頌紅妝」之舉表達著對士人降志辱身的憤慨：「他發憤要表彰歷史上有才能、有志氣的奇女子⋯⋯以女子的奇才異節反襯出他對男性讀書人而以『婦妾之道』自處者的極端鄙視。」[43] 思想改造運動如火如荼之際，陳氏有作〈男旦〉一詩：「改男造女態全新，鞠部精華舊絕倫。太息風流衰歇後，傳薪翻是讀書人」，諷刺陳垣等民國士人為「靠攏」而曲學阿世，甘願「塗脂抹粉」以迎合新正統下的「虛經腐史」。親歷由「大鳴大放」到「反右」的轉折，陳又以「低垂粉頸言難盡，右袒香肩夢未成。原於漢皇聊戲約，那堪唐殿便要盟」一詩來暗喻毛澤東對「百花齊放」的承諾不過是無心的「戲約」，不料引得眾民主黨派「右袒香肩」，大表心意，以致於自投羅網，完全淪為政治附

---

41 胡文輝，《陳寅恪詩箋釋》（下冊）（廣州：廣東人民出版社，2008），頁718-721。

42 余英時，〈古典與今典之間──談陳寅恪的暗碼系統〉，《陳寅恪晚年詩文釋證》，頁163-176。

43 同上，頁353。

庸。[44] 相形之下，陳端生筆下的孟麗君雖是女兒身，卻化身為「麗相國」悠然斡旋於男權世界中，橫眉冷對覬覦其美色的元成宗，寧可血濺袍襟也不從其納妾之願。唯其如此，正所謂「今日衣冠愧女兒」，陳寅恪慨歎「著書唯剩頌紅妝」，以陳端生、柳如是之節氣傳達他對政治運動扭曲人性的怨憤之情。

由於大陸與海外對陳寅恪士人精神理解的差異，在八十年代的政治語境下，余英時「晚年心境」一詞所折射的強烈的批判意識和遺民情懷，難免啟人疑竇。文化遺民與政治遺民之間的界限本來就是模稜兩可，因為文化懷舊不可避免地指向政治實體。伯夷、叔齊「義不食周粟」，既是忠於故國、緬懷前朝的政治立場，又彰顯死節乃至殉文化的生命情懷。故而在不少大陸學者看來，余氏為澆胸中塊壘，極力刻畫陳對新政權的嘲諷和對時局的批判，具有濃烈的政治傾向。[45] 馮衣北的反駁文

44　余英時，《陳寅恪晚年詩文釋證》，頁50-56；參看胡文輝，《陳寅恪詩箋釋》（下冊），頁982-1012；關於陳詩中性別隱喻和抗爭意識的闡述，見李惠儀，〈懷舊與抗爭：獨立、自由、性別書寫與陳寅恪詩文〉，頁41-44。

45　例如，陸鍵東認為，余英時對陳寅恪生平學術的理解雖然極為精闢，卻仍然帶有濃烈的政治傾向，將陳寅恪詩篇的政治意味作了言過其實的誇大。易中天亦有如下批評：「海外學人的關注則難免帶有政治色彩。他們看到的是陳寅恪最後二十年生活的另一面：衰老病殘，冷清寂寞，心情鬱悶，晚景淒涼，最後被迫害致死，死不瞑目。對此，他們表現出強烈的不滿、極大的憤慨和深深的惋惜，這是可以理解的。我們也一樣麼！然而海外某些先生，硬要有意無意地要把陳寅恪塑造成國民黨政權的『前朝遺老』，認為他留居大陸後不久就後悔自己的選擇，甚至對自己的『晚節』感到愧恥，為『沒有投奔台灣而悔恨終身』，便未免是戴著有色眼鏡看人，有些想當然甚至自作多情了。」我無意貶低余英時先生的陳寅恪研究。時過境遷之後，余英時對陳寅恪的詩文闡釋已成學界基本共識，可見所謂的「政

章便指出，余氏雖然「在口頭上宣稱陳先生只是『廣義的文化遺民』，實際上卻把他同歷史上那些著名的政治遺民等類」，故而回環曲繞，刻意將陳寅恪的詩篇賦予甚為濃厚的政治反抗色彩。[46] 在馮氏看來，陳氏雖在建國後以「野老自居」，但不過是出於士人「狷介孤高的性格」，對新政權並無「既不靠攏，也不認同」之敵意，其晚年詩文中流露的些許不滿也僅僅是針對中國的大批判運動而發的含蓄勸諫，絕非冷嘲熱諷。[47]

　　平心而論，馮氏的非難大多缺乏根據。[48] 然而不可否認，余英時在描述陳寅恪對共產主義運動的嘲弄、焦慮和拒斥時的情緒之激憤躍然紙上，頗具冷戰式的道德情感主義色彩（Cold War ethical sentimentalism）。學者王曉玨認為，1949年國共對峙在文化上表現為二元對立的冷戰想象：自由民主與威權政府、共產主義與資本主義、乃至光明與黑暗的對決，這種「正邪大戰」的煽情話語深刻地塑造了海峽兩岸對中國現代文學與文化的認知。余英時在描述共產主義大陸的政治運動時每每採用「極權統治」、「摧殘文化」、「侮弄知識分子」之類帶有強

治傾向」並未妨礙余英時以敏銳的感受力和洞察力解讀陳氏晚年心境。見陸鍵東，《陳寅恪的最後二十年》（北京：生活・讀書・新知三聯書店，1995），頁501；易中天，〈勸君莫談陳寅恪〉，《書生意氣》（昆明：雲南人民出版社，2001），頁210。

46　馮衣北，〈陳寅恪的晚年心境再商榷——兼談余英時先生的「暗碼系統」說〉，《陳寅恪晚年詩文及其他》，頁21。

47　馮衣北，〈也談陳寅恪先生的晚年心境——與余英時先生商榷〉，《陳寅恪晚年詩文及其他》，頁10。

48　馮氏論點的核心，即余英時認為陳寅恪晚年重新轉向認同國民黨政權，乃是誇大渲染之詞，並無實憑。余英時的〈晚年心境〉一文早已指出陳寅恪對蔣介石的反感和對國民黨政權腐敗的無奈。

烈道德情感色彩的修辭，無疑折射了冷戰自由主義的理念，即
處於改造運動中的中國知識分子是極權暴政的受害者。[49] 對余
英時而言，陳寅恪的「自由」精神體現在其長期和政治教條疏
離、堅持不接受「以論帶史」、「厚今薄古」的意識形態史學
範式、以及其堅守內在流亡的遺民節氣。

　　撇去其劍拔弩張的意識形態攻訐不談，馮衣北與余英時之
間的辯論開始使得陳寅恪的生前身後事由幕後傳言走向公眾輿
論，成為兩岸三地知識人關注的焦點。1986年，馮衣北將其辯
駁文章和余英時的論述合為一書，題為《陳寅恪晚年詩文及其
他》，由廣州花城出版社出版。其中馮氏正文以宋體四號文字
排版，僅44頁，而作為「附錄」的五篇余氏文章以五號字體排
印，竟有167頁之多，且毫無刪節，堪稱出版史上獨一無二的奇
書。此書在八十年代的大陸知識界廣為流傳，讓許多青年學者
為陳氏詩文中的曲徑通幽之處所深深震動，真可謂是「小罵幫
大忙」，反而成全了余氏為陳寅恪發皇心曲之願。[50] 接下來我
們會看到，九十年代的大陸知識分子如何繼承和發揚余英時的

49　在王曉珏看來，冷戰道德情感主義的問題在於將共產主義治下知識分子與政
　　權之間的複雜律動簡化為「抵抗」（resistance）／「投降」（subjugation），從
　　而以道德主義的姿態讚頌抵抗者的節氣。隨著近年來史學界對毛時代思想
　　改造和反右運動的深入發掘，這種二元對立的範式已無法解釋社會主義時
　　期知識分子極其複雜的政治立場和抉擇。見Xiaojue Wang, *Modernity with a
　　Cold War Face: Reimagining the Nation in Chinese Literature Across the 1949
　　Divide*（Cambridge, MA: Harvard University Press, 2013），pp. 7-18.

50　胡文輝回憶：「回想起來，我在中山大學就讀，即1989年以前，恐怕還不
　　知陳寅恪其人。對於寒柳堂詩的興趣，則是後來因馮衣北先生的《陳寅恪
　　晚年詩文及其他》而起的，準確地說，是由馮著所附余英時先生的論述而
　　起的。」

文化遺民說，來勘探陳氏的自由與獨立精神與時代氣質的耦合
之處。

三、凸顯的學問家

　　1993年，流亡海外的哲學家李澤厚以「思想家淡出，學問
家凸顯」來概括八九風波之後的學術風尚：「王國維、陳寅
恪、吳宓被抬上天，陳獨秀、胡適、魯迅則退居二線」。[51] 李
氏所謂之「思想家」，指的是新啟蒙運動中動輒以學術針砭時
弊、啟蒙大眾的公共知識分子。正如陳平原所言，八十年代的
學人，因為急於推動改革進程，往往「不屑於為學問而學問，
而是借經術文飾其政論」，在專業學術中「過多地摻雜了自家
的政治立場和社會關懷」，與五四時期熱烈推崇各式「主
義」、要求根本改良社會的新派知識分子頗為相似。[52] 相形之
下，「學問家」則堅守「價值中立」，將學理研究和價值判斷
分離，以維護學術自身的倫理訴求和自主性。毫無疑問，李澤
厚對於「思想家」和「學問家」的區分帶有強烈的韋伯色彩。
在「以學術為志業」（Wissenschaft als Beruf）一文中，韋伯認
為隨著現代性帶來的「祛魅」（Entzauberung）進程愈演愈烈、
諸神紛爭的多元主義甚囂塵上，學術研究已經沒有辦法解決終
極價值之間的衝突。即便如此，韋伯仍然鼓勵學人堅守「責任

51　李澤厚，〈思想學術問答〉。《李澤厚學術文化隨筆》（北京：中國青年
　　出版社，1998），頁270-273。
52　查建英，《八十年代訪談錄》（北京：生活・讀書・新知三聯書店，
　　2006），頁138-139。

倫理」（ethics of responsibility），以價值中立的學者立場對各種「主義」和「學說」進行整理和檢討，進而抗拒激進的「意圖倫理」（ethics of conviction）所呼喚的非理性決斷和意識形態狂熱。[53]

　　九十年代初的中國知識界湧現出了大規模的告別「主義」，轉向「問題」的思想訴求，企圖在沒有革命和啟蒙之宏大敘事的斷裂時空中，以漸進改良、價值中立的溫和姿態追尋學術的意義。八九之後，隨著啟蒙迷夢的破碎，一種深刻的歷史挫敗感和無力感瀰漫在大陸知識界。值此多事之秋，不少處於迷惘之中的士人選擇淡出公共領域，退守書齋，重拾研究問題，在象牙塔內堅守獨立自主的學術精神，以「學問家」的責任倫理來為學術研究找到新的道義基礎。在當時的晦暗情境中，幾位思想史學者在香港的《二十一世紀》雜誌上展開關於現代中國思想的激進與保守之爭。1988年9月余英時在香港中文大學作了一場題為「中國近代思想史上的激進與保守」的演講，其主旨是反思從辛亥革命以降到文革期間激進主義的絕對權威地位。從1990年開始，許多知識分子引用余氏對激進主義的思考來反省八十年代狂飆冒進的社會運動策略，並趁機提倡柏克式的保守主義和古典自由主義理念。[54]

53　Max Weber, "Science as a Vocation," in David Owen eds., *Max Weber: The Vocation Lectures*（Indianapolis, IN: Hackett, 2004）, pp. 1-31.

54　關於激進與保守的辯論文章，大多收入李世濤主編，《知識分子立場：激進與保守之間的動盪》（長春：時代文藝出版社，2002）；對於九十年代初大陸學界反思激進主義思潮極為詳細的梳理，見Elvs van Dongen, *Realistic Revolution: Contesting Chinese History*（Cambridge, MA: Cambridge

在「責任倫理」、「反思激進」、「告別革命」相互交織
的時代氣氛下，陳寅恪篤守疏離政治和學術獨立的學者節氣逐
漸成為恪守自由理念的大陸學者的典範。誠然，陳氏自身的思
想傾向未必於韋伯意義上的自由主義相契合。余英時認為：
「研究二十世紀中國思想史的人往往只在意所謂進步與保守兩
種極端的傾向；前者以西方為楷模，後者則堅持中國文化自具
系統，不必也不能捨己從人。」[55] 作為在「傳統守舊」與「先
進革新」兩極之間安身立命的代表人物，陳寅恪曾以略帶戲謔
的語氣言明自身所持的中華文化本位立場：「寅恪平生為不古
不今之學。思想囿于咸豐、同治之世，議論近乎（曾）湘鄉
（張）南皮之間」。[56] 陳氏之所以稱頌張之洞、曾國藩的中體
西用說，固然有其家世淵源和遺民情節，然而並非一味守舊，
而是強調「洋為中用而不失本體」。與國民黨保守派發起的
「中國本位文化」建設運動不同，陳氏雖然把中國文化之精義
定義為「具于《白虎通義》三綱六紀」之道德理念，卻轉而引
用「柏拉圖所謂Eidos者」（理念），印證中西之間「抽象理想
之通性」。[57] 由此看來，王國維、柳如是等遺民雖秉持忠君保
國之封建倫常，其睥睨政治權威的抗爭以及與漢文化共命同盡
的節氣足以比肩五四西化派所推崇的自由精神與批判意識。同
時，陳又堅守儒家本位文化的主體性：認為「其真能於思想上
自成體系，有所創獲者，必須一方面吸收輸入外來之學說，一

University Press, 2019）.

55　余英時，〈陳寅恪的學術精神和晚年心境〉，頁26-27。

56　陳寅恪，〈馮友蘭《中國哲學史》上冊審查報告〉，頁279。

57　陳寅恪，《金明館叢稿二編》，頁218。

方面不忘本民族之地位」。[58] 陳寅恪在四十年代痴迷於專研李
唐一代的種族以及文化問題，為的是鑒古通今，以開元盛世兼
收並蓄的夷夏觀為鑒，思考國家危難之際存續中華文化之道：
「李唐一族之所以崛興，蓋取塞外野蠻精強之血，注入中原文
化頹靡之軀」。儒家本位理念並非宣揚夷夏之別，而是引介外
來風俗革除漢家陋習，至使「胡漢文武一體」，重啟新機，擴
大恢張，最終「別創空前之世局」。[59]

　　陳氏駁雜多元的體用說雖頗具保守主義的色彩，其不空談
「主義」、以綿密細緻的考證見長的治學風格依然為企圖重塑
學術規範的自由派學人提供了方法論上的指南。[60] 在汪暉、陳
平原等青年學者組成的《學人》團體看來，八九風波之後中國
知識界的當務之急在於通過嚴肅的學術史研究系統反思知識分
子與社會運動的關係，確立新的學術規範，讓專業化的學術研
究遠離政論，最終把傳統士人參政的道德激情轉化為現代學者
獨立嚴謹的治學精神。[61] 陳平原認為，八十年代人文學者的論
述動輒以空疏的啟蒙話語和文人式的感時憂國精神大談「理
想」，但往往流於泛言空談，缺乏必要的學術積累和理論資

58　陳寅恪，〈馮友蘭《中國哲學史》上冊審查報告〉，頁284-285。

59　陳寅恪，〈李唐氏族之推測後記〉，《金明館叢稿二編》，頁344。

60　關於對陳寅恪和學衡派保守主義的闡發，見樂黛雲，〈重估學衡：兼論現
代保守主義〉，湯一介主編，《論傳統與反傳統》（台北：聯經出版公
司，1989年），頁41-428; Axel Schneider, "Bridging the Gap: Attempts at
Constructing a 'New' Historical-Cultural Identity in the People's Republic of
China," *East Asian History*, no. 22（Dec. 2001）: 129-144.

61　汪暉，〈小小十年——《二十一世紀》與《學人》〉，《顛倒》（北京：
中信出版社，2016），頁147-159。

源。因此，陳氏提倡以專業化的學術史研究「辨章學術，考鏡
源流」，對時下氾濫成災的大說和主義進行分門別類的考據，
以便「評判高下、辨別良莠」，最終以此確立學術規範，使得
整個學界「有所依據」。[62] 值得一提的是，陳氏回到「學術規
範」的嘗試與韋伯式的「價值中立」有著異曲同工之妙。韋伯
曾指出，現代學術的專業化與實證化使得學術理性與終極價值
不可避免地分道揚鑣：「今天，作為『天職』（Beruf）的科
學，不是宣揚神聖價值或是渲染神啟之恩典，而是通過專業化
學科的操作，服務於自我和事實間關係的知識思考。」[63] 在放
棄了整全性的、排他性的、包辦一切的「真理」之後，中國學
人仍可以釐清各門學科專業規範，側重核實學術史種種事實，
最終重建自己的學術路向。[64]

　　在這個意義上，陳寅恪拒斥以論代史、捍衛史學自主性的
學風，無疑為大陸學人提供了一個完美的歷史學科規範。陳氏
治史方法承自乾嘉考據學派，尤其重視史料之充足：「一時代
之學術，必有其新材料與新問題。取用此材料，以研求問題，
則為此時代學術之新潮流。治學之士，得預此潮流者，謂之預
流……此今學術史之通義。」[65] 無論是對柳如是、錢端生之交
往、生平的細膩考證，還是反復對照新史料與傳世舊籍以考釋
「塞表殊族之史事」，陳氏極為擅長綜合各種晦澀難解的古代

62　陳平原，〈學術史研究隨想〉，《學人》（南京：江蘇文藝出版社，
　　1991）（第一輯），頁2-3；

63　Weber, "Science as a Vocation," p. 27.

64　王守常，〈學術史研究芻議〉，《學人》（第一輯），頁6-10。

65　陳寅恪，〈陳垣敦煌劫餘錄序〉，《金明館叢稿二編》，頁266。

材料，並借此遺存的「殘餘斷片」來推測和重構古人之意志和生活世界。自梁啟超以《新史學》宣稱中國「無史」、發起史學革命，現代中國史學家不斷輸入海外治史的新觀念，以「國家」、「社會」、「文明」、「進化論」、「實驗主義」以及「馬克思主義」等層出不窮的觀點和方法革新史學編纂方法。[66] 建國以後，隨著「厚今薄古」的馬列主義史觀成為正統，鼓吹「階級鬥爭」、「唯物主義辯證法」以及「古史為現實服務」的激進分子將傳統史學和文獻學斥為資產階級史學路線。在革命狂飆的年代，借經術粉飾治術的「影射史學」愈演愈烈，使得「批林批孔」、「儒法鬥爭」這類含沙射影的政治修辭大行其道，整個史學界都已淪為黨派鬥爭的工具。[67] 以陳氏一生堅持不懈的治史眼光視之，任何奉現代公理和主義為圭臬的史學方法極易導致穿鑿附會、削足適履，最終「其言論愈有條理統系，則去古人學說之真相愈遠」。[68] 對於極力將學術去意識形態化、恢復歷史研究獨立性的大陸學人而言，陳氏廣收博覽史料的治學方法、詩文互證的闡釋學、以及糅合西歐比較語言學和乾嘉樸學的考據功夫，無不具有範式上的指導意義。[69]

66　王汎森認為，近代中國史學經過三次革命：梁啟超的《新史學》率先否定帝王將相之舊史，主張寫國民之史；胡適倡導的整理國故運動和傅斯年領導的史語所繼而展開關於如何研究歷史、運用史料的二次革命；最後則是馬克思主義「以論代史」的勃興。見氏著，《近代中國的史家與史學》（上海：復旦大學出版社，2010），頁2。

67　李懷印，《重構近代中國：中國歷史寫作中的想像與真實》（北京：中華書局，2013），頁137-175。

68　陳寅恪，〈馮友蘭《中國哲學史》上冊審查報告〉，頁280。

69　關於大陸學界大規模反思、討論陳寅恪學術的論文集，見胡守為主編，

　　然而，韋伯理想型下（Weberian ideal type）不問政事的
「學問家」不足以解釋陳寅恪念茲在茲的士人情懷。1993年前
後，《讀書》雜誌開始大量刊發對陳寅恪生平以及詩文的討
論。根據學者王小惠的觀察，參與論爭的學者大多處於知識和
思想上的迷茫期，想要「找到一個支柱」來確立「自己今後應
該安身立命之點」。在政局陰晴不定、知識界噤若寒蟬、下海
經商風潮方興未艾的轉型時代，以陳寅恪的心路歷程反思「知
識分子應該怎樣關注社會，解決知識分子、學者與當代社會的
關係」的論述一時間蔚為風潮。[70] 其中令人矚目的是由一句陳
詩「自由共道文人筆，最是文人不自由」引發大陸學人關於學
術自主和政治抗爭的討論。葛兆光在《讀書》1993年第5期中援
引用陳詩來抒發現代中國知識分子徘徊於學術與政治之間的兩
難處境。傳統士大夫治學與問政本是互為表裡：「學成文武
藝，貨與帝王家」。即便是入仕不成、隱退山林的李白，瀟灑
狂放中也難掩懷才不遇的落寞之情。與儒家士大夫的「政治自
由」不同的是，在知識與價值分離之後，現代學者的「自由」
在於放棄政治野心、以書齋為空間著書論著，追求治學精神的
獨立。陳寅恪很早便接受了現代學人皓首窮經、尋章摘句的宿
命。與此同時，對於出身名門、自幼耳濡目染經邦緯國之道的

《陳寅恪與二十世紀中國學術》（杭州：浙江人民出版社，2000）；關於
陳寅恪對九十年代中國史學界的啟發，見朱發建，〈從陳寅恪熱看九十年
代的中國史學〉，《湖南師範大學社會科學學報》，1999年第6期，頁75-
81。

70　王小惠，〈九十年代的陳寅恪想像──從《讀書》到《陳寅恪的最後二十
年》〉，《小說評論》，2015年2月，頁70。

他而言，中國士大夫「修齊治平」的政治情愫可謂是深入骨髓。於是乎，陳寅恪的悲劇便在於學者與士人身分的分裂：現代學者的理性告訴他「政治與學術早已判然兩途」，而士大夫祖輩的「家國舊情」卻每每被多災多難的時局喚醒，讓他「心底平添三分壓抑、兩分悲涼」。柏林式的「消極自由」固然使職業學者得以脫離政治漩渦來坐而論道，然而讓陳氏魂縈夢牽的不啻於傳統士大夫的「積極自由」：「志君堯舜上，再使風俗淳」。不幸的是，陳氏所處之暴虐亂世的主宰皆是「不讀書」的草莽英雄劉、項：無論是不知天下事的「食蛤」還是厲行「宗朱頌聖」、整肅異己的的共產「新教主」，只能加重陳氏的憂鬱和憤懣之情：「興亡今古鬱孤懷，一放悲歌仰天吼」。終其一生，陳寅恪在政統與道統、文人與學者、自由與不自由之間輾轉反側，可見即便是疏離政治的「學問家」之表率亦有其剪不斷、理還亂的政治情懷。[71]

　　陳寅恪用血淚寫下的自由悖論，正是退入書齋卻心繫時局的人文學者的集體心理寫照。往者不可諫，「泥沙俱下、眾聲喧嘩、生氣淋漓」的新啟蒙運動已成明日黃花。[72] 人文學的想像力，曾經在八十年代的公共輿論中激起一陣陣意慾改變政治進程的激情，如今卻在商品經濟和威權主義的雙重桎梏下煙消雲散了。人文學者退入書齋，以學術獨立作為最後的安身立命之道，卻難免對八十年代政論式學術巨大的社會影響力心懷留

71　葛兆光，〈最是文人不自由〉，《讀書》，1993年第5期，頁3-12。

72　這段評語本出自陳平原對五四運動的評價，馬國川繼而用以形容八十年代的文化氣氛。見馬國川，《我與八十年代》（北京：生活・讀書・新知三聯書店，2011），頁5。

戀，因此陳氏一句「最是文人不自由」道盡了這種一唱三歎的
矛盾情緒。舊式文人的自怨自艾隨即引發了不少批評的聲音。
呂澎以「最是文人有自由」為題對陳寅恪代表的文人議政傳統
展開了批判：「政治是一門冷靜的科學，道德的激情只是一種
滋補性的精神背景。文人議政，除了也許能引發道德的憤慨
外，基本上是自言自語。」在從政與述學已是殊途的理性化社
會，中國文人卻非要以傳統士大夫的道德激情和善良意志指點
江山，卻因缺乏專業知識將政治貶斥為「權術泥潭」的厚黑之
學，這與其說是參政議政，不如說是於事無濟的「罵政」。以
責任倫理之視角出發，陳寅恪的不自由之感乃是文人性格使
然。在呂澎看來，中國學人應當「慧劍斬情絲」，與儒家道德
理想主義的傳統一刀兩斷，甘處社會邊緣而著書論著、弦歌不
輟，最終重塑獨立的精神空間和學術自由。換言之，唯有放棄
文人的「自由」方能獲得學者的「自由」。[73] 與此同時，陳平
原用「學者的人間情懷」一詞企圖彌合政與學之間的衝突。陳
氏回顧五四退潮之後啟蒙知識分子的三條道路：從政、述學、
文化批判。三十年代在民國文壇興起一股熱心議政、針砭時弊
的清議派學者，以民間報刊、書社、知識團體為載體，形成一
股制約政府權力、啟蒙思想的輿論力量。以古照今，足見述學
與議政並非水火不容。作為現代學者，「為學術而學術」本是
天職所在，但這並不意味著中國士人需要閉門造車。相反，承
認政治運作的複雜性，同時保持「人間情懷」，以嚴謹的學術
思考折射世間百態和時代危機，向來是中西知識分子義不容辭

73　呂澎，〈最是文人有自由〉，《讀書》，1993年第8期，頁62-66。

的「責任倫理」。[74] 陳平原極力推崇遊走於學術與論政之間的
「人間情懷」，說明人文學者即便退守書齋，仍然頻頻心憂時
局，難以割捨儒家士大夫的道德理想主義。

四、自由主義的殉道者

1995年，三聯書店出版了陸鍵東先生所撰《陳寅恪的最後
二十年》（以下簡稱為《最後二十年》）一書，隨即引發學林
「傾國傾城地話說陳寅恪」。根據王小惠的採訪，當時的三聯
書店總編董秀玉女士主張以陳寅恪為出發點，重新釐清中國現
代學術的複雜脈絡，在「束書不觀、遊談無根」的八十年代啟
蒙敘事之外尋找其他聲音。其時，《讀書》雜誌上對陳氏生平
的討論局限於陳寅恪的詩文，而有關陳氏的各種生平、軼事僅
僅在學人團體之間私下流傳，並無真憑實據的史料支撐，董秀
玉便希望能夠通過編纂陳氏全集來進一步推動陳寅恪研究。[75]
機緣巧合之下，三聯書店得知年青學者陸鍵東正在搜集有關陳
氏的史料，雙方一拍即合。陸鍵東是中山大學的畢業生，自小
鐘愛傳統中國戲曲和古典文學，讀書時代便對康樂園中關於陳
寅恪的各種傳聞和師友回憶耳熟能詳。他在廣州粵劇團任專職
編劇時開始萌生為陳氏作傳的念頭：「一九九二年與一九九三
年之間，精神的困頓常令我倍感痛苦……而某種如天籟般的召
喚力總在心靈深處不斷敲打。某日我終於明白我所為何來」。[76]

74　陳平原，〈學者的人間情懷〉，《讀書》，1993年第5期，頁75-80。

75　王小惠，〈九十年代的陳寅恪想像〉，頁73。

76　陸鍵東，〈歷痕與記憶〉，王世襄等著，《我與三聯：生活・讀書・新知

陸鍵東偶然在故紙堆中覓得一批陳氏檔案史料，由此引發「三十年只待一人」、「接上寅恪先生命脈」的使命感。[77]《最後二十年》以陳寅恪1948年南遷嶺南為起點，用飽含感情的寫法事無巨細地敘述陳氏晚年的林林種種——從學術研究到教書育人，從師徒情誼到政治風波，呈現了一副真實感人的生活畫卷。1996年3月下旬，三聯書店的編輯帶著陸著赴上海參加第十一屆文匯書展，頓時引起轟動，少量樣書被一搶而空，並在四、五月間掀起了海內外知識界和文化界的熱評。隨後五年間，三聯曾六次再版加印，印數達到十萬冊。[78]

　　陸著之所以能夠引起廣泛共鳴，可謂是正逢其時。1992年，鄧小平南巡講話再次確立市場經濟改革的深化，繼而引發商品化的大潮。一時間學者下海經商、出入大眾媒體、主動與政府、企業合作，實用主義逐漸腐蝕人文學術。舊傷未愈、新痛又添的人文知識分子發起一場「人文精神大討論」，重新祭出八十年代的理想主義情懷以抵抗無孔不入的市場化和犬儒化的趨勢，但是這場席捲整個中國知識界的大討論，前後不過一年便不了了之，究其原因，在於參與者對於何為「人文精神」本來就莫衷一是，而這場討論反覆提及的「生存價值」、「精神危機」、「人本主義」無一不是凌空蹈虛的術語和名詞，並無任何具體的思想理念，更多表達的是「一切政治我只懂反

　　　三聯書店成立六十週年紀念集》（北京：生活・讀書・新知三聯書店，2008），頁186。

77　見《南方都市報》記者對陸氏的專訪，〈《陳寅恪的最後二十年》再版，十三年來一書難求〉，《南方都市報》2013年5月21號。

78　同上。

抗」的情緒宣洩。[79] 為了重新尋找精神坐標，不少學人將目光轉向民國士人群體，試圖在五四一代身上尋找失落的獨立精神。民國學人的言論、西南聯大的自由風氣、以及各種坊間傳聞、趣聞軼事隨著民國熱的持續發酵而重新出現在歷史舞台上。在此時代背景下，向來有「教授的教授」之美譽的陳寅恪自然成為了眾人追捧的精神偶像。根據張求會先生的回憶：「晚年陳寅恪近乎傳奇的遭遇，經過作者（陸鍵東）的著意渲染，滿足了各類讀者的不同需求，更讓苦苦尋覓中的知識界如獲至寶。原本模糊不清、蒼白無力的『人文精神』，終於因為『晚年陳寅恪』的及時出現而變得具體生動、真實感人。」[80]

在評論者看來，《最後二十年》有兩大特徵：一是詳實的史料呈現，二是濃墨重彩的修辭風格。無論是余英時以「暗碼系統」揣測陳氏「晚年心境」，還是葛兆光等大陸學人在陳詩中發掘微言大義，都因史料所限而不得不仰仗主觀臆測，艱難爬梳陳氏詩文、聯語乃至殘句中的草蛇灰線。陸鍵東則搜集、整理超過千卷檔案卷宗，又走訪陳氏晚年同事、友人和學生，對材料進行提煉印證，首次披露了陳氏晚年大量生活細節。[81]

79　見Jason McGrath, *Postsocialist Modernity: Chinese Cinema, Literature, and Criticism in the Market Age*（Stanford, CA: Stanford University Press, 2008），pp. 25-58.

80　張求會，《陳寅恪從考》（杭州：浙江大學出版社，2012），頁91。

81　根據馮伯群的統計：「全書531頁，引文的標註達524處……與檔案館藏直接相關的地方共205處」。陸鍵東能夠大量搜集檔案，除了其中大出身近水樓台先得月之外，還得益於1987年中國頒布第一部《檔案法》，以法律的形式打開了歷史研究的禁區，陸曾多次提及他在查找檔案之時，不僅沒有任何意識形態方面的限制，還受到館中人們的歡迎。即便當時思想解放的

其中最具衝擊力的史料無疑是1953年陳門弟子汪籛記載的陳寅恪自述〈對科學院的答復〉。其時，汪籛身懷中國科學院院長郭沫若和副院長李四光的邀請函，南下廣州邀請恩師出任中古研究所所長。陳氏倔強地提出兩大條件：「一、允許研究所不奉馬列主義，並不學習政治；二、請毛公、劉公給一允許證明書，以作擋箭牌」。[82] 此前雖然坊間流傳陳寅恪公然提出不學馬列一說，卻查無實據。陸氏從檔案中發掘出來的事實進一步佐證了陳氏終其一生堅守的獨立精神，與自由主義學人對陳氏遺民情節和政治抗爭的諸多猜測多有相通之處。[83] 同時，陸文並非平鋪直敘，而是繼承了陳氏「述事言情、悲憫生死」的心史寫作：「它（《最後二十年》）交織著現實與個人精神的困惑與痛苦，以及久抑之下必蓄沖缺牢籠的氣勢。」[84] 這種情感主宰的筆調貫穿作者對史料的解讀，對民國知識分子與社會主義政權之間的齟齬極盡筆墨渲染，以至於古典今情合二為一，藉陳氏不幸遭遇抒發一個時代的共同情緒。不可否認，陸氏的憤慨、惋惜之情洋溢筆紙間，導致情感似「一團濃得化不開的

風氣濃厚，《最後二十年》出版後，陸仍因「擅自公布檔案」被原中山大學黨委書記龍潛的親屬告上法庭。見馮伯群，〈引用檔案惹出的一場官司：《陳寅恪的最後二十年》出版以後〉，《檔案春秋》，2006年第3期，頁10-14。

82　陸鍵東，《陳寅恪的最後二十年》，頁102。

83　例如，余英時便認為：「這部書所發掘出來的事實和我的「晚年心境」極多息息相通之處，兩者可以說是互為表裡」。見余英時，〈陳寅恪研究的反思和展望〉，周言編，《陳寅恪研究：反思與展望》，頁17。

84　陸鍵東，〈歷痕與記憶〉，頁186。

雲霧」。[85] 學者谷林讀罷此書，以為「只剩得同聲一哭，不克
回環咀嚼矣」。程巢父和止庵認為，《最後二十年》「做了過
多情緒化的渲染」，因此「從態度上講，不能不說它是一本非
常浮躁的書」，並不一定有助於讀者客觀審視歷史本身。另有
不少書評指出，與情感宣洩互為表裡的是書中隨處可見的「大
而無當的詞語」、「夸飾而煽情的文句」以及「很像電視片解
說詞的整體語言風格」。[86]

　　陸鍵東極盡鋪陳之能事，將晚年陳寅恪塑造為一位「不自
由毋寧死」的文化殉道者。從敘事學上來看，《最後二十年》
採用的是「伏筆」（foreshadowing）的修辭手法：陸在傳記開
頭便預設了陳氏自由之理念和社會主義政權之間的悲劇性衝
突，其標題中強調的的「最後」二字也預示著時代悲劇正步步
向陳逼近。美國批評家Gary Morson和Michael André Bernstein在
討論歷史敘述與自由的關係時，提出伏筆和預示的修辭手法會
使得歷史敘事無可避免地呈現出一種宿命論的色彩：當歷史的
結局已被預先鋪陳，無論如何敘述英雄人物與時代相抗的勇
氣，都不可避免地導向一個「被預設的定局」（foregone
conclusion）。[87] 正如Bernstein所言，「悲劇將事實轉化為一種

85　張求會，《陳寅恪從考》，頁95-97。

86　見谷林，〈谷林致止庵函〉，收錄於止庵，《六丑筆記》（北京：東方出
　　版社，2000），頁81；止庵，〈作為話題的陳寅恪〉，《中華讀書報》，
　　1999年10月27日；程巢父，〈人性人情總相同：就陳寅恪「話題」與止庵
　　先生商榷〉，《東方文化》，2001年第4期；蔣寅，〈考量歷史的平常心：
　　《陳寅恪的最後二十年》讀後〉，《開放時代》，1998年第5期。

87　值得一提的是，Morson受到巴赫金的複調小說理論啟發，提倡多用「側
　　敘」（sideshadowing）手法，突出正史之外的旁支發展 探索被現實壓抑的

富有意義的敘事」（the tragic is a mode of comprehending, and giving form to events as a narrative）,[88] 陳寅恪之死無疑是主導陸鍵東歷史撰寫的核心事件。從1949年陳氏決定寓居嶺南那一時刻，直至生命終點，所有歷史進程的回環曲繞和個人生命的起起伏伏，都因陳氏之死已被預先鋪陳而籠罩在一種宿命論式的悲劇氣氛之下。既然迫害致死是最終的結局，每一章節的標題都凸顯一個恪守自由的學人在時代潮流步步緊逼之下「避秦無地」、苟活於世、直至油盡燈枯的宿命：「磨難終於啟幕」、「劫後餘緒」、「草間偷生」、「中國學人的悲歌」、「今生所剩無幾日」、「輓歌已隱約可聞」。由於陳氏所持獨立之精神於時代氣氛水火不容，陳氏的每一次反抗都彷彿在如來佛掌中徒勞地掙扎：從「猛火攻、慢火燉」的思想改造到暴風驟雨式的反右運動再到山雨欲來的文革，一波未平一波又起的政治運動一步步侵蝕著陳氏的思想空間，最終將他推入萬劫不復的深淵。

在悲劇宿命觀主導的敘事下，陸鍵東又旁徵博引，以詳實的檔案和口述歷史將陳寅恪所受之身心折磨血淋淋地呈現在讀者面前。陳氏素來為病痛所困，內戰期間便已雙目失明，遲暮之年又不幸臏足，且患腸胃、心臟等病，因此極為依賴進口藥物和醫療護理。在文革風暴前夕，「生物治理」（biopolitics）

其他可能性，從而凸顯一種多元的開放史觀。見Gary Morson, *Narrative and Freedom: The Shadows of Time*（New Haven, CT: Yale University Press, 1994）.

88 Michael André Bernstein, *Foregone Conclusions: Against Apocalyptic History*（Berkeley, CA: University of California Press, 1994）, p. 7.

與階級鬥爭已然是彼此交融，延續個人生命的權力直接與階級出身掛鉤，連食物、醫藥、護理等基本的生存權也徹底淪為無產階級專政的對象。[89] 陳氏賴以生存的各種物質「優待」和照顧補貼自然受到進駐中大的文革工作隊的百般攻訐。陸氏全文抄錄了陳氏夫婦為獲得最基本的藥物和食物和保健打交道的多封書函。寫下「一生負氣成今日、四海無人對夕陽」的堂堂國學大師，居然要為區區「安眠藥」、「紗布棉簽」、「薄荷水」而反覆申訴、小心措辭，令讀者不甚唏噓。1966年7月31日，陳致中大保健處主任梁綺誠的信如此開頭：「因為我所患的病是慢性病，一時不能痊愈，而一時又不能就死，積年累月政府負擔太多，心中極為不安，所以我現在請求您批准下列各

89　這裡我參考了福柯和阿甘本對「生命政治」（biopolitics）的闡發。福柯晚年專注於發掘伴隨著資產階級法權國家的出現而興起的「直接干預生死的權力」。這種生命治理技術不僅僅是規訓肉體，而是通過控制、經營、調節人口而掌握個體的生死權。阿甘本延續了福柯關於生物政治的學說，又佐以卡爾・施密特的「例外狀態」理論，來論述統治者如何通過不斷生產、排除和納入「赤裸生命」（bare life）來施行國家權力對生命的決斷權。毛時代國家權力史無前例額的擴張帶來的後果是，政治權力對個人生命的管控滲入每一個角落，可謂是「從搖籃到墳墓」，涉及職稱、薪資、社交，醫療、教育等日常生活的每一個角落。我認為，社會主義體制的生命治理技術體現為兩點：其一是延續生命的權力直接和階級性掛鉤：個人能獲得的醫療資源由階級出身決定；其二是將死的權力收歸國家，因此「自殺」被定義「自絕於黨自絕於人民」的反革命行徑而要罪加一等，從而使得親屬也受到牽連。見Michel Foucault, *Society Must Be Defended*（New York, NY: Picador, 2003）; Giorgio Agamben, *Homo Sacer: Sovereign Power and Bare Life*, trans. Daniel Heller-Roazen（Stanford, CA: Stanford University Press, 1998）.

點⋯⋯」[90] 信函是如此簡略，簡略得令人心悸。無數次驚心動魄的紅衛兵抄家、貼滿四壁的大字報、排山倒海的群眾攻勢，多少轉瞬幻滅的希望和「譬如在死囚牢中」的絕望，全都化成了這數行冷峻的文字：既「不能痊愈」，也「不能就死」，唯有自吟「廢殘難豹隱，九泉稍待眼枯人」，淒苦憤懣之情溢於言表。時過境遷之後，當余英時等一眾海外學者根據斷本殘句艱難考證陳寅恪晚年心境之時，當各種私下流傳的陳氏詩文充斥坊間，令人掩卷痛惜之時，當滿腹經綸、西裝革履的「明星教授」們爭先恐後自封為陳氏之「後世相知」以博人眼球之時，回望陳氏臨終前的申請書——「因心臟病需吃流質，懇求允許每日能得牛奶四隻（每隻月四元八角）以維持生命，不勝感激之至」，[91] 歷史的不義令人無言以對，生前慘狀和身後盛名之間的巨大落差將晚年陳氏的悲情遭遇推到了一個史無前例的高度。

　　平心而論，陳氏晚年所受之「迫害」，在那個「士既可殺，又可辱」（周揚語）的荒誕年代並非獨一無二。陸文詳盡敘述陳寅恪所受陶鑄、陳毅等共產黨高官之禮遇，以及文革前各種優待，無一不印證了陳氏所受折磨更多體現在文化和精神層面，而並非皮肉之苦。我們不禁要問：為何唯獨陳寅恪之死成為集體情緒的引爆點，引得無數學子為之動容？頗具症候意味的是，與陳寅恪熱幾乎同時出現的還有1995年前後的「顧準現象」：諸多學者齊聚一堂，將經濟學家顧準奉為「獨立不倚

90　陸鍵東，《陳寅恪的最後二十年》，頁467。

91　同上，頁481。

在暗夜裡追求真理的思想先驅」。而最為眾人所稱道的，是文革初期顧準的一句坦白：「我的手上沒有血」，言外之意即「我雖然挨過那麼多的整，但我沒有整別人」。[92] 許紀霖如此評價：「顧準與陳寅恪作為道德的存在，無愧是20世紀中國道德上最偉大的知識分子之一」。[93] 從思想改造運動到文革，對知識分子的「改造」並非一蹴而就，而是一波三折，忽而「百花齊放」，忽而「引蛇出洞」，猶如貓捉耗子，威逼利誘，令士人噤若寒蟬、精疲力盡。長此以往，不僅執著於理想、原則、風骨的守節者消亡殆盡，就連甘願「低垂粉頸」、「塗脂抹粉」的識時務者也被愚弄、被整肅。「改造」的風波往往由重點個案開始，殺雞儆猴之下逐漸形成一種漣漪效應，一圈一圈蔓延開來，最終演變為一場場席捲黨內、黨外、高校、社會、文藝界、知識界的「完美風暴」。[94] 歷經「脫褲子」、

---

92 趙人偉，〈從一些片斷看顧準的學術生涯和感情世界〉，《改革》，1998年第3期，轉引自魏華瑩，〈以學術為志業──「顧準熱」的文化圖景〉，頁74。

93 許紀霖，〈顧準的道德實踐〉，收錄於羅銀勝，《顧準再思錄》（福州：福建教育出版社，2010）。

94 余英時認為：「自1949年以來，知識分子在政治上的邊緣化大致可分為兩個階段，第一個階段是黨外知識分子一批批被整肅，直到他們完全被逼到整個極權體系的最外圈為止，1957年的反右便是這一階段的高潮。第二階段則是在黨外知識分子已喪盡了影響力之後，清算的矛頭轉而指向了黨內的知識分子，這是十年文革所表現的一種歷史意義。」與此類似，Ning Wang也用 "chain of prey syndrome" 來形容政治整肅運動不斷的擴大化所造成的受害者與迫害者之間不斷互換角色的惡性循環。見余英時，〈中國知識分子的邊緣化〉，《中國文化與現代變遷》（台北：三民書局，1992），頁33-50；Ning Wang, "Victims and Perpetrators: Campaign Culture in the Chinese Communist Party's Anti-Rightist Campaign," *Twentieth-Century*

「割尾巴」、「燒教授」、「搞臭鬥臭」、「互相揭發」、「人人過關」的中國知識分子，無一不在政治漩渦中掙扎，隱忍苟活、趨炎附勢已是常態，檢舉他人、妄評前輩、詆毀師尊等充滿暴虐戾氣之舉更是屢見不鮮。[95] 在文人如妾、斯文掃地的年代，陳寅恪不但「手上沒有血」，還要「不奉馬列」，進而向「毛公、劉公」要擋箭牌，如此近乎天真的書生意氣、以死力爭「獨立之精神、自由之思想」的節氣，使得陳氏當仁不讓地成為一座難以逾越的士人精神的高峰。

陳氏拒不「侮食自矜，曲學阿世」之堅毅固然感天動地，但早有論者提出質疑：「陳寅恪的話題卻始終在文人之間徘徊，強化舊士大夫情緒，很少有文章觸及更為深刻的層面」。[96] 換言之，陳氏之「熱」更多出於情動，而非基於智性對其學術旨趣展開討論和深入挖掘。不必說《柳如是別傳》「繁瑣冗長」且多用曲筆，乃至錢穆認為「陳氏行文冗沓而多枝節，每一篇若能刪去十之三四始為可誦」[97]；也不必說時人沒有耐心去

China, vol. 45, no. 2（May 2020）: 188-208；關於五十年代知識分子政策最為詳盡的歷史分析，見沈志華，《思考與選擇：從知識分子會議到反右派運動》（香港：香港中文大學出版社，2008）。

95　見陳徒手，《故國人民有所思：1949年後知識分子思想改造側影》（北京：生活・讀書・新知三聯書店，2013）。

96　朱學勤，〈1998年自由主義學理的言說〉，頁237-256。

97　有關陳寅恪考證過於繁瑣、文法堅持復古不用白話的爭論自民國時期便多有論者。最著名的莫過於陳氏1932年為清華大學的國文入學考試所出的「對對子」試題引發的公眾輿論。直到八十年代，仍然不斷有學者對陳氏窮盡洋洋八十萬字「為名妓立傳」的學術旨趣提出質疑。見王震邦，《獨立與自由：陳寅恪論學》，頁115-158；胡適，《胡適的日記》（1937年2月22日），下冊（北京：中華書局，1985），頁539；錢穆，〈錢賓四先生

梳理陳寅恪思想所展現的從德國蘭克史學到乾嘉考據學的複雜
學術承襲；就連何為「獨立之精神、自由之思想」之討論，也
大多流於書生怨氣的肆意宣洩。正如羅志田一語道破：「陳先
生的大名，多半像以前民間藝術中一個常見人物鐘馗，被他人
借以打鬼而已」。[98] 自八十年代以來，淚聲俱下控訴迫害的
「傷痕文學」、「紀實文學」、「回憶錄」已是汗牛充棟，知
識分子的文革遭遇，從批鬥到流放，從瘋癲到自戕，說不盡的
悲哀、屈辱、孤獨和怨憤一次次引發士人的共鳴，推動啟蒙的
熱潮。八九風波之後，中國政府對文革的記憶和討論進行嚴格
控制，那些無法被納入官方「撥亂反正」敘事的顛覆性記憶被
不斷壓抑和邊緣化。對於許多不滿時局的知識分子來說，陳氏
的個人遭遇再次觸及了內心深處尚未痊愈的傷痛感。在各種政
治禁忌和自我壓抑之下，藉著對陳寅恪的生世遭遇的感懷含沙
射影，諷刺時事，以澆胸中塊壘，自然成為新的風尚。在《最
後二十年》的推波助瀾之下，陳寅恪的形象由先前不問世事的
學問家，逐漸演化為一個學術自由的殉道者，來傳達著自由主
義學人的反抗意識。

五、結語：後世相知或有緣

　　1998年，上海學者朱學勤在〈1998年自由主義學理的言
說〉一文中，呼籲將陳寅恪熱引發的「無節制詠歎的文人濫

　　論學書簡〉，收錄於余英時：《錢穆與中國文化》（上海：上海遠東出版
　　社，1994），頁230-231。
98　羅志田，〈陳寅恪的文字意趣札記〉，頁175。

情」轉化為對陳所持的自由主義立場進行細緻的梳理和闡發，
進而從學理層面印證自由主義思潮的湧動不是出自西方「歷史
終結論」的意識形態壓力，而是基於中國幾代知識分子孜孜不
倦的政治訴求。九七亞洲金融危機之後，中國知識界關於激進
市場化和私有化改革的分歧日益尖銳化。隨著全球化和新自由
主義以空前之姿重塑政治想象，啟蒙共識分崩離析，新左派和
自由主義幾乎同時突入知識場域和公眾媒體，成為這一時期兩
支令人矚目的思想派別。[99] 在自由主義陣營內部，隨著海耶
克、柏林等西方新自由主義理論家學說的湧入，一些學者開始
對本土自由主義的傳統進行重新梳理。九八年北大百年誕辰之
際，李慎之公開將陳寅恪奉為現代中國自由主義的殉道者：
「他的後半生經歷了極其險惡的政治壓力，然而他到死也沒有
向政治權力低頭，實踐了他早年說過的話：『不自由，毋寧死
耳』！」[100] 朱學勤認為，李氏之破題，標誌著被「誤解、歪曲
與壓制」的自由主義不再是隱沒民間異端邪說，而是得以擠出
門縫，成為一種「學理立場的公開言說」。在朱氏看來，陳氏
所持自由之觀念，近乎西方古典自由主義，因而帶有文化保守
主義的色彩。[101] 無獨有偶，學者王焱亦指出，陳寅恪對中古政
治史的研究，側重於發掘中古士族如何以自成一體的家風、儒

99　關於從九三年到九七年這一時期中國思潮變化的分析，見汪暉，〈中國
　　「新自由主義」的歷史根源〉，《去政治化的政治》（北京：生活・讀
　　書・新知三聯書店，2008），頁129-139。
100 李慎之，〈弘揚北大的自由主義傳統〉，劉軍寧編，《北大傳統與近代中
　　國》（北京：中國人事出版社，1998），頁3。
101 朱學勤，〈1998年自由主義學理的言說〉，頁237-240。

學、禮法抵禦無孔不入的皇權干預；他對曾國藩、張之洞等晚
清中體西用派的共情之感，乃是源於他認為秩序與自由是互為
表裡：唯有以「禮治規範凝成文化秩序，構成以獨立自主的社
群為多元社會的基底」，方能使華夏文明擺脫紊亂之局面，實
現社會轉型；再者，他對錢謙益、柳如是等江南遺民、文社詩
社的一往情深，寄託了其對近代中國市民社會崛起、公共輿論
應運勃興的追憶與期許。從隋唐士人之「優美門風」到明清之
際方興未艾的民間結社運動，陳氏著史以意逆志，企圖從中國
文化傳統中尋找調和個人自由和社會秩序的可能性，頗得蘇格
蘭古典自由主義之精髓。[102] 朱學勤進一步承襲王文，指出陳氏
對中國傳統社會「秩序」與「自由」基本價值的頌揚與海耶
克—柏林式的保守自由主義隱隱相合。更重要的是，陳寅恪熱
的出現表明中國自由主義和文化保守主義之間並非勢同水火，
而是可以握手言和，「秩序」與「自由」並舉，齊心驅逐法國
大革命—文革以降的激進啟蒙傳統。[103]

　　自由派學人以柏林的「消極自由」和哈耶克的「自由秩序
原理」詮釋陳寅恪獨立與自由的學理，難免有削足適履之嫌，

---

102 王焱對陳氏的闡發無疑受到了九十年代初風行於中國學界的公共空間、市
　　民社會理論的影響。然而，哈伯瑪斯基於西歐歷史語境構建的公共空間，
　　是否可以用來闡釋中國傳統社會的民間結社，仍然是眾多學者激辯的話
　　題。王焱，〈陳寅恪政治史研究發微〉，《社會思想的視角》（杭州：浙
　　江大學出版社，2012），頁1-47；關於市民社會與中國語境的討論，見
　　Philip C. Huang, "'Public Sphere'/ 'Civil Society' in China: The Third Realm
　　Between State and Society," *Modern China*, vol. 19, no. 2（Apr. 1993）: 216-
　　240.
103 朱學勤，〈1998年自由主義學理的言說〉，頁241。

故而啟人疑竇。然而我們不禁要問：在眾多知識精英爭先恐後
擁抱市場經濟大潮、各式西學理論目不暇接的二十世紀末，為
何陳寅恪熱如此經久不衰？何以一個著述詰屈聱牙、散發著過
時懷舊氣息的文化遺民如此深刻地塑造了中國自由主義者的倫
理心智？劉夢溪在〈陳寅恪的學說為何有力量〉一文中如此感
歎：「我們做人文學術研究的人……常常有一種無力感——這
些學問有用嗎？人文學術有什麼用呢？」[104] 對於許多被失敗的
記憶和無能為力的感覺折磨得日漸頹廢的知識分子來說，陳寅
恪以一己之力彰顯自由之意志的傳奇經歷具有一種強大的情動
力，將「獨立」與「自由」的抽象理念賦予了鮮活的歷史記憶
和超凡脫俗的精神信仰。回首1964年初，耗費十年心血的《錢
柳姻緣詩釋證稿》完稿之後，陳寅恪〈稿竟說偈〉有如下按
語：「刺刺不休，沾沾自喜。 忽莊忽諧，亦文亦史。 述事言
情，憫生悲死。繁瑣冗長，見笑君子。 失明臏足，尚未聾啞。
得成此書，乃天所假。 臥榻沉思，然脂瞑寫。 痛哭古人，留贈
來者。」[105] 李惠儀教授認為，如此悲戚憂憤之言「暗寓《柳如
是別傳》雖主題似涉風流韻事，實則總結歷史關鍵時刻，說盡
一代興衰感慨。又是書離出版無期，但陳仍寄望『後世相知或
有緣』。」[106] 風雨如晦之時節，陳寅恪忽然頻繁提及「來
世」、「來者」、「後來者」等不祥字眼，是否已預感到最後

---

104 劉夢溪，《陳寅恪的學說》（北京：生活・讀書・新知三聯書店，
　　2014），頁223。

105 陳寅恪，《柳如是別傳》，第三冊（上海：上海古籍出版社，1988），頁
　　1224。

106 李惠儀，〈懷舊與抗爭〉，頁51。

的風暴即將來襲，因而自覺時日無多？[107] 數年之後，當陳寅恪孤獨仙逝於康樂園之際，他一生所持文化信念、史家道德、學術精神、摯愛親人、同道友人等一切的一切都在革命的洪流中凋零散佚。身後是非誰管得，豈料短短十數年之後，陳氏之所南心史不僅得以重見天日，還引來無數學子讀者爭相追捧，陳亦被神化為「中國文化托命之人」。究其原因，大抵是魯迅所言：「中國一向就少有失敗的英雄，少有韌性的反抗，少有敢單身鏖戰的武人，少有敢撫哭叛徒的吊客。」[108] 陳所處時代民情士風之暴虐，讓人見慣了順勢而為而至「富貴榮顯，生泰名遂」的「不肖者巧者」，見慣了低眉順眼、伏地乞食的御用文人，見慣了備受摧殘、怨言溢口、涕泣好呼的倖存者，士人緘聲不發、自輕自賤、隱忍偷生之感是不言而喻的。相形之下，陳寅恪堅韌不屈的反抗、膽敢單身鏖戰時代精神的勇氣、冒天下之大不韙撫哭獨立與自由的節氣，才顯得格外絕無僅有、感天動地。

　　合而觀之，本章截取了自八十年代初到千禧年間的三個思想文化片段來重構陳寅恪熱的起承轉合。冷戰年代，余英時率先以「文化遺民」詮釋陳寅恪之晚年心境，為表其對世俗政權的嬉笑怒罵以及對獨立議政空間和文化精神之不懈追求；九十年代初期，踟躕於退守書齋與熱心議政之間的大陸學人以陳寅恪之「責任倫理」反思八十年代啟蒙運動的局限，進而告別

---

107 陸鍵東，《陳寅恪的最後二十年》，頁430。

108 魯迅，〈這個與那個〉，《華蓋集》，《魯迅全集》（第三卷）（北京：人民文學出版社，2005），頁152-153。

「主義」，重建去意識形態化的學術規範；陸鍵東的暢銷書《最後二十年》以戲劇化和悲情化的敘事策略將晚年陳氏塑造成一位自由的殉道者，抒發一代學人的創傷之感。這三種寫法各有側重，陳寅恪熱的參與者不斷地將自身困境和焦慮投射在歷史記憶之上，使得陳氏的文化形象千變萬化——從孤懷遺恨的遺民到「為學術而學術」的學問家再到「不自由，毋寧死」的殉道者。然而，每一個形象背後都折射了改革時代中國學界關於學術與政治、知識分子與政權等多重關係的複雜思考。正因為陳寅恪的遭遇逐漸成為二十世紀中國知識分子集體苦難的縮影，對其思想、生平的轉述不可避免地和敘述者的個人記憶、情感、政治慾望等諸多因素糾纏在一起，彰顯記憶政治之倫理辯難：如何書寫？如何回憶？選擇哪一個時間片段？敘述哪一種立場？用華特・班雅明（Walter Benjamin）的話來說，自由派學人對陳寅恪的追憶意味著「當記憶在危險的關頭閃現出來時將其把握」。[109] 唯其如此，「陳寅恪熱」並非事關「具體一人一事」，而維繫著作為抽象理想的自由精神在現代中國之存續。

　　其次，我之所以將「陳寅恪熱」定義為自由主義之「情動」而非「言說」，乃是因為參與者大多是從共情共感的角度書寫陳氏的抗爭意識，而非從學理層面思考如何將陳氏駁雜多元的思想走向嵌入一套脈絡清晰的自由主義思想體系之中。飄

---

109 見華特・班雅明，〈歷史哲學論綱〉，收入漢娜・鄂蘭（阿倫特）編，張旭東、王斑譯，《本雅明文選》（北京：生活・讀書・新知三聯書店，2008），頁267。

零異鄉的余英時因讀《論再生緣》而發一種深沉的興亡遺恨之
情，繼而孜孜不倦地爬梳史料、尋找暗語，逐漸與陳寅恪形成
了一種想像性的親密關係。然而這種共情之感也彰顯了充滿矛
盾的閱讀循環：余英時對陳氏愈是同情，他對造成陳氏苦難的
共產政權便愈發痛恨。這種痛恨進而影響了他對陳氏之自由的
理解：自由便是抵抗馬列主義教條的侵襲。在經歷六四巨變的
大陸學人看來，陳寅恪不為政治「俗諦」所動、堅守價值中立
的學者節氣為轉型時期的中國知識分子提供了一種「消極自
由」：淡出時局，退守書齋，著書論著，使得學術追求本身成
為超越政治的終極意義所在。即便如此，不少學者仍然頻頻回
眸文人情懷，在學術自由和議政自由之間輾轉反側，凸顯學問
家背後剪不斷的政治情絲。最後，陸鍵東講述了一個恪守獨立
的學人在政治風潮步步緊逼的艱難歲月中失去自由的故事，並
道出在此環境下每個信奉獨立風骨的知識分子所不可避免的悲
劇宿命。

　　在道德義憤之外，每個敘述者都試圖從陳寅恪的悲劇遭遇
上汲取更為普遍的、關係到時代的歷程與抉擇、甚至與現代中
國自由主義興亡存廢息息相關的「意義」。對於余英時而言，
「文化遺民」的理型之中蘊含了在社會主義政權之外追尋重建
中國傳統文化和獨立輿論空間的可能性。對於信奉韋伯式自由
主義的大陸學人而言，陳氏調和中體與西用的折中主義理念意
味著在「傳統守舊」和「激進狂飆」的兩極之間仍有安身立命
之道。對於陸鍵東而言，重新發現和敘述陳寅恪晚年所受之折
辱不只是傷痕文學的延續，而是知識人對證歷史、呼喚詩學正
義（poetic justice）的職責所在。然而正所謂「情到深處難自

禁」，陳寅恪的孤懷遺恨是如此激越，他的落寞才情是如此哀
沉，他的臨終遭遇是如此可歌可泣，以至於敘述者的同情、憤
恨、感傷、和滄桑之感躍然紙上。如果只是從抽象學理的層面
梳理陳氏所彰自由，或是從「告別革命」的角度來談論陳寅恪
熱所折射的「意識形態」，則忽略了生命體驗、靈魂悸動、和
那些種種說不清也道不明的莫名情懷。唯有在學理與抒情、思
想與生命存在之間把握陳寅恪熱與自由主義思潮的關係，方能
理解為何陳寅恪成為中國自由主義者的文化偶像。

　　不可否認，自由主義的情動背後仍有其歷史哲學觀和政治
慾望。十八世紀的啟蒙知識分子致力於將人類意識從不成熟的
無知狀態和蒙昧的宗教幻覺之中解放出來。思想史家彼得・蓋
伊（Peter Gay）卻有如下按語：「歐洲啟蒙的領袖自始至終都
無法放棄人性深處最為根深蒂固的幻覺──唯有他人需要被啟
蒙，而（知識分子）自身則免受任何幻覺和無知理念的侵擾」
（They never wholly discarded that final, most suborn illusion that
bedevils realists─the illusion that they were free from illusions）。110
陳寅恪的悲劇之所以讓中國自由派情難自已，乃是源於自由主
義學人心中的執念：二十世紀中國現代性之劫難的根源，在於
激進革命壓倒啟蒙，使得溫和漸進的五四自由理念難以為繼，
最終造成了從反右到文革的一連串悲劇。自由派從那個於混亂
旋渦中拒斥政治、追憶往昔、寄情詩文的孤獨身影中看到的是
一個歷史大時代中自由精神的湮滅和獨立人格的消亡。

---

110 Peter Gay, *The Enlightenment: An Interpretation*（New York, NY: Vintage
　　Books, 1966）, p. 13.

　　為「告別革命」，自由派需要回到眾聲喧嘩的民國士人群體，來為經脈斷絕的現代中國自由主義招魂。藉此機緣，被革命壓抑下去的五四一代的思想、知識和歷史記憶再度噴湧而出，進一步引發了知識分子要求復興民國自由主義傳統的呼聲。例如，一本題為《民國大學：遙想大學當年》的書以「校長像校長」、「老師像老師」、「學生像學生」、「學術像學術」來表達對民國兼收並蓄士風的追憶：「他們中有陳寅恪這樣，以「不合作」為最高原則；有顧准這樣，敢於反叛的；有儲安平這樣，以君子之心度小人之腹的；更多像錢鍾書這樣，看透了而「閉門不管天下事」的」。[111] 編者用歷史記憶來詮釋日常生活，發洩對當下學術亂象的不滿。最常被提及的學者名言，除了陳氏的「自由之思想、獨立之精神」之外，還有梅貽琦的「大學者非謂有大樓之謂也，有大師之謂也」，以及蔡元培的「大學學生，當以研究學術為天職，不當以大學為升官發財之階梯」。這類簡潔有力、甚至有些斷章取義的短語、名言和語錄，形成一股席捲學界的旋風，極大程度地塑造了時人對民國士風的記憶和想象。與此同時，在大眾文化界，反映民國士人交往、家學、逸聞趣事、生活情趣、私人記憶的筆記、傳記、日記和雜書也蔚為風潮，成為一般讀者津津樂道的話題。在政治怨氣、文化懷舊、學術興趣以及商業利益的共同推動之下，認為民國是自由主義的黃金年代的觀點甚囂塵上。這些夾雜著隱喻和情緒的輿論言說，都表明不少學人企圖繞開革命年

---

111 陳平原、謝泳等著，張竟無編，《民國大學：遙想大學當年》（北京：東方出版社，2012）。

代，夢回一個已消亡半個世紀的時空記憶體（chronotype），以此迂迴的方式否定社會主義時期的文化政治。

對民國士人的浪漫化描述，反過來又強化了毛時代政治迫害的痛史。2004年，「中國頭號大右派」章伯鈞次女章詒和的回憶錄《往事並不如煙》由人民文學出版社刊行後即被政府查禁，再度引發學界爭鳴。《往事並不如煙》記錄的是史良、張伯駒、聶紺弩、康同璧、羅隆基等五十年代被打為右派的士人之間的交往細節和生活逸聞。作者在自序中如此說道：「我這輩子……經歷了天堂、地獄、人間三部曲」，其中「天堂」和「地獄」無疑分別寓指民國士風猶存的五十年代初和之後的革命風暴。[112] 章氏自身雖未經歷民國，但卻因身在右派圈中而對一個想像性的民國往昔產生了無限依戀，以至於自認為民國精神的「文化遺民」。[113] 在章氏筆下，處於革命風暴中心的右派分子在政治上任人宰割，在私人領域卻依然我行我素，從痴迷戲曲的張伯駒到風流倜儻的羅隆基再到盛裝聚會、讀英詩愛音樂的康有為後人，這群民國遺民的落伍與孤獨、沉淪與掙扎，猶如一曲中國士人精神的輓歌，如泣如訴，意蘊綿長。與陳寅恪回環曲繞的所南心史不同，章詒和對革命政權的怨恨躍然紙上：「共產黨虧待了我們章家兩代人。我不背叛這個政權，就算對得起他們。」[114] 在章氏筆下，「反右運動」並非政策性失

---

112 章詒和，《往事並不如煙》（北京：人民文學出版社，2004），頁2。

113 章詒和雖未使用「文化遺民」一詞，但引用了王德威《後移民寫作》中的段落表其遺民心智。見章詒和，《伶人往事：寫給不看戲的人看》（台北：時報出版，2015），頁1。

114 章詒和，《往事並不如煙》，頁132。

誤，而是毛澤東出於個人恩怨、醞釀已久的、系統清除民國自由主義精神遺產的「陽謀」：「其中（反右）一個重要因素，就是羅隆基的那句『現在是無產階級的小知識分子領導資產階級的大知識分子』的話，傳到了他（毛澤東）耳朵裡，傷了臉面，刺痛了心。當然了，老人家勢必是要記恨的。因為羅隆基這句政治話語，表達的卻是一種最深刻的文化歧視」。[115] 值得玩味的是，被章詒和奉為民國士人節氣最後繼承者的民盟知識分子，卻正是為陳寅恪所不齒的那些積極向新政權靠攏的變節者。由此可見，民國熱的風潮不只是塑造了歷史記憶，同時也發明了新的傳統，使得本來互相排斥的學說和理念在「態度的同一性」的影響之下，共同構築了「民國是自由主義的黃金年代」這一「對抗性記憶」（contentious memory）。[116]

自由主義學人大談「斯文」、「風雅」、「文化貴族」和「私人領域」，自然引來左翼歷史學家的不滿。從左翼史觀出發，自由主義者企圖迴避社會主義革命重返民國的歷史敘事不啻於一種頗具冷戰意識形態的「遏制戰略」（strategy of containment），重新為「不平等的自由」招魂引幡，彰顯自由民主乃「歷史終結」之後的坦途，最終奪回旁落於左派之手長達半個世紀的文化霸權。2001年初，由汪暉主編的《讀書》雜誌發表了澳洲學者高默波的學術短文〈書寫歷史：《高家村》〉。高默波運用人類學的研究方法梳理自己江西老家高家

---

115 章詒和，《往事並不如煙》，頁258。
116 關於傳統之發明，見Eric Hobsbawm and Terence Ranger ed., *The Invention of Tradition*（Cambridge, UK: Cambridge University Press, 2012）.

村在革命期間生活水平、醫療衛生等多方面的改革和進步，並以此為例質疑「城市精英文人」對文革的全面否定。3月29日，南方系傳媒《南方週末》以「質疑〈高家村〉」為標題，連續發表了徐友漁、黨國英和焦國標的評論，認為高默波的研究基於主觀臆測，過於片面，企圖吹捧和誇張所謂的「毛澤東治下的黃金年代」，進而為文革翻案。[117] 在新左派與自由主義之間劍拔弩張的罵戰之後，關於一個小小村莊的個案研究逐漸演變為「文革究竟好不好」的意識形態之爭。對於出身工農兵大學生的高默波而言，毛澤東時代的多項政策給高家村世代貧苦的底層人帶來了翻身作主人的尊嚴和社會福利。當自由派學人掩卷痛惜陳寅恪、顧準等文化精英之凋零慘狀，左翼歷史學家們所津津樂道的是欣欣向榮的社會主義農家樂。《往事並不如煙》中章詒和曾借康有為後人羅儀鳳之口控訴毛選、語錄、格式化的生活如何埋葬了了風雅、細膩、高度審美化、私人化的文化品味：「我愛香水，香水沒有了。我愛音樂，音樂沒有了。我愛英文詩，詩也沒有了……這場文化大革命對我家來說，是釜底抽薪；對我個人而言，是經脈斷絕哪！」[118] 與此同時，讓高默波心懷敬意的卻正是惠及普羅大眾的社會主義文藝政策：「文革是當地文化的史無前例的最好時期，因為農民把樣板戲翻了個版，用本地的傳統曲子和語言來改造樣板戲，並自己登臺表演。 他們自編自導自演自己設計服裝，以前所未有

---

117 見徐友漁、黨國英、焦國標，〈質疑《高家村》〉，《南方週末》，2001年3月29日。

118 章詒和，《往事並不如煙》，頁181。

的熱情來豐富當地的文化生活。」[119] 革命的正義與不義、歷史的孰是孰非、意識形態的暗流湧動，以及那些說不清、道不明的記憶、慾望與政治想像的翻湧不息，這一切都意味著傷悼的行為不僅僅是個人的情動，而是關乎對社會主義革命合法性之闡釋權的鬥爭。

　　在政治風潮之外，大眾文化界對陳寅恪的不斷神化亦是經久不息。與陳氏有關的一切史事鉤沉——從義寧家學、晚清政局、留學生涯到陳氏與弟子、同輩、政壇人物的交往，都接二連三地成為媒體輿論關注的熱點話題。易中天在〈勸君莫談陳寅恪〉一文中以戲謔的口吻指出，陳先生的大名是隨同《還珠格格》、《雍正王朝》和《三國演義》之類的歷史劇進入公眾視野的。在這樣一個戲說歷史、娛樂至死的年代，老百姓津津樂道的並非陳氏之深奧學問或是政治反抗，而無非是才子佳人、三顧茅廬、布衣與皇上等爛俗之事，散發著戲說歷史特有的市井氣息。陳氏一介布衣，公然要求當朝聖上「也聽他的話」，與封疆大吏談笑風生，與當朝太師針鋒相對，敢讓東廠公公吃閉門羹，這副孤傲怪癖書生之肖像與其說是國學大師本尊，不如說是大眾傳奇中善良機智、集智慧於勇氣於一身的諸葛亮、紀曉嵐、韋小寶，滿足了邪不勝正、忠奸分明的道德想像。

　　與此同時，易中天筆鋒一轉，奉勸各位義憤填膺的書生為避免自取其辱，還是「免談陳寅恪」為妙：「陳寅恪是了不起

---

119 高默波，〈書寫歷史：《高家村》〉，《讀書》，2001年第1期，頁9-16。

的，可惜我們學不來」。[120] 陳氏為學術自由不怕「橫眉冷對千夫指」，而當代學人猶如依附於現行體制上的一張「毛皮」，吃穿用度都是「人家」的，整日為崗位津貼、核心刊物、國家課題疲於奔命，為的不是學術自由，而是千言萬語匯成的一句話：「有權，就是比沒權好哇！」[121] 易中天辛辣的諷刺背後難掩落寞滄桑之感：究其原因，陳寅恪之自由風骨之所以為時人熱捧，在於民國士人的逝去，帶走了一個富於浪漫主義和正義感的時代。經歷了革命與啟蒙的大起大落，穩健的常識已成為知識分子彼此心照不宣的共識：相比「晚歲為詩欠砍頭」的亂世悲戚，我們寧可生活在一個言不由衷的時代，以更大的權力慾望——「吃香的喝辣的，坐飛機住賓館，在主席臺放個屁都有人鼓掌」——和更小的學術追求——「評職稱，報課題，成為學術界大佬」——重新熱愛並容忍這個犬儒主義當道的新世界。[122]

誠哉斯言。舉國話說陳寅恪的年代已然遠去，有關自由主義的言說亦重歸沉默。但正如陳寅恪寫下的詩行：「知我罪我，請俟來世」。看似被抹去的，其實依然積澱在集體無意識深處，一個時代完而不了的焦慮與慾望、期許與抗爭，都將化作「執拗的低音」，隨著時勢變遷而飄零四散，靈根自植，等待著重新破土而出的那天。

---

120 易中天，〈勸君莫談陳寅恪〉，頁226。
121 同上，頁231。
122 同上，頁234。

第三章

左翼的憂鬱

一、世紀末的社會主義

西奧・安哲羅普洛斯（Theo Angelopoulos）的電影《尤利西斯的凝視》（*Ulysses' Gaze*）講述了一個現代奧德修斯的還鄉之旅。九十年代初，一名希臘裔美國導演重歸故里，回到巴爾幹半島，企圖尋找曾經記憶的點滴。當他一路逶迤而行，目之所及均是滿目瘡痍的戰爭廢墟和破碎的社會主義之夢。東歐劇變之後，湧動的民族主義和種族仇恨將昔日繁華富裕的南斯拉夫社會主義共和國推向動亂與分裂。四處瀰漫的失敗情緒使得這段旅途充滿了哀傷與幻滅之感。最讓旅者震驚的是他與國際共運領袖的一場意外邂逅：緩慢悠長的配樂下，一艘駁船載著被肢解的巨型列寧雕像在多瑙河中蜿蜒而上，駛向遠處的茫茫霧靄。列寧的胳膊仍然高舉著，指向遙不可及的烏托邦未來。河畔的路人無一不被這一歷史性的場景所觸動：他們駐足不前，呆呆地凝視著一個時代的退場，有的人甚至跪下祈禱。喀秋莎的旋律伴著蕭瑟的秋風而起，此時此地，旅者陷入了一種無以名狀的憂鬱。

　　安哲羅普洛斯以一種獨特的視覺美學呈現了八九年之後瀰漫於左翼文化圈的挫折與幻滅之感。柏林圍牆的倒塌、蘇聯解體、以及隨之而起的自由化浪潮使得奉革命與反抗為圭臬的激進主義陷入了前所未有的合法性危機。對西方左翼而言，社會主義政權（real existing socialism）的崩塌不僅帶來烏托邦熱情與政治想像力的枯竭，而且暗中瓦解了左翼最為根本的分析框架。在新自由主義甚囂塵上的年代，革命的行動論者懊喪地發現，實踐的主體──無產階級──已服膺於福利國家的糖衣炮彈，不再謀求改變世界。在後現代主義大行其道、解構一切的時尚風潮之下，左翼的歷史進步論早已被新理論的弄潮兒斥為「宏大敘事」的魑魅魍魎而失去了政治能量。更有甚者，馬克思主義政治經濟學批判也因為無法闡釋後福特主義時代下的靈活生產模式而面臨前所未有的範式危機（paradigmatic crisis）。在此危機之下，就連新左老將佩里・安德森（Perry Anderson）亦無奈地承認西方革命大業已日漸式微，不少道上同志陷入自我懷疑，使得失敗的文化哲學（the culture of defeat）瀰漫於左翼文壇。[1]

　　失敗哲學的大行其道迫使不少左翼的信徒改弦易轍，以「懺悔」和「反思」為題否思革命，質疑社會主義作為一種替代性方案的道德合法性和政治可能性。自八十年代初，東歐共產主義國家的反對黨與政治異見者屢屢祭起「市民社會」（civil society）的分析框架，以「無權者的權力」（the power of the

---

1　Perry Anderson, *Considerations on Western Marxism*（New York, NY: Verso, 1976）, pp. 24-48。

powerless）和「反政治」（anti-politics）等口號和姿態揭露史達林主義神話的虛妄。[2] 在歐洲左翼的大本營法國，六八年的「五月風暴」曾經在知識界激起一陣陣意欲改變世界、砸爛資產階級法權國家的激情，如今卻隨著高舉人權、倫理、改良的「新哲學」（New Philosophy）的大行其道而銷聲匿跡了，以至於歷史學家François Furet宣布，自法國大革命以降的雅各賓派傳統（Jacobinism）終於伴隨著「共產主義幻覺的湮滅」（the passing of an illusion）而壽終正寢了。[3] 在大西洋彼岸，雷根經濟奇跡使得美國新保守主義者登堂入室，成為白宮的座上賓。六十年代新左派運動的幾位主將早已不再信奉「三M」（Marx, Marcuse, Mao），轉身回歸體制：或是加入民主黨，或是進入華爾街，或是在大學「忙著寫懺悔錄一類的東西」——總之，成為了他們當年深惡痛絕的權勢精英（the power elite）。[4] 左翼的節節敗退使得雷根—柴契爾主義的信徒大言不慚地宣稱自由市場已成普世價值，並將二十世紀風起雲湧的社會主義革命斥責為「意圖倫理壓倒責任倫理」的盲動主義、「知識分子的鴉

2　Vaclav Havel, "The Power of the Powerless," in *The Power of the Powerless: Citizens Against the State in Central Eastern Europe*, ed. Vaclav Havel（New York, NY: Routledge, 2015）, pp. 23-96.

3　見Julian Bourg, *From Revolution to Ethics: May 1968 and Contemporary French Thought*（Montreal: McGill-Queen's University Press, 2017）; François Furet, *The Passing of an Illusion: The Idea of Communism in the Twentieth Century*（Chicago, IL: The University of Chicago Press, 2000）.

4　程巍，《中產階級的孩子們：60年代與文化領導權》（北京：生活・讀書・新知三聯書店，2006），頁5-6；Todd Gitlin, *The Sixties: Years of Hope, Days of Rage*（London, UK: Bantam Press, 1993）.

片」（the opium of the intellectuals）以及「不成熟的自由主義」
（infantile liberalism）。[5] 誠然，這種「去政治化」的意識形態
解讀以道德主義的姿態把一切罪惡歸咎於革命的「極權主
義」，卻對資本主義內部的種種矛盾語焉不詳。儘管如此，革
命大業的每下愈況已是不爭的事實。回望二十世紀的風風雨
雨，任何左翼的信徒都不得不捫心自問：為何以「平等、自
由、博愛」為理想的社會主義道路竟導致一系列極為慘烈的人
道災難，鑄造了一個又一個的「新階級」？馬克思主義究竟有
沒有為現代社會種種暴政提供理論和實踐上的支撐？

　　無論如何，對於社會主義迷夢的親歷者而言，宣告「歷史的
終結」未免為時過早。回望六十年代全球風起雲湧的激進運動，
左翼的訴求早已不僅僅是一種抽象政治理念，而是浸潤著情緒、
感覺、記憶和慾望在內的、刻骨銘心的生命書寫。正如《尤利西
斯的凝視》中的旅者之所聞所見，烏托邦陷落的陰霾之下，一種
難以言說的憂傷、苦楚和自怨自艾之情縈繞在左翼知識人的心
頭。這種難以自拔的缺憾和空虛正是西格蒙德・佛洛依德
（Sigmund Freud）所描述的「憂鬱症」之情狀（melancholia）。
在〈傷悼與憂鬱症〉（Mourning and Melancholia）一文中，佛洛
依德認為傷悼和憂鬱都是由愛慾對象的喪失而觸發。然而，傷悼
之人可以通過一系列的儀式（譬如葬禮）來排遣其傷婉情懷，最

5　見Tony Judt, *The Burden of Responsibility*（Chicago, IL: University of Chicago Press, 1998）；Raymond Aron, *The Opium of the Intellectuals*（New York, NY: Routledge, 2001）；Richard Wolin, *The Wind From the East: French Intellectuals, the Cultural Revolution, and the Legacy of the 1960s*（Princeton, NJ: Princeton University Press, 2017）.

終告別往昔，回歸常態。相反，憂鬱之人整日陷於對已逝伊人的懷戀之中而不可自拔，導致一系列的抑鬱、空虛和自我貶損。[6] 美國學者溫蒂·布朗（Wendy Brown）則更進一步用「左派的憂鬱症」（Left Melancholia）一詞來描述共產革命在西方一挫再挫所引發的顧影自憐之病症。 在布朗看來，東歐社會主義政權土崩瓦解之後，新右翼和市場原教旨主義捲土重來，大有將福利國家與工人運動掃入歷史塵埃之勢。值此危急存亡之際，左翼的遺老遺少們在氣質、政治姿態和理論語言上仍徜徉在「馬、恩、列、毛」的紅色年代，只能通過頑固的、懷舊的、自戀式的自我沉溺來守護破碎的政治理想。這一偏執症將不可避免地帶來政治癱瘓，正如布朗所言：「我們迷戀我們左派的激情和理智，固守我們過時的分析方式和信仰，卻放棄了現存的世界和未來的可能性。」[7] 毫無疑問，經典馬克思主義引導革命者想像美好的社會主義未來，而不是黃金古代。革命祖師曾如此教導我們：「社會革命不能從過去，而只能從未來汲取自己的詩情。」[8] 當革命的遺民放棄「改變世界」的行動哲學，退

6　見 Sigmund Freud, "Mourning and Melancholia," in *The Standard Edition of the Complete Psychological Works of Sigmund Freud, Volume XIV, (1914-1916): On the History of the Psycho-Analytic Movement, Papers on Metapsychology and Other Works*（London, UK: The Hogarth Press and the Institute of Psychoanalysis, 1957）, pp. 237-258.

7　見 Wendy Brown, "Resisting Left Melancholia," in *Loss: The Politics of Mourning*, ed. David L. Eng and David Kazanjian（Berkeley, CA: University of California Press, 2003）, p. 460.

8　Karl Marx, *The Eighteenth Brumaire of Louis Bonaparte*（New York, NY: International Publishers, 1994）, p. 18.

入書齋，整日傷春悲秋，左派的旗幟不再有攝人心魄的號召力。

　　布朗「抵抗憂鬱症」的呼籲自有其苦心孤詣之處。然而我們不禁要問：為何憂鬱這一頗具小資產階級文藝色彩的情狀會成為二十世紀左翼理論家津津樂道、爭論不休的話題？回首馬克思主義革命在二十世紀的旅程，失敗和挫折總是如影隨形。唯其如此，左翼的男男女女深陷理想與幻滅的兩難，在痛斥革命傷感主義之際卻又無可救藥地墮入憂鬱的革命美學——正可謂愈要革命，愈發憂鬱，愈是想擺脫憂鬱，愈發革命。不必說葛蘭西（Antonio Gramsci）身陷囹圄時以「智識上的悲觀主義、意志上的樂觀主義」（Pessimism of the intellect, optimism of the will）自勉，以文化霸權為綱重塑馬克思主義的思想系譜。也不必說華特・班雅明在批判威瑪德國左翼的投降主義的同時，卻對巴洛克時代悲苦劇（German Trauerspiel）中的憂鬱美學心馳神往，力圖在沉默不語的憂傷中發掘救贖的隱秘可能。更不必說阿多諾的「否定的辯證法」（Negative Dialectics）中暗藏玄機，其放棄革命實踐（Resignation）的宣言並非意在肆意宣洩無能為力之感，而是在自我坎陷中重啟更為激進的理論姿態。 由此可見，憂鬱體現在左翼思考的肌理之中，將沉溺化為一種自省，將難以割捨的愛慾化為一種隱晦的執念，在納粹禍亂歐洲、世界大戰與美蘇爭霸此起彼伏、千萬人流離失所的災難年代，在革命已經蛻變腐化的曖昧不明的時空裡，執著地搜尋、捕獲和闡明人類解放的微弱的可能性。

　　為了進一步闡釋左派的憂鬱症所孕育的美學和政治潛能，本文將視野聚焦於當代華語語境，以大陸和台灣文學為樣本討

論亞洲左翼革命與憂鬱症之間剪不斷、理還亂的糾纏關係。如果說當代西方左翼的歷史經驗與革命意識根植於六十年代席捲資本主義世界的青年造反運動，亞洲左翼的革命情懷則多半源於毛澤東的文化大革命。[9] 毛主義試圖在蘇聯社會主義模式與歐美資本主義之外構築一種另類的現代性道路，其中包括大眾民主實踐、繼續革命的軍事鬥爭策略、以及反帝反殖民的國際共運視野。這一切都曾經給六十年代的亞洲左翼的鬥爭（尤其是深陷西方殖民霸權、種族壓迫以及軍事獨裁的東南亞地區）帶來思想靈感和理論武器。八十年代初，隨著中國終止「輸出革命」的路線方針以及接踵而至的社會主義轉型危機，左翼烏托邦主義的光環日漸消散。大陸新啟蒙知識分子不約而同地批判文革暴力，徹底否定激進主義，進而在華語世界的左翼知識群體中產生持續的震蕩。在汪暉看來，當代思想界對亞洲六十年代革命的持續否定凸顯新自由主義召喚的「去政治化的政治」，其具體表現為「工農階級主體性的取消、國家及其主權形態的轉變和政黨政治的衰落」。[10] 即便如此，九十年代市場化進程帶來的種種文化社會危機——價值混亂、工人下崗、以及制度性腐敗——使得不少知識分子把目光再度投向毛澤東時代未盡的理想，試圖尋找讓革命重新「綻出」的可能。

　　左翼的憂鬱症如何與後革命時代的亞洲發生關聯？我認

9　關於六十年代世界革命對西方新左派的影響，見Terry H. Anderson, *The Movement and the Sixties*（Oxford, UK: Oxford University Press, 1996）; Kristin Ross, *May' 68 and Its Afterlives*（Chicago, IL: University of Chicago Press, 2002）.

10　汪暉，《去政治化的政治》，頁2。

為，現存關於左翼的憂鬱症之討論大多局限於描繪身處資本主義世界的西方知識分子由於替代性方案（alternative modernity）崩塌所引發的失落與焦慮，[11] 而我的論述則強調親身經歷和實踐革命的兩岸知識人如何銘記、眷戀和喚醒革命的情感結構。如果當代中國大陸亦有「左翼的憂鬱」一說，則憂鬱的根源則來自社會主義市場經濟轉型的切膚之痛：兩個「三十年」之間的相互糾纏，革命慾望的沉淪與逃逸，市場年代的蕪雜亂象，以及工人階層和無產者的憤怒與困惑。親歷革命的滄桑與政治的千迴百轉，不少作家回眸紅色年代的青春年華，在歷史的終結處再度出發，以延續革命原初的本能動力。與此同時，左翼在後戒嚴時代的台灣則面臨著截然不同的處境。民主化進程不

11　蘇聯解體之後，西方左翼對於「替代性方案」的激烈討論旨在回應和反抗法蘭西斯・福山提出的「歷史終結論」：當以蘇聯為樣本的社會主義政權陷落之後，有沒有可能突破全球資本主義所彰顯的主流現代化道路，尋找另一種可能？正如Michael Hardt和Antonio Negri的暢銷書《帝國》所揭示，當代左翼思考的根本病症在於資本主義自由民主制已遍布全球各地，致使左翼無法尋找一個外在於資本主義體制的批判性制高點，來揭露資本的陰暗面。我認為，西方左翼這種尋找「外部視野」以批判西方體制的理路很容易陷入對第三世界革命的東方主義浪漫幻想。從六十年代美國新左派知識分子對文化大革命的接受史便可以看出，毛澤東的烏托邦作為一個想像的他者，雖然為美國左派提供了一個激進的批判性方案來抨擊西方資本主義的文化與政治病症，然而毛主義在西方語境裡呈現出的批判潛能卻恰恰基於西方激進分子對於文革真實情況所知甚少。見Hardt and Negri, *Empire*（Cambridge, MA: Harvard University Press, 2001）；關於文革對於美國左翼知識分子的影響的研究，見Fabio Lanza, *The End of Concern: Maoist China, Activism and Asian Studies*（Durham, NC: Duke University Press, 2017）；對全球語境下毛主義的研究，見Julia Lovell, *Maoism: A Global History*（New York, NY: Vintage, 2020）。

僅使得多重族群與多元文化意識浮出水面，還將國族認同、獨統之爭以及「本省人」與「外省人」的身分等問題從幕後推到臺前。在這個邊緣解構中心、身分政治大行其道的世界裡，老一輩台共產黨人以一己之力與戒嚴時代的反共大潮相抗的慷慨悲歌則顯得格外的不合時宜，且多被冠以「統派先鋒」之稱號。我們不禁要問：在資本主義以復仇的激情橫掃大街小巷的新時期，回首疾風驟雨年代的暴力、動亂和顛沛流離，為什麼革命仍然是必要的堅持？

　　本文藉台灣左翼作家陳映真（1937-2016）與上海作家王安憶（1954-）之間關於社會主義的文學和思想對話，勾畫八、九十年代左翼徘徊於放棄與不屈之間的兩難。不同於布朗的論述，我認為傷悼並非導向政治癱瘓，而是在失卻了革命合法性和人類解放之確定性之後，以「哀而不傷」的情態與執念尋找激活左翼精神的路徑和希望。陳映真早期寫作以勾勒「市鎮小知識分子」的傷婉情懷著稱。在大陸的文革「墮落」之後，他的社會主義理念竟愈發堅定，轉而以現實主義的筆觸描繪台灣革命者的壯美悲歌。陳映真的烏托邦理念進而深刻地影響了王安憶九十年代以來的創作。從《紀實與虛構》（1993）到《烏托邦詩篇》（1993）再到《憂傷的年代》（1998）以及近作《一把刀，千个字》（2020），王安憶筆下的父輩知識分子與文人因實踐革命而犧牲奉獻，然而上一代人所信奉的崇高理想卻和「知青」一代的追名逐利、沉溺物質、嚮往歐風美雨的人生哲學格格不入。對兩位作家而言，雖然彌賽亞式的（messianic）政治革命已然失敗，但是革命的彌賽亞性（messianicity）並未失落，因此憂鬱的左翼知識人得以文學為

載體演繹詩學正義的可能性。

　　陳映真和王安憶的慷慨悲歌引發我們重新理解「憂鬱」之豐富歷史和藝術內涵之必要。西方語境下的憂鬱（melancholy）可以追溯至古希臘的四體液學說（Humoral theory）。根據這種醫學理論，當人體內調節情緒的黑膽汁分泌失衡，患者便會陷入一種陰沉、怨怒的失常情狀。[12] 中世紀以降，基督神學將憂鬱症視為撒旦附體、遭受天譴的不祥之兆，由此將憂鬱症患者描繪為墮落之人。到了文藝復興時期，隨著米開朗基羅、達文西和牛頓等一大批極富憂鬱氣質的哲人、藝術家和科學家的湧現，憂鬱開始被認為是天才的象徵。歐洲上層社會流傳著這樣的美學意像：沉思之人必是愁容滿面，少言寡語，衣衫襤褸甚至狀若瘋狂。且看莎翁筆下的憂鬱王子哈姆雷特：身負血海深仇，歷經世人的譏諷和情愛幻滅的苦楚，性情脆弱精神失常，卻時時刻刻思考著「To be or not to be」這樣震撼靈魂的問題。最後，十九世紀的科學發展帶來了憂鬱的病理學闡釋。臨床醫學的誕生使得醫生能夠以實驗的方法細緻地考察憂鬱症患者的各種異常症狀，並將憂鬱與抑鬱、瘋癲等精神疾病聯繫在一起，這才有了佛洛依德對憂鬱症的病理剖析。

　　如果憂鬱在西方歷史上是一個隨著時間流變而不斷遊移、延展的概念，那麼「憂」的傳統在儒家文化中同樣是一項歷久彌新的話題。從詞源學上來看，中國古典文學敘述多半將「憂」和「鬱」拆開使用。「鬱」本是形聲詞，有「積聚、凝

12　對古希臘醫學理論與憂鬱症關係的梳理，見David L. Eng and David Kazanjian, "Mourning Remains," in *Loss: The Politics of Mourning*, pp. 1-28.

滯、繁盛」之意：譬如《詩經・秦風・晨風》中有「鴥彼晨
風，鬱彼北林」一說。除了形容林木繁盛，「鬱」還可寓指
（負面）情緒的積聚。例如，《楚辭・劉向・九嘆・憂苦》以
鬱抒發作者怨憤的凝滯：「願假簧以舒憂兮，志紆鬱其難
釋。」與此同時，「憂」亦在《詩》三百篇中頻頻出現，表達
因離別、社會不公、自身不幸或者國破家亡所引發的惆悵之
情。比較文學學者樂黛雲總結了「憂」的幾種用法：（1）傾訴
離愁別虛、思念之苦，譬如《秦風・晨風》中的「未見君子，
憂心靡樂」；（2）因憂國憂民而引發的內心痛苦，如《王風・
黍离》中為宗周之顛覆而抒發的彷徨淒楚：「知我者謂我心
憂，不知我者謂我何求」；（3）因人生白駒過隙而引發的朝生
夕死之悲切，如《曹風・蜉蝣》中的「蜉蝣之羽，衣裳楚楚，
心之憂矣，于我歸處」。13 憂鬱二字所囊括的豐富美學和文學
意蘊可見一斑。

　　耐人尋思的是，與西方憂鬱論述所折射的神學—病理學闡
釋不同，儒家道德理想主義讚頌憂患意識，將「憂」看做是積

13　有學者認為憂鬱的概念是徹徹底底的舶來詞，隨著清末民初歐風美雨的大
　　潮由西方通過日本傳來。德國漢學家顧彬（Wolfgang Kubin）便認為，魯
　　迅小說裡面的抑鬱情緒來自歐洲宗教觀裡的憂鬱話語。不可否認，對憂鬱
　　的病理學闡釋源自現代西方心理學，但是單憑這點便認為現代中國文學中
　　的憂鬱毫無本土文化根源，未免過於武斷。見Wolfgang Kubin,
　　"Introduction," in *Symbols of Anguish: In Search of Melancholy in China*, ed.
　　Wolfgang Kubin（New York, NY: Peter Lang, 2001），pp. 7-16；對憂鬱的細
　　緻的詞源學考察，見樂黛雲，〈憂鬱──中國視野〉，《同行在未名湖畔
　　的兩隻小鳥：湯一介、樂黛雲隨筆》（西安：太白文藝出版社，2005），
　　頁305-310。

極的政治倫理和君子品格。從憂君憂國到憂道憂民，士大夫的憂患意識表現為一種居安思危和危機意識和時代使命感。[14] 現代新儒家將儒學思想的起源歸結為一種非宗教的、充滿人文精神躍動的憂患意識之覺醒。徐復觀便從周人之憂中悟得一種道德責任的自覺：「憂患意識，不同於作為原始宗教動機的恐怖、絕望……乃人類精神開始直接對事物發生責任感的表現，也即是精神上開始有了人的自覺的表現」。[15] 不同於原始宗教對神秘上蒼的恐懼和對命運無常的絕望之感，儒家憂患意識強調人的主體意識：正是因為現世主義傳統下的凡人拒斥上天垂憐，需要擔負起悲憫天地的情懷與拯救蒼生的職責，故而由力不從心而產生的抑鬱之感才會如影隨形。牟宗三則進一步闡述了儒家「悲憫」情懷的積極道德價值：「儒家由悲憫之情而言積極的、入世的參贊天地的化育。『致中和』就是為了使『天地位』，使『萬物育』。儒家的悲憫，相當於佛教的大悲心和耶教的愛，三者同為一種宇宙的悲情（Cosmic feeling）」。[16]

---

14 見馮天瑜，〈從元典的憂患意識到近代救亡思潮〉，《歷史研究》，1994年第2期，頁109-117。

15 徐復觀，《中國人性論史：先秦篇》，（上海：上海三聯書店，2001），頁18-29。

16 現代新儒家將憂患意識闡釋為一種優於西洋宗教的觀點，近來受到不少質疑。例如，唐文明借尼采和韋伯的宗教理論，指出古人的憂患意識源自于害怕懲罰、敬畏上蒼的心理，仍然屬於原始宗教性情的範疇。在唐氏看來，牟宗三為了印證儒家道德傳統和康德之道德絕對律令之間的親和性，刻意牽強附會，淡化儒家畏天命的理念。見牟宗三，《中國哲學的特質》（上海：上海古籍出版社，1997），頁12-16；唐文明，《隱秘的顛覆：牟宗三、康德與原始儒家》（北京：生活・讀書・新知三聯書店，2012），頁5-31。

毫無疑問，對天下蒼生的憂患之情與儒家士大夫兼濟天下的胸懷息息相關。歸根結底，憂是由於儒家所追求自身和社會的道德完善的理想與現實政治格格不入而產生的存在主義式的焦慮。范仲淹所言「先天下之憂而憂，後天下之樂而樂」無疑是這一憂國憂民情懷的經典寫照。無論是「居廟堂之高」還是「處江湖之遠」，士人無時無刻不心繫儒家的道德理想和天下情懷，因此往往陷入一種揮之不去、無法排解的憂鬱。

　　本章將詳述，陳映真和王安憶的憂鬱美學，如何既延續儒家傳統的憂患意識，又回應西方左翼關於革命終結的反思與哀歎。我們目前關於當代中國後革命敘述的研究，多半取法於「社會主義懷舊」（socialist nostalgia）這一範式，從而忽略了憂鬱與懷舊之間細緻入微的差別。在《懷舊的未來》中，Svetlana Boym 認為修復型的懷舊（Restorative nostalgia）具有一種烏托邦維度，通過構建田園牧歌式的美好過去來表達一種精神寄託。Boym的懷舊理論以後共產主義時代的俄國知識文化界為對象：史達林時代無孔不入的極權統治早已蕩然無存，然而葉爾辛治下腐敗叢生、民怨沸騰，極端民族主義勢力抬頭，使得本已飄零散落的社會主義往昔竟成黃金年代。歲月的濾鏡抹去了政治清洗的暴虐不堪，記憶裡留下的是動人雄渾的革命歌謠、甜蜜憂傷的青春、以及體制所帶來的安全感和歸屬感。唯其如此，戀舊之人極易以浪漫的私人記憶替換民族國家的歷史，從而對苦難和暴力視而不見。[17] 因此，白傑明（Geremie

---

17　需要指出的是，Boym筆下的socialist nostalgia 僅限於俄國語境，並未觸及東歐各國知識分子對社會主義往昔更加複雜的、自相矛盾的情緒。在曾經

Barmé）認為九十年代方興未艾的「毛澤東熱」是一種「極權主義的懷舊」（totalitarian nostalgia）：對毛時代的懷戀固然彰顯了大眾對市場經濟治下政治腐敗和社會不平等的不滿，然而其思想內核是對政治強人的頂禮膜拜和對歷史陰暗面的漠視。白傑明有如下按語：「對於許多（鄧小平時代的）中國老百姓而言，毛澤東代表了一個充滿確定性、洋溢著文化自信和政治團結、人人平等且毫無腐敗的年代」。[18] 九十年代伊始，不僅毛澤東崇拜魂兮歸來，紅色年代的記憶也紛湧而出，經過文化產業的加工和包裝，人們一遍又一遍地重溫革命年代的人與物，並透過紅色歌謠、老照片、主旋律影片以及「戲說歷史」的暢銷書籍隱晦地表達對社會主義烏托邦「剪不斷、理還亂」的心緒。[19] 我認為，後社會主義的文化懷舊之複雜多姿，絕非僅僅源於對強人政治的追憶。與「極權主義的懷舊」相反，憂鬱視角下的革命歷史並非田園牧歌式的黃金年代：過去代表著災難、失敗和挫折，而非任何文明的豐碑和歷史的功績。憂鬱之人可能會陷入自閉、抑鬱或是精神失常的狀態，但很少陷入政

被蘇聯粗暴入侵、干涉內政的匈牙利和波蘭，共產主義和異族壓迫的歷史記憶糾纏在一起，因此少有知識分子會美化蘇聯強加於身的極權體制。以匈牙利為例，冷戰結束後關於社會主義記憶的討論集中在「布拉格之春」：在不少匈牙利知識分子看來，被蘇軍坦克碾壓的納吉改革不啻於社會主義迷夢的終結，六八年之後的歷史敘事因此側重於民族解放鬥爭而非共產主義的成敗。Svetlana Boym, *The Future of Nostalgia*（New York, NY: Basic Books, 2002）, p. xviii.

18 Geremie Barmé, "Totalitarian Nostalgia," in *In the Red: On Contemporary Chinese Culture*（New York, NY: Columbia University Press, 2000）, p. 321.

19 關於毛澤東崇拜復興的研究，見Barme, *Shades of Mao: The Posthumous Cult of the Great Leader*（New York, NY: M. E. Sharpe, 1996）.

治狂熱，或是為革命領袖招魂。這種對於過去若即若離、欲說還休乃至晦暗不明的態度正是左翼的憂鬱症的重要表徵。

　　唯其如此，本章提議在懷舊範式之外，憂鬱更能代表華語作家和革命之間的繁複迂迴，身處「吶喊」與「彷徨」之間的兩難。餘下分為三個部分：首先我將解讀陳映真的創作歷程放在台灣左翼的曲折歷史中考察，著重分析「市鎮小知識分子」這一關鍵文學典型和五四左翼文學中「憂鬱的知識人」的形象的歷史關聯性。其次，我將討論陳映真和王安憶關於中國革命的爭論，並考察陳映真的烏托邦社會主義理念如何深刻地影響了王安憶九十年代的文學創作。在結語部分，我將簡略勾勒近年來在大陸知識和文化界愈演愈烈的革命敘事，並聯繫西方（後）馬克思主義的爭鳴，以討論中國當代文學如何回應全球語境下的左翼回潮。

二、市鎮小知識分子

　　1975年7月，陳映真因蔣介石去世百日忌獲特赦出獄，旋即以許南村為筆名發表〈試論陳映真〉一文，真摯地回首自己的創作道路。這篇自我剖析將過去數十載的文學生涯分為兩個階段：從1959年到1965年，陳映真在白色恐怖的茫茫夜霧之下孤獨地思考革命的出路，這一時期的作品因而顯得「憂鬱、感傷、蒼白而苦悶」，投射著戒嚴時期左翼叛逆青年的顧影自憐。正如趙剛所言，這是一個「沒有同志、沒有組織、沒有任

何社會內部支持以及國際主義遠處支撐的孤獨思考者」。[20] 於是乎，無論是〈故鄉〉裡的空想主義者哥哥還是〈將軍族〉裡飽受欺凌的卑微小人物，都徘徊在破敗的革命前景和個人生存的困境間，尋尋覓覓，難有出路。從1965年起，隨著全球左翼運動的風起雲湧，受到馬列主義信仰熏陶的陳映真開始自覺地拒斥早期作品的感傷情緒，用「冷靜的、現實主義的分析取代了煽情的、浪漫主義的發抒」。1968年，陳映真便因為組織禁書討論會遭人出賣，被捕入獄，在監獄裡度過了七年光陰。身陷囹圄的陳卻因機緣巧合得以結識一批五十年代便被關押的台共志士，由此產生否思過去傷感主義文學風格的念頭。在經歷了牢獄之災的陳氏看來，青年時期在政治行動上的軟弱和信仰上的虛無主義源自「市鎮小知識分子」的階級出身：

> 在現代社會層級結構中，一個市鎮小知識分子是處於一種中間的地位。當景氣良好，出路很多的時候，這些小知識分子很容易向上爬升，從社會的上層得到不薄的利益。但當社會的景氣阻滯，出路很少的時候，他們不得不向著社會的下層淪落。於是當其升進之路順暢，則意氣昂揚，神采飛舞；而當其向下淪落，則又顯得沮喪、悲憤和彷徨。[21]

20　見趙剛，〈頡頏於星空與大地之間——左翼青年陳映真對理想主義與性／兩性問題的反思〉，《求索：陳映真的文學之路》（台北：聯經出版公司，2011）頁44。

21　陳映真，〈試論陳映真〉，《陳映真文選》（北京：生活・讀書・新知三聯書店，2009），第3頁。

　　不少批評家把這段文字看作是一位披堅執銳、涅槃重生的左翼戰士的「自我宣言」，預示著陳映真自我揚棄、返璞歸真、徹底轉向共產主義信仰的標誌性文本。在呼之欲出的政治信仰之外，「市鎮小知識分子」不啻於陳映真對自身成長經歷的真實寫照。從少年時期開始，他便出於政治上的苦悶和知識上的狂熱，開始耽讀魯迅、巴金、老舍和茅盾的著作。五、六十年代的台灣，籠罩在白色恐怖的血腥鎮壓反共偵探的壓抑氣氛中。經歷了胞弟夭亡、養父過世和家道中落的陳氏，坦言其「年輕的心中充滿著激憤、焦慮和孤獨」。這種暗淡的生活所帶來的挫折、迷茫和無所適從之感迫使他如痴如醉地閱讀馬克思主義的讀物，包括艾思奇的《大眾哲學》、史諾《中國的紅星》以及毛澤東的小冊子。即便如此，火熱的革命信仰卻難以排遣縈繞心頭的契訶夫式的憂鬱。〈試論〉一文中指出，這大抵是因為青年懵懂的陳映真缺乏科學的馬克思主義階級分析方法：「不曾懂得把家庭的、個人的沉落，同自己國家的、民族的沉落聯繫起來看」，而局限於「一味凝視著孤立底個人的……脆弱而又小小的心」，其結果是「退縮、逃避和放逐自我。」[22] 失卻了堅定的馬列信仰，市鎮小知識分子的感傷情緒在政治上表現為一種空想主義，以至於「在行動上的猶豫、無力和苦悶」。即便他們有著改變世界的熱情，卻因自身階級存在的沒落和無所適從，導致了知與行之間的二律背反，終究逃不出「自我破滅的慘苦的悲哀」。最後，陳得出結論：「市鎮小知識分子的唯一救贖之道，便是在介入的實踐行程中，艱苦

22　同上，頁4。

地做自我的革新，同他們無限依戀的舊世界作毅然的決絕。」[23]

陳映真筆下憂鬱的「市鎮小知識分子」的文化形象根植於五四新文學。現代中國所經歷的「三千年未有之變局」，使得前文所述的儒家憂鬱觀呈現出更為複雜的面貌。一方面，隨著西方心理學的傳入，憂鬱的醫學闡釋進入五四一代學人的視野，憂鬱（melancholy）的美學和倫理學逐漸被關於憂鬱症（melancholia）的病理學闡釋所替代。[24] 另一方面，中國文化的危機再度激活儒家傳統的憂患意識，使得「感時憂國」成為五四文學的核心思想意蘊。在夏志清看來，清末民初的種種社會亂象與政治黑暗與新文化運動所憧憬的現代性格格不入，是故五四文學具有一種濃郁的道德使命感和救國情懷：「現代的中國作家……非常感懷中國的問題，無情地刻畫國內的黑暗和腐敗」。[25] 面對強敵環伺、國難方殷的時局，五四新文學瀰漫著挫折、失敗和幻滅感。這兩種傳統交織之下，由國家民族之衰亡而生的切膚之痛往往表現為心理層面的抑鬱和精神失常。

---

23 同上，頁7。
24 關於精神分析／心理學在二十世紀中國的傳播，見Wendy Larson, *From Ah Q to Lei Feng: Freud and Revolutionary Spirit in 20th Century China*（Stanford, CA: Stanford University Press, 2009）; Xiao Tie, *Revolutionary Waves: The Crowd in Modern China*（Cambridge, MA: Harvard University Press, 2017）, pp. 11-14.
25 受到新批評傳統的影響，夏氏認為五四新文學因過於感時憂國而缺乏普世情懷，因此無法超越民族國家的界限來「探索現代文明的病源」，這種姑息的心理慢慢演化為「一種狹隘的愛國主義」。由此可見，夏氏認為儒家「憂」的傳統反而成為阻止中國作家擁抱世界性關懷的桎梏。夏志清，〈現代中國文學感時憂國的精神〉，《中國現代小說史》，劉紹銘等譯，（香港：香港中文大學出版社，2001），頁391。

這種文化風潮典型的代表人物之一便是郁達夫（1896-1945）。
郁達夫筆下的主人公多半是流落異國的落魄學子，性情乖僻，
作息紊亂，不時躁狂發作，其抑鬱的原因多半是由於國家前途
未卜且救國無方而產生的沮喪之感。其代表作《沉淪》以自身
經歷為藍本，講述了一個旅日青年如何因為性苦悶和民族屈辱
而發狂自殺的故事。小說的主人公由於民族自卑情節引發嚴重
的精神紊亂，在經歷了接二連三的性挫折之後整日沉溺於窺陰
癖和閹割焦慮而不能自拔。郁達夫在回憶創作初衷的時候說：
「《沉淪》是描寫著一個病的青年的心理，也可以說是青年憂
鬱病Hypochondria的解剖，裡邊也帶著敘著現代人的苦悶——便
是性的要求與靈肉的衝突。」[26]。無法排遣的力比多與落後民族
身分的羞恥感相互交織，強化了主人公敏感、多疑、易怒的憂
鬱症候：「眼看到故國的陸沉，身受到異鄉的屈辱……沒有一
處不是憂傷，同初喪了夫主的少婦一般，毫無力氣，毫無勇
毅，哀哀切切，悲鳴出來的……」[27]。由此可見，郁達夫在儒家
士大夫的感時憂國精神（melancholy）和佛洛依德式的憂鬱症
（melancholia）之間徘徊，形成了一種帶有強烈頹廢主義色彩
的美學風格。[28]

26　郁達夫，《郁達夫全集》（第五卷）（杭州：浙江文藝出版社，1999），
　　頁20。

27　郁達夫，〈懺余獨白〉，《郁達夫小說全編》（杭州：浙江文藝出版社，
　　1990），頁832。

28　史書美認為，郁達夫是西洋頹廢主義美學最早的踐行者，其短篇小說使得
　　「頹廢」（decadence）成為流行詞彙。見史書美著，何恬譯，《現代的誘
　　惑：書寫半殖民地中國的現代主義》（南京：江蘇人民出版社，2007），
　　頁130。

　　郁達夫筆下的頹廢抑鬱告訴我們，憂鬱情懷雖然承載著批判社會壓迫的功能，卻因其自怨自艾、自我逃避的情感特質而不斷遭到左翼作家的非難。革命文學所強調的，並非是沉湎於個人的情慾或是以耽美的視角將生活中的苦悶美學化，而是在各種進步的「主義」和政治綱領的指引下，將個人心理層面的抑鬱不得志轉化為集體、政黨、乃至人類解放等宏圖偉業而獻身的源動力。[29] 這種被王汎森稱為「轉喻」的將個人與社會緊密結合的情感內驅力，集中體現在馬克思主義進步史觀對於五四一代左翼青年的強大號召力之中。[30] 漢娜・鄂蘭在《論革命》中斷言，馬克思的實踐論企圖將柏拉圖以降的西方兩大思想傳統——靜觀的人生（vita contemplativa）和行動的人生（vita activa）合二為一，以改變現實作為革命政治的根本訴求。這種訴諸行動、介入政治的焦灼之感，席捲了1927年大革命失敗之後的左翼文壇。國共合作破裂後，創造社和太陽社諸人將革命分崩離析的原因歸咎於小資產階級文人的「劣根性」。成仿吾認為：「浪漫主義和傷感主義都是小資產階級特有的根性」，而作為小資產階級的一員，知識階層尤其以「躊躇不決、無行動力、無責任感」而臭名昭著。[31] 面對革命挫敗

29　關於「主義」在現代中國的興起，見王汎森，〈「主義」時代的來臨——中國近代思想史的一個關鍵發展〉，《思想是生活的一種方式》（台北：聯經出版公司，2017），頁165-250。

30　王汎森，〈「煩悶」的本質是什麼——近代思想中的「自我」與「政治」〉，《思想是生活的一種方式》，頁113-164。

31　見張廣海，〈小資產階級原罪意識的誕生、規訓與救贖——論大革命後左翼知識分子自我認知機制的轉型〉．《文藝理論研究》，2012年第4期，頁30。

所導致的思想混亂和失敗主義情緒，潘梓年便指出：「我們現在所需要的就是能立在歷史所指示的立場上去觀察事實，構成文藝，用以指引大眾的迷惘苦悶，把他們的情緒組織起來，覺醒出一個明確的意識，跟著歷史的指示去跑路。」[32] 三十年代以降，隨著國共鬥爭的激烈展開和民族危機的加深，左翼文化運動迅速壯大，各式「血淚文學」、「普羅文學」、「寫實主義」、「革命文學」蔚為風潮。革命者為憂鬱症開出的藥方是摒棄小資產階級的傷春悲秋，將個人的苦悶解釋為階級和社會的壓迫，從「自我的解放」走向「階級的解放」和「國家的解放」，最後導向社會主義的信仰。[33]

　　革命文學的號召固然激盪人心，卻不免有將文藝化約為意識形態傳聲筒的的嫌疑。每當革命失敗、左翼政治面臨危機之際，晦暗不明的歷史突然偏離了「主義」指明的康莊大道，無法提供「轉喻」無名混亂、挫折和煩悶的政治劇本，不少左翼知識分子便不得不選擇退回個人的世界，以憂鬱的自我書寫來抒發政治的失意。 由此，從魯迅筆下踽踽獨行的苦悶五四青年魏連殳到茅盾小說裡徘徊於絕望與渴望的靜，再到瞿秋白自述中的脆弱文人，左翼文學敘述中頻頻出現「憂鬱的知識人」（The melancholic intellectual）這樣的典型人物：一位出身落寞官宦家庭的小鎮青年，依仗著親人的資助受了基本的文學教育，便開始幻想在文學、媒體乃至政治的世界中有所建樹。這

32　潘梓年，〈到了東京的茅盾〉，《認識》第1期，1929年1月。
33　關於對從五四文學到革命文學轉向的談論，見程凱，《革命的張力》（北京：北京大學出版社，2014）。

位青年有著契訶夫式的憂鬱，對左翼政治的天真熱情中夾雜了
對普羅大眾的惻隱之心。但他始終無法分清自己的政治情懷究
竟是出於對革命理念的信仰還是出於對摧枯拉朽的政治號召的
一種美學式的心醉神迷。當這位青年被時代浪潮裏挾，捲入革
命之後，便無時無刻不陷入沮喪和憂鬱。他的小資產階級情
調、對文學藝術性的堅持和搖擺不定的政治姿態無一不讓他那
些殺伐果斷的革命同道心懷疑慮。從知識社會學的角度來看，
「市鎮小知識分子」的心理特質的形成離不開過渡時代士人階
層的衰落。學者羅志田曾以「權勢的轉移」為題，指出晚清民
國影響最大的階層轉型便是四民社會的解體和知識分子的邊緣
化。[34] 頻繁的戰亂、凋敝的民生、城鄉分野、以及商賈、盜匪
和軍閥的崛起使得一大批知識人墮入貧困，成為瞿秋白自述中
「破產的士的階層」：「這一最畸形的社會地位，瀕於破產死
滅的一種病的狀態……於是痛，苦，愁，慘，與我生以俱
來。」[35] 舊式的家傳耕讀制度的崩潰使得傳統士人湧入城市隨
波逐流，跌入波西米亞式的流浪知識階層。然而，投身於新式
革命政黨和「主義」的「有機知識分子」（organic intellectual）[36]

34　羅志田，《權勢轉移：近代中國的思想與社會》（修訂版）（北京：北京
　　師範大學出版社，2014），頁109-179；「現代中國知識分子的邊緣化」這
　　一提法最早出自余英時，見氏著，〈中國知識分子的邊緣化〉，《中國文
　　化與現代變遷》（台北：三民書局，1992），頁33-50。

35　瞿秋白，《餓鄉紀程》（武漢：岳麓書社，2000），頁3-5。

36　這裡我引用了葛蘭西所提出的關於革命知識分子的理論。在葛蘭西看來，
　　傳統知識分子具有波西米亞的特質：在不同階層之間游移且居無定所。為
　　了爭取文化霸權的勝利，葛蘭西呼喚一種新型的政黨有機知識分子的出
　　場。這種批判知識分子立足無產階級，和人民大眾、政黨有機結合，以擴

卻不滿士人的依附狀態，頻頻留戀於「紳士和遊民式的情感」，最終墮入「頹廢的、脆弱的、浪漫的，甚至狂妄的」二元人物。[37]

　　因此我們不難理解，為何魯迅的「吶喊」總是伴隨著不合時宜的「彷徨」。在《吶喊‧自序》中，魯迅直言自己並非「振臂一呼應者雲集」的文壇領袖，而是「置身毫無邊際的荒原，無可措手」的獨行使徒，被寂寞的毒蛇「纏住了靈魂」，雖然迫於「聽將令」而以曲筆呼喚啟蒙，卻無時無刻不感覺到希望的荒誕無稽。放眼望去，他的文學世界里少見「引刀成一快，不負少年頭」的慷慨悲歌之士，卻充滿了消沉、挫敗、頹廢的青年：落魄的士人孔乙己、因肺癆而奄奄待斃的華小栓、以及啟蒙之夢破碎的五四青年魏連殳。在學者汪暉看來，魯迅這種悖論式的自省風格並非渲染一種悲觀主義基調，而是體現了作者身為「歷史中間物」所深切感受的文化革新的深刻複雜性和矛盾性。[38] 創作與其說是魯迅渴求革命的姿態，不如說是一種把握革命的諸多悖論——希望與絕望、反抗與屈服、銘記與遺忘——的存在主義的態度。這種自相矛盾的曖昧心態，同樣體現在瞿秋白身上。《多餘的話》開篇便以「知我者，謂我心憂」來坦誠其與革命長達數十載的的齟齬。本是朝聖之旅的蘇聯歷程，卻被瞿秋白畫蛇添足地加上「心史」兩字，彷彿蘇

　　大革命的影響力。見Antonio Gramsci, *Selections from the Prison Notebooks*（New York, NY: International Publishers, 1971）.

37　瞿秋白，《多餘的話》（南昌：江西教育出版社，2009），頁11。

38　汪暉，《反抗絕望：魯迅及其文學世界》（增訂版）（北京：生活‧讀書‧新知三聯書店，2008），頁181-255。

維埃革命是他演繹、逃避及沉溺傷婉情懷的最佳場域。[39] 更不必說他在臨終一刻幡然悔悟，全盤供出其革命決心完全是一場「歷史的誤會」，自己無非一介布衣，不僅無法做到殺伐果斷、從一而終，死前迷戀的僅僅是人間的豆腐。[40] 這些在革命號召與個人情懷之間游移不定的知識分子無疑是左派的憂鬱症的最佳寫照。

　　雖然五四左翼思潮在冷戰年代的台灣難逃被嚴禁的命運，然而正如陳思和指出，新文學的左翼精神傳統以一種隱蔽的方式對五、六十年代台灣青年知識分子產生了深遠的影響。[41] 我們不難發現，陳映真筆下的「市鎮小知識分子」重演了五四左翼文學中「憂鬱的知識人」的兩難處境：個人內心的零碎無

39　這裡不可忽視的是佛教唯識宗信仰對瞿秋白革命觀念的深刻影響。張歷君在其論著中便以「佛教的人間化與共產主義的人間化」來闡述瞿秋白的佛家覺悟與革命信仰之間的緊密關係。見張歷君，《瞿秋白與跨文化現代性》（香港：香港中文大學出版社，2020），頁105-109。

40　關於瞿秋白在共產革命中扮演的角色，歷來眾說紛紜。這裡我沿用的是夏濟安的說法，將瞿看作一個五四文人，最多不過是一個「軟心腸共產主義者」（tender-hearted Communist）。見Tsi-An Hsia, *The Gate of Darkness: Studies on the Leftist Literary Movement in China*（Seattle, WA: University of Washington Press, 1968），pp. 3-54.

41　值得一提的是，陳思和所言的五四精神傳承並非單指新文學的參與者來到台灣繼續發揮影響。相反，他強調的是戰後台灣新生代青年（例如李敖）如何熟練運用五四的啟蒙話語來抨擊時政。見陳思和，〈試論陳映真創作與「五四」新文學傳統〉，陳光興、蘇淑芬編，《陳映真：思想與文學》（上冊）（台北：台灣社會研究雜誌社，2011），頁15-49；無獨有偶，鄭鴻生也將六十年代台灣知識青年關於中西文化的論戰稱為五四運動在台灣的重新演出，見氏著〈陳映真與台灣的六十年代〉，陳光興、蘇淑芬編，《陳映真：思想與文學》（下冊），頁343-380。

力、理想的沉淪、以及政治的幻滅感。這樣的傷痕書寫，不必說不合革命文學的尺度，更帶有現代主義的美學風格。學者施淑認為，除了西方舶來的存在主義的影響之外，陳氏憂鬱美學繼承了台灣日據時代末期龍瑛宗、葉石濤等文人充滿怨恨、厭世、頹廢與綺麗的東洋藝術風格。[42] 他小說裡的主人公往往是對革命一往情深的理想主義者，卻飽受戰亂與暴力的困擾，在冷戰壓抑的政治漩渦中逐漸喪失自我，導致瘋癲或者自殺的悲慘結局。面對革命的不可能性，陳的主角每每遁入文學和藝術，在頹廢中日漸消亡，最終走向一種虛無主義的歷史觀。從〈我的弟弟康雄〉裡那個抑鬱寡歡、幻想「安那其的路」、最終因犯淫戒而自戕的「少年虛無者」康雄，到〈故鄉〉裡因被拋棄在歷史的無涯荒野中而絕望痛呼「我沒有家」的墮落的理想主義者哥哥，再到〈鄉村教師〉裡優柔寡斷、善於空想卻訥於行動、背負殖民原罪的退役士兵吳錦翔，陳映真小說裡的左翼青年雖命途不一，卻總是夾纏在吶喊與噤聲、空想與實踐、性苦悶與政治解放、階級原罪與宗教原罪之間不能自拔，以至於自殺、頹廢和虛無等具有強烈現代主義美學風格的母題屢屢壓倒革命的崇高感和理想主義情懷。[43]

42　學者施淑指出，陳映真早期作品中憂鬱的「市鎮小知識分子」的形象並非完全來自大陸五四傳統，而是承襲了台灣日據時代末期被殖民者對殖民者的愛恨交織的複雜心情。我以為，這種風格在陳映真系統接受馬列主義教誨之前表現得極為明顯。見施淑，〈台灣的憂鬱——論陳映真早期小說及藝術〉，《新地文學》，1990年第1卷第1期，頁193-205。

43　對陳映真筆下左翼青年形象極為詳細的分析，見趙剛，〈頡頏於星空與大地之間——左翼青年陳映真對理想主義與性／兩性問題的反思〉，頁31-100。

　　〈我的弟弟康雄〉便是一部典型的憂鬱之作。小說刻畫了一個天真的無政府主義者康雄因政治理想無法實現而自裁的故事。小說以康雄的姐姐為視角，刻畫了姐弟二人對虛偽的資產階級社會的反叛。與康雄不同的是，姐姐雖然受到弟弟的感召，信奉激進的社會思想和現代藝術流派，卻最終因為貧困向現實低頭，嫁給了一個富裕的高門大戶，成為了一個貴婦人，與統治階層重歸於好。儘管如此，弟弟的死讓姐姐備受良心的譴責：「我這悲壯的浮士德，也毅然地賣給了財富。」對姐姐而言，自己的婚姻不啻於一場浮士德的魔鬼交易，以背叛理想為代價換得此生的物質享受。 對於政治上已幻滅的姐姐而言，憂鬱是一種想像性的解脫辦法：她既被無窮無盡的失敗、恥辱之感和喪弟之痛所折磨，卻樂得「安心地耽溺於在膏粱的生活和丈夫的愛撫裡度過這一生」。既然無法調和內心的道德律和病態的物慾，姐姐只好退縮到自己的內心世界，在懊悔和歉疚中虛度光陰。革命的號召對於姐姐而言不過是一種青春期的反叛，讓她「嘗到一絲絲革命的、破壞的、屠殺和殉道者的亢奮」。自始至終，她最為反叛的行為僅僅是為弟弟重修一座豪華的墓園。

　　〈我的弟弟康雄〉雖然通篇散發著頹廢美學的氣息，可正是這種糅雜了青春憤怒與政治彷徨、行走於絕望與希望邊緣的文學典型宣洩了戰後台灣一代左翼的集體心聲。鄭鴻生在回憶台灣六十年代的革命風潮時如此寫道：「他（陳映真）筆下『市鎮小知識分子』內心充滿進步理念卻拙於行動的蒼白形象，與屠格涅夫（Turgenev）筆下羅亭（Rudin）那樣的角色相互映照，一直在我們這些知識青年的敏感心靈裡隱隱作痛，難

以擺脫。」[44] 整日流連於地下讀書會、舊俄小說、五四左翼的叛逆文藝青年，大可以睥睨思想管制、高談闊論「啟蒙」與「革命」，卻不得不面對牢不可破的威權體制，面對革命無望的慘淡時局。於是乎，閱讀陳映真筆下孤獨、苦悶、抑鬱的革命少年不啻於排遣心境的最佳方式。

　　然而，就此斷言憂鬱滋生歷史虛無主義未免為時過早。上承五四一代的思索，陳映真的憂鬱寫作表達了敘述的衝動與行動的焦慮之間的兩難選擇。根據王德威和安敏成（Marston Anderson）的分析，以茅盾和魯迅為代表的五四寫實主義小說內含無法調和的矛盾：雖然「寫實」的要義在於通過刻畫真實的苦難，喚醒普羅大眾的革命意識，[45] 怎奈何「作家越是書寫，越暴露他們的無力感，顯示他們無法到達那個唯有透過革命才能達到的理想家園形態」。[46] 換言之，「寫作」的持續狀態即是以「靜觀的人生」否思「行動的人生」，承認「真實」的複雜性和不完美性。與此類似，陳映真雖致力於以理解之同情的筆觸細緻入微地刻畫了威權統治之下個人所經歷的種種心理創傷，然而他愈是記載革命者在政治高壓下無所適從、一敗塗地的境遇，愈是取消了革命的能動性，使得任何關於人類解

44　鄭鴻生，〈陳映真與台灣的六十年代〉，陳光興、蘇淑芬編，《陳映真：思想與文學》（下冊），頁352。

45　王德威，《寫實主義小說的虛構：茅盾，老舍，沈從文》（上海：復旦大學出版社，2001）；《歷史與怪獸：歷史，暴力，敘事》（台北：麥田出版，2004），頁32-35；Marston Anderson, *The Limits of Realism: Chinese Fiction in the Revolutionary Period*（Berkeley, CA: University of California Press, 1990）.

46　王德威，《歷史與怪獸》，頁25。

放和革命勝利的進步論都被一種悲觀的現實主義所取代。〈鄉村教師〉中，主人公吳錦翔在在二戰之後回到自己的故鄉——一個偏遠的鄉村，成為一位教師，並希望以自己的進步思想啟蒙大眾。性格上的怯懦和白色恐怖製造的反共氣氛卻使得他遲遲不敢將革命熱情付諸行動，最終一事無成。在被恥辱感和失敗的記憶折磨的無可奈何之際，吳錦翔如此反思自己的政治憂鬱症：

> 這是一個悲哀，雖其是朦朧而曖昧的——中國式的——悲哀，然而始終是一個悲哀的；因為他的知識變成了一種藝術，他的思索變成了一種美學，他的社會主義變成了文學，而他的熱情，卻只不過是家族的、（中國式的！）血緣的感情罷了。47

這裡，「社會主義」與「文學」之間的齟齬讓人想起魯迅對「革命文學」的百般嬉笑怒罵：以階級鬥爭為綱的左翼文學表面上氣勢逼人，動輒「在紙面上寫著許多打，打，殺，殺或者血、血的」，可這偏偏不是在戰場上揮斥方遒，而是在革命一敗塗地之後以激烈的言辭來打打筆仗。在現實與敘述的南轅北轍之下，左翼文壇的喧囂究竟是彰顯「革命文學家之英雄」，還是失敗主義濫觴之際的虛張聲勢？難怪魯迅發此戲謔之言：

47　陳映真，〈鄉村教師〉，《陳映真作品集》（第三卷）（台北：人間出版社，1988），頁30。

「革命文學家風起雲湧的所在，其實是並沒有革命的」。[48] 換言之，以文學書寫革命這一行為本身就是一種拖延、分散和消解政治能動性的方式，將激進政治美學化。同理，陳映真認為吳錦翔這樣的市鎮小知識分子並非是無怨無悔的左翼鬥士，他們對政治的熱情往往出於審美上的衝動。不僅如此，吳錦翔的傷感主義實還體現自戀乃至自虐式的自我書寫，從而以消極避世的方式維護了既成體制，對改變現實世界的壓迫關係毫無益處。雖然吳錦翔認識到將個人的苦悶轉化為政治行動的必要性，卻仍然無法克服自身「空想的性格」和「夢中的英雄主義」。最後，陳映真通過揭示主人公「吃人」的罪惡往事來暗喻知識分子的猶豫不前無異於是向體制妥協，以一種被動的「吃人」的形式參與到對大眾的意識形態麻痺和暴力統治中去。治不好憂鬱青年的政治幼稚病，只能墮入政治癱瘓，最終逃不掉被統治階級收編的悲慘命運。

　　由此可見，正是意識到憂鬱症容易引發失敗主義情緒，陳映真才不斷以火熱的、偏執的、近乎原教旨主義的革命理念克服其頹廢與憂鬱的美學表徵。愈加無法的實現的革命，愈是需要以無比激越的形式——懺悔、贖罪乃至自裁——來踐行。從五、六十年代以一己之力對抗白色恐怖的血腥鎮壓與反共潮流，到七十年代以現實主義寫作捲土重來，批判台灣資本主義制度下的亂象，再到八、九十年代以「比老幹部還老幹部」的虔誠姿態認同大陸社會主義正朔，陳映真對革命「組織」的渴

48　魯迅，〈革命文學〉，《而已集》（北京：人民文學出版社，1974），頁455。

求，可謂是一往情深、無怨無悔。究其原因，正如呂正惠指出：「陳映真覺得自己生活在歷史的『廢墟』（無處不是腐臭與破敗）中，如果他不能『有所行動』，他就只能掉入萬劫不復的深淵之中。」[49] 這種憂患意識，已經超越了世俗的傷感主義，而變成一種隱而不彰的存在性的力量，浸潤於左翼政治理念的肌理之中。這一力量迫使他在文革之後仍然一往無前地繼續革命，也不斷在革命的曲折歷程中延續憂傷的狀態。

三、烏托邦詩篇

1983年，陳映真、王安憶等兩岸作家，在聶華苓主持的愛荷華大學國際寫作項目的邀請下，來到愛荷華大學一同交流創作心得三月有餘。王安憶生於1954年，其母親茹志鵑（1925-1998）亦是新中國重要的寫實主義作家。她在上海度過童年，文革中期被分配到安徽五河農村插隊落戶，七二年考入徐州文工團後開始創作生涯，直到七八年才得以重回上海。赴美之前，王安憶方才以《三戀》（《小城之戀》、《荒山之戀》、《錦繡谷之戀》）成名文壇。《三戀》基於文革經歷，以多愁善感的細膩筆觸訴說了革命年代下女知青懵懂成長、初識情慾、渴望啟蒙卻身陷陋俗農村的無所適從之感。令人稱奇的是，美國之旅之後，王安憶深為陳映真的烏托邦社會主義理念所震撼，與陳氏結成忘年之交。不僅如此，王日後的寫作在敘

49　呂正惠，〈歷史的廢墟、烏托邦與虛無感：早期陳映真的世界〉，陳光興、蘇淑芬編，《陳映真：思想與文學》（上冊），頁80。

事風格和主題上呈現了巨大的轉變，一改過去陰柔纖細、個人主義的傷痕書寫，轉向對國家民族和社會主義烏托邦實踐的嚴肅反思。正如王安憶後來在回憶錄中寫道，陳映真執著的革命理念深刻地影響了她的文學道路，使其「開始從自身的經驗裡超脫出來，注意到了……更具普遍性的人生」。[50]

識者對王安憶的啟悟或有不解：難道親歷革命的知青一代，竟要捨近求遠，從海峽對岸的左翼同道身上體味毛主義的酸甜苦辣嗎？當王安憶和陳映真初遇之時，兩人圍繞著社會主義的種種理念和問題爆發了激烈的爭論。對於彼時還從未踏上大陸見證革命的陳映真而言，毛澤東的文革是摧枯拉朽的、具有解放人類意義的無產階級聖戰，是他多年以來馬列信仰的基石所在。唯其如此，文革結束以後，當有關紅衛兵暴力和大陸知識分子的控訴以各種方式出現在台灣的電視媒體和雜誌上，對陳映真造成了巨大的衝擊和困惑：

> 近一年來，大陸的資訊，空前大量地出現在台灣的電視上、報紙、雜誌上。不只是文字，照片，更有活動的影像。我一貫不相信這些，總是打個五、六折去讀。然而，我終於覺得不對頭。使巴金的蕭珊受到那樣待遇的共產黨，和我讀史詩《中國的紅星》裡的共產黨，怎麼也不對頭……這半年來，我一直處在慢性的思想苦悶裡頭。[51]

---

50 王安憶，《烏托邦詩篇》（上海：華東師範大學出版社，2011），頁15。

51 陳映真，〈答友人問〉，《陳映真作品集》（第八卷）（台北：人間出版社，1988），頁34。

陳映真開始將大陸的社會主義稱為「腐化和墮落的革命」，悲
歎無論姓資姓社，中國進步作家「註定要在侮辱、逮捕、酷
刑、監禁和死亡中度過苦艱的一生」，並以一種近乎幻滅的口
吻感慨道：「曾幾何時，那一度以為是正確、光榮、偉大的真
理，不轉眼間崩壞為尋常的雲泥」。[52] 在1983年出版的小說
〈山路〉裡，陳借蔡千惠之口捫心自問海峽對岸的烏托邦幻滅
之後台灣革命黨人流血犧牲的意義何在：「如果大陸的革命墮
落了，國坤大哥的赴死，和您的長久的囚禁，會不會終於成為
比死、比半生囚禁更為殘酷的徒然……」[53] 正是帶著這種愛恨
交織的複雜情緒，陳映真希望能夠和來自社會主義祖國的作家
深入討論革命信仰的問題。[54]

　　與此相反，深受文革教條主義之害、投身於改革開放初期
風馳電掣的文藝解放思潮的王安憶，對毛澤東的革命實踐以及
馬列主義的革命文學論充滿了戲謔之意。王忍不住調侃陳映真
對中國革命的天真幻想：「他像個少先隊員似的，喜歡聽我母
親講述戰爭年代裡的英雄故事。根據地的生活令他嚮往，人民
像兄弟姊妹一樣生活在一起，令他心曠神怡。」[55] 當王安憶讀
到〈山路〉中的蔡千惠以近乎自虐式的自我犧牲苦苦堅守對革

52　陳映真，〈企業下的人的異化：《雲》自序〉，《陳映真作品集》（第九
　　卷）（台北：人間出版社，1988），頁30。

53　陳映真，〈山路〉，《陳映真作品集》（第五卷），頁88。

54　關於陳映真八十年代對文革之後社會主義危機反思的具體闡釋，見賀照
　　田，〈當社會主義遭遇危機：陳映真八十年代思想湧流析論之一〉，陳光
　　興、蘇淑芬編，《陳映真：思想與文學》（上冊），頁389-449。

55　王安憶，《烏托邦詩篇》，頁25。

命的執念之時，不無戲謔地評論道：「母親們的犧牲反使歷史走上了歧途。」[56] 此外，兩人對資本主義的評價更是南轅北轍。陳映真以標準的馬列腔調控訴西方資本和跨國公司治下的台灣社會導致了「被資本主義商品馴化、飼養了的、家畜般」的個體，並且不斷告誡王安憶「工業化資本化的現代社會中人性的可怕危機」。[57] 與此相反，初到美國的王安憶不僅對這個陌生國度的點點滴滴滿懷好奇，而且對琳瑯滿目的商品心馳神往：「我在超級市場推了小車，情緒昂揚地走在滿架的貨物之下，好像在做一次遊行。」[58] 幾個照面下來，陳映真對此心懷不滿，認為王安憶的姿態不過是青春期的叛逆。王安憶也「越發火起，覺得他（陳映真）享了個人主義的好處，卻來賣乖。」[59]

隨著時間的推移，王安憶卻逐漸發現陳映真看似教條主義的馬列信仰背後有一種近乎宗教的虔誠力量。陳映真出身於基督教家庭，在皈依革命以前一度是虔誠的上帝信徒，即便他半生為世俗革命拋頭顱灑熱血，也未曾忘記其父親的叮囑：「孩子，此後你要好好記得：首先，你是上帝的孩子；其次，你是中國的孩子；然後，啊，你是我的孩子。」[60] 從基督教的救世意識到共產主義的犧牲精神，陳映真政治信仰裡「無神」的社

56　同上，頁25。

57　同上，頁25。

58　同上，頁17。

59　同上，頁25。

60　陳映真自述其基督教父親的影響，見陳映真：〈父親〉，《陳映真文選》，頁58-67。

會主義天國離不開「有神」的彌賽亞情懷。在《烏托邦詩篇》中，王安憶認為，孤懸海外的陳映真對於毛澤東時代革命的浪漫想像很可能是受到了基督教神學的影響：

> 當這個人還是個孩子的時候，在那西太平洋小島的氣候溫濕的鄉村裡，他一定做過許多次的夢，夢見許許多多的人在一起，同心協力，建造一座城。人們像家人一樣生活在一起，勞動在一起。後來，海峽對面的陸地上，那一些轟轟烈烈的群眾性革命運動的壯觀場面，使他以為他的夢想在世界的一部分地區實現了。[61]

在陳映真的虔誠凝視中，文化大革命無疑是與《聖經》中重建巴別塔等量齊觀的天啟圖景。正是受到這種徜徉肆恣之情的激勵，陳要讓蔡千惠在經歷背叛、生死、貧困、和絕望，在大陸的革命已然墮落、當年的戰友已尸骨難尋、台共的記憶已煙消雲散、資本主義已成「普世價值」之際，依然頑固地、近乎病態地號召「繼續革命」，以絕食這種最為激越的方式贖回自己的革命初心。

　　陳映真的基督教社會主義情懷讓王安憶不勝困惑卻又心馳神往：「像我這樣生活在世俗裡的孩子，沒有宗教的背景，沒有信仰，有時候卻也會嚮往一種超於俗世之上的情懷」。[62] 不久之後，陳映真的社會主義烏托邦詩篇使得深受個人主義滋養

61　王安憶，《烏托邦詩篇》，頁4。

62　同上，頁8。

的王氏陷入了一種難以名狀的哀絕之中。王安憶回憶道：「我
與他的區別在於……我以順應的態度認識世界、創造這世界的
一種摹本；而他以抗拒的態度改造世界，想要創造一個新天
地。」[63] 陳映真意欲改變世界的道德激情，在信奉現實主義之
平庸智慧的王安憶看來，是一種悲壯的、近乎荒謬的、基督徒
式的堅守。相比陳宗教般的虔誠和無私，王安憶突然發現自己
的文學創作被個人經驗糾纏不休，而救贖則無處可尋：「我發
現文學無從將我從經驗中解救，我的文學充滿了急功近利的內
容，它渴求現世現報。」[64] 一方面，王安憶將陳的彌賽亞精神
視為將她從狹隘的、乏味的個人訴求中拯救出來的力量。在王
看來，八十年代中國知識界蔚為風潮的各式「主義」和「大
說」缺乏一種靈魂的維度和超越世俗的信仰，相形之下，陳的
理念令她無比動容。另一方面，王安憶意識到陳之所以對革命
如此無怨無悔，很大程度上是因為革命於陳映真而言是求之而
不得的，而對於已然親歷文革的王氏而言，毀譽參半的烏托邦
主義再也無法喚起九死不悔的宗教熱情。在短篇小說〈憂傷的
年代〉中，王安憶如此描述自己對社會主義童年的莫名情愫與
痛感：

　　這是一段亂七八糟的時間，千頭萬緒的，什麼都說不
　清。就是說不清。在亂七八糟的情形之下，其實藏著簡單
　的原由。它藏得非常深而隱蔽，要等待許多時日，才可以

63　同上，頁43。
64　同上，頁16。

說清……我們身處混亂之中，是相當傷痛的。而我們竟盲
目到，連自己的傷痛都不知道，也順不上，照樣跌摸滾
爬，然後，創口自己漸漸癒合，結痂，留下了傷疤。等我
們長大之後，才看見它。[65]

革命的逝水年華並非彌賽亞式的救世時間，而是泥沙俱下、亂
七八糟、千頭萬緒：女性成長的難言之痛、青春期難以言喻的
失落、缺憾和空虛、以及暴虐與喧囂大時代之中脆弱的自我，
這些說不清、道不明的糾纏情愫使得王安憶既無法認同陳映真
式的烏托邦激情，也無法就此罷休，草率地告別革命。她故而
生出感慨：「痛感間雜在種種莫名的感覺裡，使我們不能突出
地辨別出它來」。[66] 這種徘徊兩難的境地讓人想起紀傑克
（Slavoj Žižek）筆下的後現代憂鬱。在紀傑克看來，憂鬱症的
誘因並非如佛洛依德所言，僅僅源於愛慾對象之喪失。在玩世
不恭的解構主義大師看來，即使我們從未與所愛之物分離，也
很可能因為厭倦而產生煩悶、苦惱和幻滅。換言之：「當我們
得到了所愛之物，卻對其失去了愛慾」（we get the desired
object, but are disappointed in it）之時，痛苦和沮喪便會油然而
生。由此而來的憂鬱並非出於對愛之對象的至死不渝的忠誠，
而是出於占有了白月光之後的意興闌珊。[67] 同理，對於親歷群
眾運動的種種荒誕不經的王安憶而言，她心中的社會主義烏托

65　王安憶，《憂傷的年代》（北京：新世界出版社，2002），頁22-23。
66　同上，頁23。
67　Slavoj Žižek, "Melancholy and the Act," *Critical Inquiry*, vol. 26, no. 4
　　（Summer 2000）: 662.

邦已砰然倒塌，再無重燃革命熱情的希望。如果陳映真的左派
憂鬱出於革命的可望而不可即，王安憶的政治憂鬱則是源自與
革命耳鬢廝磨之後不可名狀的厭倦和幻滅。

　　結束了愛荷華之行之後，王安憶逐漸擺脫了早期略顯稚嫩
的傷感主義書寫，形成自己特有的文學風格。九十年代初，面
對市場大潮對嚴肅文學的衝擊和啟蒙知識分子的失語，在新舊
交替、抵抗與妥協並存的轉型年代，王安憶經歷了一連串的迷
茫、躊躇以及企圖重建精神之塔的文學實踐。這裡特別值得一
提的是她於1990年冬天發表的中篇小說〈叔叔的故事〉。通過
對主人公「叔叔」——一位前輩右派作家——的革命苦難史的
追溯，王安憶試圖揭露八十年代的文壇對於革命經驗之反思的
局限所在。這位「叔叔」自反右運動之初便淪為政治賤民，被
下放到偏遠的鄉村，嘗遍了人性的卑賤、下流、猥瑣與不堪。
怎料三十年河東三十年河西，政治風向的轉變使得曾經的苦難
竟成他以「傷痕文學」風靡文壇的文化資本。從苟且偷生的右
派分子到眾星捧月的新銳作家，地位與身分的巨大轉變不僅稀
釋了對證歷史、反思暴力的嚴肅思考，而且助長了「叔叔」的
自我放縱：名利雙收之後的春風得意、齷齪情慾的氾濫以及權
力慾望的無限膨脹。王安憶在小說中如此寫到：「他崇高的苦
難是他的寶貴的財富，供他作出不同凡響的小說，還供他俘虜
女孩。個個女孩都愛戴受過苦累的男人，就像喜歡在傳奇中扮
演女主角」。這一切急速耗費了主人翁的創作靈感，使得他最
終淪為一個虛無主義者。熟悉大陸作家的讀者不難看出，緋聞
纏身的「叔叔」的原型不是別人，正是知青文學的先驅張賢
亮：這位才華橫溢的右派分子因詩作〈大風歌〉被押送寧夏農

場勞改22年，七九年恢復名譽之後，他以《男人的一半是女人》、《綠化樹》中大膽露骨的性描寫蜚靡文壇，九十年代再搖身一變華麗轉身成為「文化商人」，周旋於國際和國內的影視文化圈，在全球資本主義的浪潮中賺得盆滿缽滿。[68] 評論家陳思和由此認為，王安憶筆下的「叔叔」道盡了老一輩（男性）啟蒙知識分子的生命軌跡：「巨大的災難和奇跡般的勝利，迅速膨脹而造成自欺欺人、華而不實的英雄形象，以及同樣迅速的自我放縱與腐化」。[69]

正因為聲色犬馬、追求個人主義的「叔叔」輩讓人失望，王安憶嘗試著走出傷痕文學的自我悲情化敘事，以上海市民生活為切入點開拓新的創作空間，思考革命與民族國家的歷史命運。[70] 誠然，王安憶九十年代的創作往往被認為與海派文學的復興以及上海懷舊的文化風潮息息相關。譬如，王德威將她視為張愛玲之後的海派作家的傳人，字裡行間透出對精緻的、市民的、資產階級上海的依戀。[71] 張旭東也認為其代表作《長恨

68　據稱，當陳映真與大陸知識分子交流時，痛斥資本主義造成嚴重的工業污染。此時，追求「快樂」的張賢亮對言必稱「人民」、「工農階級」和「馬列主義」的陳嗤之以鼻：「我呼籲全世界的投資商趕快上我們寧夏污染，你們來污染我們才能脫貧哇！」見查建英，《八十年代訪談錄》（北京：生活‧讀書‧新知三聯書店，2006），頁18-19。

69　陳思和，〈營造精神之塔──論王安憶90年代初的小說創作〉，《文學評論》，1998年第6期，頁53。

70　見程暘，〈從「尋根思潮」到都市上海──論王安憶八九十年代創作的轉型〉，《南方文壇》，2017年第6期，頁30-35。

71　王德威，〈海派作家，又見傳人：王安憶論〉，《當代小說二十家》（北京：生活‧讀書‧新知三聯書店，2006），頁16-32。

歌》試圖重現和追尋上海資產階級的黃金年代。[72] 這些敘述將
王的美學風格定義為一種「後革命時代的憂鬱」：王安憶試圖
找回舊上海市民階層的生活情調和文學技藝以抵抗革命的宏大
敘事。我卻認為王安憶的城市文化尋根之旅並非意在徹底繞開
革命重拾資產階級文明的舊夢。在經歷社會主義革命的洗禮之
後，王安憶本人對鴛鴦蝴蝶派和張愛玲筆下的精緻平庸、瑣碎
逼仄、摩登艷異的民國上海在情感和生命體驗上已是有所隔
膜。深受革命家庭影響的王安憶不能不對舊社會的人情世故、
市民心態心懷諷刺。[73] 於是乎，《文革逸事》便以調侃的筆觸
塑造了文革年代下工人階級的兒子趙志國和資產階級的女兒張
思葉之間的「跨階級聯姻」。本是敵我矛盾激化、靈魂深處鬧
革命的的極左政治年代，王安憶卻偏要說「這時代是一個什麼
都不講究，什麼都不計較的時代」，而亂哄哄的世道反而使得
無產階級和資產階級需要彼此利用而求生存：

> 作為面臨畢業分配何去何從的張思葉，和青工趙志國結
> 婚，無疑地就在留上海的可能性上押了一塊砝碼。同時，
> 工人階級趙志國，還為資產階級出身的張思葉，撐開了一

---

72 Xudong Zhang, "Shanghai Nostalgia: Mourning and Allegory in Wang Anyi's
Literary Production in the 1990s," in *Postsocialism and Cultural Politics*
（Durham, NC: Duke University Press, 2008），p. 211.

73 例如，王安憶在《長恨歌》中塑造了老克拉這一形象來表達她對九十年代
充滿物慾的上海懷舊風的批判。老克拉生在改革年代，卻對殖民時代上海
風物心馳神往，手上戴著機械錶，愛好小壺煮咖啡，只聽二十年代的爵士
樂，鍾情於哥特式的尖頂鐘塔。王安憶隨即挖苦道，這種看似高雅復古的
修養背後隱藏了偷工減料、粗製濫造和矯揉造作的文化趣味。

頂保護傘。而趙志國呢，人們也並不以為他是吃了什麼
虧，或者說是喪失了什麼立場。像張思葉這種家庭，在這
城市的市民心中，總有著「百足之蟲，死而不僵」的想
像……別看張思葉家現在倒霉，說不定日後會有崛起的一
天。[74]

與偉大領袖設想的「你死我活」的階級鬥爭圖景截然不同，趙
志國需要出身高門大戶的老上海張思葉的庇佑得以在上海紮
根，張思葉也需要趙志國的無產階級身分以抵禦摧枯拉朽的革
命。精緻的利己主義者不關心革命的宏大敘事，亦對維護資產
階級的價值和地位毫無興趣。王安憶對啟蒙和革命兩大敘事的
百般嬉笑怒罵讓人聯想到班雅明對巴洛克時代德意志悲苦劇的
重構。在班雅明看來，古希臘悲劇通過展現英雄與命運之間的
抗爭來歌頌個人意志的力量。在巴洛克式的悲苦劇中，整個世
界陷入繁複無常的暴力無序之中，使得任何行為都失去了崇高
的意義。在此困局之下，故事的主人公往往優柔寡斷，狀若瘋
狂，甚至顯得滑稽可笑，因為在巴洛克的世界裡沒有救贖。同
理，如果陳映真筆下為社會主義理念前赴後繼的革命鬥士透出
古希臘悲劇式的抗命精神，王安憶筆下的人物則更像是巴洛克
劇中不知所措的滑稽主角。無產階級和資產階級之間的生死鬥
爭並非意在構築宏大的政治烏托邦，而僅僅是為了雞毛蒜皮的
個人利益和慾望爭執不休：「人們覺得，趙志國和張思葉是平

---

74 王安憶，〈文革逸事〉，《香港的情與愛》（北京：作家出版社，1996），
頁426。

起平坐，誰也不吃虧，都占了對方便宜，也都讓對方占了便宜，也算是珠聯璧合吧」。[75]

我們不能忘記，當王安憶重寫文革往事之時，正是全球資本主義以復仇的激情橫掃上海的大街小巷、歐風美雨愈演愈烈、小資產階級情調魂兮歸來的歷史性時刻。雖然王氏以辛辣的筆調諷刺上海懷舊背後躁動的物慾，她也不得不生出感慨：幾經革命暴風驟雨洗刷的資產階級文明不僅死灰復燃，反而開花結果，鑄成「魔都」不夜城的璀璨燈華，這究竟是一個「垂而不死」的腐朽階級的「最後掙扎」，還是預示著千迴百轉的革命大業已成明日黃花？《紀實與虛構》之中，王安憶另闢蹊徑，以一個母系家族史為出發點，描繪了一副解放初期資產階級「西風」壓倒無產階級「東風」的幽默畫卷。在官方敘事中，經歷「三反」、「五反」、「公私合營」的民族資產階級早已是氣數將盡、暮氣沉沉，可王安憶筆下的上海資產階級卻依舊我行我素，錦衣玉食，一副主人派頭。她如此描寫一位出身老上海的大家閨秀：

　　她母親是那種將好萊塢明星當做偶像，到理髮店不是做個「赫本」式，就是做個「泰勒」式的喝美國牛奶長大的上海小姐。星期天出門，她穿的炫人眼目，女孩也光艷照人。阿太總是在陽台上目送他們遠去，滿心的歡喜。在上海的馬路上，他們這一家尤其引人注意，人們看他們的目光充滿羨嫉。而他們態度傲然，昂首闊步，儼然是這城市

75　同上，頁426。

的主人。[76]

以「文化霸權」的角度觀之，統治階級與被統治階級之間發生了奇異的權力置換：本是仰人鼻息的資產階級卻招搖過市，引領美學風潮，是苟且偷歡也是心有不甘；而新生工農政權的主人——共產黨的幹部——卻因軍紀嚴明、生活樸素和農村出身而自慚形穢。出身幹部家庭的王安憶這樣形容自己剛到上海時的倉皇無措：「上海的馬路我到了很大也辨別不清，我走在街上完全像個外來戶，方位錯亂，過馬路心驚膽戰」。[77] 的確，對於深受生長於「扭秧歌」式共產主義美學薰陶的王氏而言，旖旎多姿的上海夜生活是如此令人迷醉，以至於她分不清，究竟是共產主義道德倫理改造了這座城市，還是資產階級美學滲透、改造了共產主義？千帆過盡之後回首上海早期的社會主義改造，令人不免生出疑竇：難道轟轟烈烈的革命本來就是海市蜃樓，建立在並不牢靠的根基之上？最後的最後，當王安憶發現革命蛻化為一場鬧劇，上海懷舊也不過是躁動的虛榮作怪之時，讀者方知，她的故事裡永遠沒有救贖。

如果《紀實與虛構》刻意棄父從母，以女性記憶刻畫家族興亡史，〈傷心太平洋〉則填補匱缺，再現父親王嘯平的南洋革命史詩。王嘯平生於新加坡的華人家庭，年輕時痴迷革命文藝，投身南洋左翼運動，弱冠之年隻身漂洋過海遠赴蘇北根據地參加新四軍，從此與中國革命結下不解之緣。儘管如此，父

76　王安憶，《紀實與虛構》（北京：人民文學出版社，1993），頁98。
77　同上，頁98。

親的華僑身分之曖昧卻如影隨形。儘管中土之外的華族漂流者
心向故土，王嘯平的中國革命情節總是浸潤著原鄉想像：「大
陸真是個神奇偉大的地方……它具有古典的悲劇的美感。」[78]
在檳城的南季候風和熱帶炎熱的陽光之下，一位南國青年對紅
軍二萬五千里的長征充滿了浪漫幻想，這使得他的濃郁的「新
月」文藝腔難掩政治反抗氣息。可當王嘯平越過茫茫的太平洋
投筆從戎之後，他那交響樂式的革命宏圖在現實中一步一步被
修正：初到共產黨根據地所受的第一次革命教育便是觀看「處
決逃兵」，使得他震驚之餘不由心生疑惑：「難道革命不是來
去自由的嗎？」[79] 離開了野蠻生長、小資氣息濃郁的南洋左翼
文化圈，回到夢寐以求的革命中土，王嘯平的左翼情懷——
「那種熱情與活力，對於煽動社會不安定的情緒，有著可怕的
能量」——讓他的大陸革命同胞格外頭疼。[80] 恰逢根據地精兵
簡政，縮編非戰鬥人員，王嘯平便因其「自由主義」傾向被列
入疏散回家的名單。至此，《傷心太平洋》的謎底昭然若揭：
王安憶叩問家族的革命史，為的並非否思紅色遺產，而是銘刻
家族革命底色的悲劇性氣質：這些非此非彼的華族後裔歸來之
後卻無法擺脫他者的身分與漂泊的處境——這就是憂鬱的根
源。

78 王安憶，〈傷心太平洋〉，《王安憶自選集之三：中篇小說卷》（北京：
　　作家出版社，1996），頁321。

79 王安憶，〈話說父親王嘯平〉，《空間在時間裡流淌》（北京：新星出版
　　社，2012），頁190。

80 同上，頁338。

四、結語：（後）馬克思主義的幽靈

　　總結本章，我以「憂鬱症」為切入點，勾畫陳映真與王安憶關於社會主義烏托邦的對話與反思，進而展現大陸知青一代與台灣親共作家之間「和而不同」的想像落差。我的論點是，「左翼的憂鬱症」這一理論術語雖然源於西方馬克思主義者在「歷史終結」之後的自我質疑與傷悼之情，但依舊可以為我們理解當代華語世界的革命記憶與經驗提供靈感。如果西馬的憂鬱來自替代性方案的失卻，中國的左翼憂鬱則發自革命理論與實踐之間的巨大落差和變形。新世紀以來「鞍鋼經驗」、「大眾民主」、「再政治化」等新左論述層出不窮，要求激活革命遺產的「潛能」來反抗新自由主義的聲浪此起彼伏。這些論爭者滿腹經綸，另闢蹊徑，藉後結構、後殖民的能動性質疑、批判改革開放以來的啟蒙共識，但往往政治掛帥，理論先行，對中國革命的具體歷史經驗語焉不詳。在這樣的語境下以「憂鬱症」為視角回顧革命的千迴百轉，則可以跳出非左即右的二元邏輯，思考左翼作家如何對證歷史，在革命貌似終結的點上重啟阿多諾式的「否定的辯證法」。

　　我們也必須認真反思「左翼的憂鬱症」這一範式的局限性。從白色恐怖時期發表在《筆匯》的〈麵攤〉（1959），到反應後戒嚴時代的晚年力作〈歸鄉〉（1999），陳映真長達四十年的創作歷程絕非旨在以文學拖延、分散、和消解革命的能動性，而是舉起一面鮮明的共產主義旗幟，為革命九死不悔，以一己之力孤身與反共大潮相抗。憂鬱之於陳映真，並非自身心思不果而造成的郁達夫式的頹廢、自溺與膠著，而是出於感

時憂國之情，對台灣社會主義理想顛躓不前的無奈歎息。與西方左翼徘徊於「放棄」與「堅守」革命的矛盾心態不同，陳映真從來都沒有思考過——甚至不屑於思考——是否要為社會主義「招魂」這樣的問題。正所謂「春風楊柳萬千條，你我都是馬列毛」，任憑時局變幻，時間流淌，陳映真的革命從未終結也不會有終點。與此同時，大陸左翼所面對的困境也絕非僅僅是社會主義烏托邦的瓦解和另類現代性道路的缺失，而更凸顯左翼情懷與右翼國家主義合流的「共謀」問題。與作為反對派的西馬不同，中國左翼知識分子向來和政黨政治有著千絲萬縷的聯繫，這意味著他們在時刻尋找著藉國家權力實現烏托邦構想、將革命進行到底的現實可能。

近年來革命的「主旋律」在中國文藝界捲土重來，如何定義毛時代的社會主義經驗重新成為學界激辯的話題。2017年12月6日，大陸導演馮小剛的浪漫史詩〈芳華〉延遲六週之後在北京上映。〈芳華〉根據嚴歌苓同名小說改編，以文革和中越戰爭為背景，講述了七十年代一群洋溢著理想和激情的軍隊文工團員的起伏命運。成長於紅色年代的俊男美女，在文工團的集體主義與禁慾文化相互交織的環境下仍不乏青春故事，少不了打情罵俏、耳鬢廝磨、爭風吃醋的曖昧與芬芳。然而，華美的青春背後竟爬滿了虱子，天真無暇的男女情事所遮蔽的是隱而不彰的權力關係：孤苦無依、遭人唾棄的何小萍歷經艱難終於加入了文工團，她夢想著浪漫的軍旅生涯，卻發現周遭的同伴仍對她惡語相向、極盡所能地排擠和戲弄出身「政治賤民」（political pariah）的她。唯有同樣出身卑微的劉峰對她伸出援手。劉峰性格憨實，心靈手巧，把自己的愛和溫暖奉獻給每個

人，因此有社會主義標兵「活雷鋒」之美譽。劉峰熾熱地暗戀著軍區司令的女兒林丁丁，卻反遭構陷、被冠以流氓罪遭到軍隊處分、逐出文工團而告終。再回首已是百年身，想不到開創中國商業電影先河的馮小剛的左翼情節竟也如此根深蒂固，將革命青春的浪漫與不堪、善與惡的俱分進化和盤托出。

　　雖然電影屢屢以蒙太奇的手法暗喻毛時代的政治陰暗面，導演馮小剛對紅色年代的懷戀之情與浪漫執念溢於言表。俄國研究學者Alexi Yurchak曾經指出：「作為生命體驗的社會主義（living socialism）與充斥著陳詞濫調的官方社會主義不盡相同」。經歷了戈巴契夫改革所引發的山河易主的「最後一代蘇聯人」（the last Soviet generation）在哀悼往昔榮光之時並非對布里茲涅夫時代的鐵腕統治和僵化的意識形態話語念念不忘，而是心繫社會主義治下的日常點滴：福利國家的經濟保障、豐富的公共生活、以及烏托邦氛圍下激盪的樂觀情緒和理想主義情懷。[81] 同理，馮導雖然以細膩的視角呈現毛時代鮮明的語錄、革命歌曲、群眾遊行、以及政治教條，然而這些曾經喚起狂熱政治激情的意識形態符號卻淪為無聲的舞台背景，而位於舞台中央的則是青澀的男女情事。整部電影以近乎窺淫癖的男性凝視（male gaze）捕捉著女兵們的嬌嗔媚態和妙曼身姿，令人不免生出疑竇：馮導鏡頭下的文工團，究竟是風流才子賈寶玉的大觀園，還是紀律森嚴、聽黨指揮的人民軍隊？難怪有影評家以戲謔的筆觸寫道：「馮小剛的〈芳華〉是穗子朱唇皓齒

81　Alexei Yurchak, *Everything Was Forever Until It Was No More: The Last Soviet Generation*（Princeton, NJ: Princeton University Press, 2006）, p. 8.

咬破的西紅柿，是練功房裡低鳴的大提琴，是泳池旁戲水女孩兒們濕漉漉的烏髮和男孩面前著急收衣裳時的嬌羞，是深夜裡不曾捅破薄紙的青春男女，往燈外圍一圈紅紗布，讓毛茸茸的燈光變成羅曼蒂克的紅，聽鄧麗君靡靡之音。」[82]

十九歲便加入部隊文工團做後台，負責舞台布景、拉吊桿的馮小剛，是否曾經也熾熱地愛慕過台上某位翩若驚鴻、梨渦淺笑的女神林丁丁？在自傳《我把青春獻給你》中，馮氏坦誠地自白：「現在只要是提到性感這個詞，我首先想到的畫面就是女文藝兵洗完澡後，披著濕漉漉的頭髮，光著脖子空堂穿上軍裝，把軍帽塞進軍挎包裡走出軍營」。[83] 滄海桑田之後，殘酷的戰爭與革命已然黯淡，而「花拳繡腳」的文藝女兵的形象則變得春雨般細潤芬芳。人到中年之際追憶似水年華，讓馮小剛充滿了懷戀和遺憾的終究不是革命烏托邦的覆滅，而是他青春年少之時可望而不可即的「白月光」。與其說馮導沾染上了「左翼」的憂鬱症，不如說他患上了青春的憂鬱症。

即便〈芳華〉可能流於濫情造作，馮小剛的浪漫史詩仍然提醒我們，在革命早已成明日黃花的資本世界，社會主義的「情感結構」仍然翻湧在集體無意識的深處，憂傷的延疊亦是政治慾望的延續。本章追溯陳映真和王安憶之間的文學對話，旨在印證左翼的憂鬱並非是一種政治癱瘓症，而是與革命退潮年代的堅守與反思息息相關。誠然，自五四以來的憂鬱美學時

82　〈嚴歌苓的《芳華》說了多少馮小剛不忍道盡的殘忍？〉https://kknews.cc/entertainment/8xnp8jg.html（瀏覽日期：2021年12月9日）。

83　馮小剛，《我把青春獻給你》（修訂版）（北京：長江文藝出版社，2016），頁18。

常落入小資產階級傷感主義的基調，以顧影自憐的姿態消解政
治行動的可能性。然而，憂鬱也是一種孜孜不倦的堅守。無論
是陳映真文學中的市鎮小知識分子，還是王安憶筆下的社會主
義成長史，憂鬱的底蘊不只在於個人的自怨自艾，而是附會了
焦慮、抵抗、和自省等諸多含義。這正是憂鬱書寫緣何得以詳
述思與行的辯證、文學與革命的齟齬、以及放棄與不屈的兩難
選擇。

　　誠然，陳映真大抵會對馮小剛極力將革命去政治化的敘事
嗤之以鼻。然而我認為〈芳華〉裡不時以伏筆、口誤和蒙太奇
手法顯露出來的種種批判，和陳映真對「腐化和墮落了的革
命」之靈魂質問隱隱相合。社會主義雖張揚人人平等的金科玉
律，可是階級與權力的宰制仍無孔不入。作為「臭老九」知識
分子的女兒，何小萍初入文工團，便因渾身上下散發著「一股
餿味」而遭到譏笑，氣味和政治身分之間的隱喻關係不言而
喻。出身「紅色貴族」的高幹子弟郝淑雯對何小萍更是百般刁
難，甚至揚言：「紅色江山都是我們家打下的，濺你身水怎麼
了？」舉手投足之間透露出來的傲慢，讓人想起文革初期鼓吹
「血統論」的老兵派。正所謂「老子英雄兒好漢，老子反動兒
混蛋」，當高幹子弟仍然在文工團大院裡打情罵俏、歲月靜好
之際，何小萍與劉峰卻被編入前線，捲入血肉紛飛的中越戰
爭。故事的結尾，大院子弟們紛紛脫去了軍裝，搖身一變成為
了市場經濟的弄潮兒，或是嫁出國門，或是忙於操弄地產證
券，或是在高檔咖啡廳寫著小資文學。與此相比，木匠的兒
子、曾經的戰鬥英雄劉峰竟淪落為底層小販，駕駛著三輪車輾
轉於街頭小巷之間，備受城管的欺凌。無論是社會主義治下的

太平盛世還是資本主義失樂園裡的紙醉金迷，「被侮辱與被損害者」的境遇並無二致，這其中的血淚與傷痛、幻滅與絕望，哪裡能叫左翼學人不感同身受、心有戚戚？

　　Robert Burton 在《憂鬱的剖析》（*The Anatomy of Melancholy*）中寫道：「（我們）不得不忍受無法治癒的創傷」（What cannot be cured must be endured）。[84] 時至今日，革命往昔的裊裊餘音並未散去，左翼的憂鬱仍在大陸文藝圈延續。從《蘇聯祭》裡王蒙熾熱的宣言——「青春就是革命，就是愛情，就是文學，也就是蘇聯」[85]，到〈鋼的琴〉裡溫情脈脈、古風遺存的社會主義工人社區，經歷了天翻地覆的轉軌、轉業、改制、下海、私有化、全球化的一代中國人依舊無法忘卻舊日烏托邦迷夢。[86] 自2013年起，官媒開始大張旗鼓地強調毛澤東時代和鄧小平時代的「兩個三十年不可以互相否定」，重申社

84　Robert Burton, *The Anatomy of Melancholy*（New York, NY: New York Review Books, 2001）, p. 297.

85　王蒙早期以洋溢著理想主義氣息的《青春萬歲》著稱於文壇，小說以浪漫的筆調把蘇聯描繪為社會主義的烏托邦，並不斷提及各種蘇聯歌曲和小說。隨著中蘇關係的緊張，小說也因此遭到刪節。《蘇聯祭》則更加濃墨重彩地描繪了作者的蘇聯情結。王蒙，《蘇聯祭》（北京：作家出版社，2006），頁54。

86　2003年，導演王兵拍攝了一部長達九小時的紀錄片〈鐵西區〉，呈現昔日「共和國長子」東北老工業基地的衰敗景象，受到學界關注。隨後，張猛的劇情片〈鋼的琴〉（2010）和作家雙雪濤的小說集《平原上的摩西》（2015）描述工人下崗、國企解體、社會治安混亂的當代東北，頹廢美學之下暗藏對往日榮光不再的感慨悲歌之情。見王德威，〈艷粉街啟示錄——雙雪濤《平原上的摩西》〉，《文藝爭鳴》，2019年第7期，頁35-39。

會主義革命的歷史成就。官方意識形態的左轉激發了學院左派的熱情。毫無疑問，兼收並蓄、萬國來朝的盛世既容得下資本主義，自然也容得下若干扶手椅上的馬克思主義者（armchair Marxist）紙上談兵，在象牙塔裡揮斥方道，在後殖民會議上聲嘶力竭地痛斥美帝國主義，掀起一陣陣「茶壺裡的風暴」（a tempest in a teapot），培養出一代代言必阿蘭‧巴迪歐（Alain Badiou）、施密特、阿甘本的徒子徒孫。如此熱鬧風光景象，讓人想起魯迅的按語：「如果這是『革命文學』，則做『革命文學家』，實在是最痛快而安全的事」。[87]

亦或許真誠的革命能量永遠只源於底層和民間。紅色文化的風行喚起了許多激進學生和工運分子的政治熱情：左翼青年們組織工人閱讀馬列毛著作，效仿恩格斯調查無產階級的待遇狀況，走上街頭抗議跨國資本的剝削與腐敗，自覺踐行五四以降的左翼平等主義精神。1789年，當整個歐洲知識界為法國大革命的爆發而歡呼雀躍之際，保守主義思想家埃德蒙‧柏克質問支持革命理念的進步派議員：你們可曾明白，「平等」最終意味著權力的更迭？（What equality ultimately means is a rotation in the seat of power）[88] 面對革命話語的「言」與「行」之間的巨大落差，憂鬱似乎是民間左翼逃不掉的宿命。

左翼的憂鬱症並非是中國特色，而是我們這個後烏托邦時代的普遍情緒。2011年秋天，近千名示威者步入紐約金融中心

87　魯迅，〈革命文學〉，頁455。

88　Corey Robin, *The Reactionary Mind: Conservatism from Edmund Burke to Donald Trump*（New York, NY: Oxford University Press, 2017），p. 9.

華爾街，抗議跨國資本和金融巨鱷的貪婪以及政治腐敗，運動隨後席捲至北美和歐洲的各大城市，標誌著「占領華爾街運動」的正式展開。突然迸發的政治激情讓早已對革命心灰意冷的西方馬克思學者歡呼雀躍——被右翼宣判死刑的「階級鬥爭」和「群眾運動」，如今竟然捲土重來，在「帝國的心臟」遍地開花，頗有星火燎原之勢。然而，職業革命家和資深左派知識分子很快便沮喪地發現，青年抗議者的政治訴求與經典馬克思敘事下的社會主義革命無疑是南轅北轍——對金融資本主義的厭惡並未導向任何革命烏托邦情節。不僅如此，懷著不同訴求的抗議者拒絕任何形式的政黨組織、統一陣線以及鬥爭策略：在憤世嫉俗的青年學生看來，經典左翼的政黨政治和資本主義法權國家乃是一丘之貉，因此他們需要拒斥任何意義上的「霸權」和「宰制」。[89]

　　我以為，這些新興的草根左翼運動所蘊含的「否定的辯證法」——在（經典）革命終結的起點上以自我質疑、自我坎陷的方式延續革命的能量——彰顯了（後）馬克思主義的憂鬱症。傷痛並非意味著左翼的土崩瓦解，反而通過「弱化」（a deliberately weak hold）經典馬克思主義的強勢思維來賦予其一

---

[89] 一個發人深省的例子是，不少職業革命家和左翼知識分子不斷告誡運動者，抗議者的目標過於分散，因此必須建立一個明確的政治訴求，發展組織架構，方能對統治集團形成威脅，進而獲得政治資本。這種居高臨下的政治教誨多次引發學生的反感。在抗議青年看來，政治結果並非終極目的，因為「占領」這一行為本身就是實踐激進民主、反思體制的最佳形式。見Eva Cherniavsky, *Neocitizenship: Political Culture after Democracy* （New York, NY: New York University Press, 2017）, pp. 175-194.

線生機。德里達在《馬克思的幽靈》中寫道，1989年之後，任
何左翼永遠無法擺脫暴力革命的黑暗遺產。唯其如此，當代馬
克思主義唯有放棄其教條式的、進步論式的宏大敘事，去其肌
體，存其魂魄，方能滌蕩史達林主義的極權陰影，讓革命的彌
賽亞留存人間。承襲班雅明、阿多諾關於革命與神學的思考，
德里達以極富猶太神學色彩的筆觸渲染了一種馬克思主義的魂
在論（Marxist hauntology）：維護左翼的正當性，關鍵在於放
棄彌賽亞式的天啟革命（messianic revolution），轉而維護革命
的彌賽亞性（messianicity）。[90] 從這個意義上來說，這些抗爭
運動的參與者都是憂鬱的左翼：他們一方面極力維持政治訴求
的不確定性以避免墮入彌賽亞式的革命願景，另一方面從馬克
思主義的彌賽亞性中汲取批判能量，從而延續左翼追求詩學正
義的激情與執念。後革命時代的左翼青年像極了開篇電影《尤
利西斯的凝視》中孤獨的旅者，親眼目睹革命年代的退場，卻
留駐於烏托邦的廢墟之中久久不能釋懷，最終懷著與馬克思的
幽靈共存亡的悲絕信仰，執著地搜尋著救贖的微弱可能。

90　Jacques Derrida, *Specters of Marx: The State of Debt, the Work of Mourning &
the New International*（New York, NY: Routledge, 1994）；關於德里達魂在論
的討論，見 Michael Sprinker, ed. *Ghostly Demarcations: A Symposium on
Jacques Derrida's Specters of Marx*（New York, NY: Verso, 1999）；關於彌賽
亞性的討論，見Edward Baring and Peter E. Gordon, ed. *The Trace of God:
Derrida and Religion*（New York, NY: Fordham University Press, 2015）.

第四章

從漢語神學到政治神學
劉小楓與保守主義的革命

一、偶像的黃昏

　　無論是群星璀璨、各式新學舊說百舸爭流的清末民初，還是自新啟蒙運動迄新世紀數十年間政治起伏與文化變革目不暇接的全球化時代，以西洋宗教為鑒挑戰中國現世主義文化傳統者不乏其人。從戊戌後梁啟超、康有為以泰西政教體制為綱重建孔教信仰，新文化運動中趙紫宸、吳雷川、倪柝聲等中國教會領袖以基督神性補充儒家倫理之缺闕，到八十年代汪曾祺、韓少功、張承志等作家以「佛性」、「巫性」和「真主」為名追尋革命幻滅之後的精神家園，再到後現代主義濫觴之際楊慧林、何光滬等宗教學者以經文辯讀確證市場化潮流下人文學術之「意義」，西洋宗教中彼岸世界的強大精神力量令一代代中國士人心馳神往。圍繞著彼岸的超越性與此岸的世俗性、基督教普遍主義和儒學本土特質、世俗化進程與宗教魅影之間的張力，思想潮流的嬗變呈現為關於「信」與「用」、「宗教」與

「倫理」、「理性」與「神性」等不絕如縷的紛爭。

在此思想脈絡中，劉小楓（1956-）在美學、漢語神學和政治神學等諸多方面的思考和論述顯得別具一格。劉早在八十年代即以《拯救與逍遙》一書成名。受到西洋啟示宗教的原罪意識啟發，劉認為唯有基督教之「神道」方可超越蒼白無力的人道主義情感，賦予劫後餘生的個體徹底和深刻的尊嚴。文革之殤促使劉小楓反思歷史理性之局限，悟得現世生命之缺憾，通過將自身所在交付上帝，從而消解國家意志對個人的主宰。時至九十年代，劉小楓以「文化基督徒」之身分發起一場聲勢浩大的漢語神學運動，試圖調和中華文化本位主義和基督教普遍主義之間的張力。劉對終極價值（ultimacy）一往情深，無怨無悔，乃至公然宣稱「基督之外無救恩」，令人動容。從書生意氣的新啟蒙運動到泥沙俱下的市場經濟時代，多少人文精神的信徒改弦易轍，不知所蹤，或是心灰意冷淡出歷史舞台，或是成為了權貴資本主義體制下的弄潮兒。唯有劉小楓仍不忘初心，筆耕不輟，孜孜不倦地編織著一個個超凡脫俗的美學意象：從沉重的肉身到降臨的聖靈，從溫柔繾綣的革命戀人冬妮婭到背負著十字架苦行的耶穌信徒，劉對救贖的執著本身就是一則浪漫傳奇。

令人詫異的是，新千年伊始，劉開始專研德國法學家卡爾‧施密特（Carl Schmitt）和德裔美國政治哲學家列奧‧施特勞斯（Leo Strauss）的政治神學論述，並逐漸對早先的基督教信仰緘默不言。與此同時，劉以施特勞斯的介譯者身分大舉介入文化保守主義和自由主義的論爭，發出一陣陣密集的研究「排炮」，借廖平（1852-1932）和康有為之公羊學說發掘現代中國

革命的保守主義之微言大義。自此，他一改以往陰柔感性的抒
情風格和桀驁不馴的批判激情，轉而動輒以「古典」、「德
性」、「擔綱者」乃至「真理」自居，居高臨下地對墮入「啟
蒙狂熱」的自由派百般嘲弄。近年來，劉更是以反啟蒙、民族
主義言說以及「國父論」四處出擊，八面樹敵。2013年，一篇
意外流出的講稿〈如何認識百年共和的歷史含義〉在學術界引
發了巨大的爭議，再一次將昔日的文化偶像推到了風口浪尖。
在劉小楓眼中，百年共和之路以自由民主為綱乃是誤入歧途，
啟蒙不僅積重難返，還造成了虛無主義的氾濫和政治德性的喪
失。一個政治共同體的生命不在於對人民主權的保障，而取決
於「擔綱者的德性」。為了治癒西方啟蒙主義造成的「精神內
傷」，當代中國學人唯有奉毛澤東為國家圖騰，方能走出世俗
自由主義的迷思，重塑文明共識。[1]

　　對於深受劉小楓宗教情懷影響的大陸自由主義學人來說，
劉此時的「認賊作父」無疑是變本加厲的背叛。康德研究專家
鄧曉芒隨即寫下兩萬五千字長文逐條批駁劉小楓對啟蒙理念的
歪曲。在鄧看來，劉著「行文飄忽」，每每以美學論斷混淆政
治思考，其風格體現了中國文人濫用才情的通病。[2]《新京報》
更是以「偶像的黃昏」為專題詳細報道了眾多劉小楓的忠實讀
者對劉行徑的不安與疑慮：一個超凡脫俗的宗教思考者的聖像

1　見劉小楓，〈如何認識百年共和的歷史含義〉，《百年共和之義》（上
　　海：華東師範大學出版社，2015），頁68-95。
2　鄧曉芒，〈評評劉小楓的「學理」〉，2013年11月9日，https://www.
　　aisixiang.com/data/69423.html（瀏覽日期：2021年12月9日）。

突然崩塌了。[3] 毫無疑問，劉近來立場之嬗變與其思想的危險性
相繫相依：從納粹的「桂冠法學家」（Kronjurist des Dritten
Reiches）施密特的敵我之辨，到美國保守主義之父施特勞斯的
隱微教誨，再到毛澤東革命中暴力與烏托邦交織的天啟圖景，
劉小楓不斷地被各種危險的政治—神學理論所吸引，並每每以
煽動性的華美文辭將曖昧不明的狂狷之言描繪得引人入勝。然
而，即便是劉早期的神學思考，不也是充斥著錯位與爭議？在
人道主義甚囂塵上的八十年代，劉小楓便以其獨樹一幟的宗教
維度游離於呼喚人之覺醒的啟蒙運動主流之外。在圍繞文化基
督徒身分認同的紛爭中，劉對「文化」而非「信仰」的堅
持──研究、推廣基督教神學卻並不皈依任何教會組織──一
再受到正統基督徒的猛烈抨擊。無論是否承認劉小楓思想的
「轉向」，我們都面臨如下的難題：如果年輕時代的劉是如此
渴求來自彼岸世界的「神」的救恩，他如何要為此岸世界的
「國父」搖旗吶喊？一個甘願放棄塵世所有「政治、經濟、社
會的約束」而「緊緊拽耶穌基督的手」的虔誠聖徒何以突然為
旨在剷除一切神權的文化大革命招魂？[4] 是劉小楓背叛了耶穌基
督的信仰，還是他以一種高深莫測的形式揭示了彼岸世界的救
贖與此岸世界的革命之間的暗通曲款？

　　毫無疑問，這些問題對我們理解劉小楓的思想轉折至關重

3　吳亞順，〈偶像的黃昏〉，《新京報》，2013年6月22日，http://epaper.
　　bjnews.com.cn/html/2013-06/22/content_442472.htm?div=0（瀏覽日期：2021
　　年12月9日）。

4　劉小楓，〈我信「基督之外無救恩」〉，《聖靈降臨的敘事》（北京：生
　　活‧讀書‧新知三聯書店，2003），頁254。

要。本文試圖重構劉氏由漢語基督神學到保守主義政治神學的心路歷程。不同於當今學界對劉小楓思想多變的論斷，我認為，對「終極價值」（ultimacy）的追問貫穿了劉小楓數十載的學術和政治旅程。這意味著劉對此岸世界的政治神學（this-worldly political theology）的情深意切乃延續而非背叛了其早先對彼岸世界的宗教熱忱（other-worldly religious sentiment）。之所以強調「延續」，並非意在否定劉小楓在古今中西不同理論之間來回游移的姿態，而在於以思想的連續性為基點追問：為什麼劉小楓對超越世俗政治之神的執念最終喚醒了他對主宰塵世的政治之神的信仰？換言之，如果作為基督徒的劉小楓傳達的是他最誠摯隱秘的對超越政治（transcendence beyond politics）的渴求，它如何可能成為劉為革命領袖招魂乃至重塑政治根基（absolute ground for politics）的源動力？

　　為了更好闡釋劉小楓思想中世俗政治與神學之間的糾纏，我需要重述第一章引入的政治神學（political theology）這一理論術語。前文曾提到，在德國法學家卡爾・施密特看來，現代政治的世俗化進程在驅逐教會神權的同時，也導致了世俗國家倫理資源的虧空。[5] 以價值中立為原則的自由民主制無法解決政治共同體內部征伐不休、虛弱無力的困境，因此在危急時刻不得不求助於高懸於尋常政治之上的主權者以神裁之名降下決斷，以維護其根本持存。這種干預（decision）猶如神跡顯靈

5　這裡我引用了Peter Gordon以「現代性的規範性價值缺失」（The normative deficit of modernity）為切入點對施密特理論的剖析。見Peter Gordon, "Critical Theory between the Sacred and the Profane," *Constellations*, vol. 23, no. 4（December 2016）: 468-469.

（divine miracle），意味著即便是世俗政治權威也必須依賴宗教魅影方能維持其神聖性。6

　　正因為如此，政治神學不單單指涉右翼威權主義的政治議程，而是代表了後世俗時代西方政治與宗教之間的一種普遍的緊張關係。九一一恐怖襲擊之後，西方學界圍繞著宗教回潮與世俗化進程、知識與信仰、乃至多元自由主義的局限性爆發了激烈的爭論。這裡一個標誌性事件便是法蘭克福學派的重要代表尤根・哈伯瑪斯（Jürgen Habermas）對宗教與公民社會的重新闡釋。作為啟蒙理性的推崇者，哈伯瑪斯早年堅持任何神聖的信條必須轉譯為世俗話語（linguistification of the sacred）方能進入公共領域，然而近年來啟蒙的掌門人竟頻頻提醒世人警惕世俗主義的傲慢。在一個虛無主義、物質主義氾濫的時代，世俗自由主義無法解答什麼是良善生活的問題，西方社會因此需要重新考慮有限度地引入宗教信仰來重建公民社會的道德基礎。7 誠然，哈伯瑪斯的「後世俗社會」（post-secular society）

6　見Carl Schmitt, *The Concept of the Political*, trans. George Schwab（Chicago, IL: University of Chicago Press, 2007）；對施密特主權論的細緻分析，見John P. McCormick, *Carl Schmitt's Critique of Liberalism: Against Politics as Technology*（Cambridge, UK: Cambridge University Press, 1999）, pp. 121-156.

7　康德—羅爾斯式的自由主義律令（Kantian-Rawlsian proviso）強調權利優於善，因此多元自由主義社會不僅無法干預公民的個人宗教問題，而且禁止設立任何的公共信仰，然而這種對個人權利的守護帶來的一個顯著的問題便是：整個社會對於什麼是良善生活缺乏一定的共識。用Michael Sandel的話說，多元自由主義是一種「去本體論化的自由主義」（deontological liberalism）. 見Jürgen Habermas, *An Awareness of What is Missing: Faith and Reason in a Post-secular Age*（New York, NY: Polity, 2010）, pp. 15-23. Michael Sandel, *Liberalism and the Limits of Justice*, 2nd ed.（Cambridge, UK:

與施密特充滿威權主義色彩的政治神學無疑是南轅北轍。[8] 然而最不可思議的是，如果說啟蒙的根本理念是世界的去魅化，而如今自由主義的捍衛者卻動輒以「超凡魅力」（charisma）、「靈韻」（aura）乃至「非凡體驗」（extraordinary）等神秘主義的詞彙將自由民主再魅化，油然呈現出一種弔詭的神學風格。[9] 這究竟意味著啟蒙再度墮入神話，還是彰顯理性的自我救贖？

我認為，劉小楓關於革命與宗教的思考與西方政治神學的探索者呈現出一種奇異的選擇性親和（elective affinity）。如果西方學者更多的是在基督教退場、政教分離的世俗國家成形的西歐文化語境中思考政治與神學的相繫相依，劉小楓則是在革命烏托邦崩塌、市場經濟大潮衝擊傳統、信仰、集體、記憶和價值的後社會主義時代中探索重建終極價值的可能性。西方學界思考的重心在於世俗政治與基督教神學之間的承襲關係，即現代政治是如何從基督教的組織、符號和教義中汲取靈感。[10]

Cambridge University Press, 1998）, p. 48.

8　關於哈伯瑪斯對施密特政治神學的批判，見Habermas, "The Political: The Rational Meaning of a Questionable Inheritance of Political Theology," in *The Power of Religion in the Public Sphere*, ed. Eduardo Mendieta and Jonathan VanAntwerpen（New York, NY: Columbia University Press, 2011）, pp. 15-33.

9　例如，Andreas Kalyvas 認為，自由民主為了克服其庸常程序正義的內在缺陷，必須引入政治神學的非凡維度（the extraordinary）——從韋伯的超凡領袖到施密特的例外狀態——來捍衛其政治正當性。見Kalyvas, *Democracy and the Politics of the Extraordinary: Max Weber, Carl Schmitt, and Hannah Arendt*（Cambridge, UK: Cambridge University Press, 2010）.

10　這裡所謂的西方學界主要指的是二戰後德國思想家對現代政治神學化的系統反思。在洛維特（Karl Löwith）、沃格林（Eric Vogelin）和鄂蘭

相形之下，劉小楓的論述則側重於在革命的靈韻消散之後為日益物質化、虛無化、犬儒化的後毛時代尋找超越性的「絕對精神」。不言而喻，這種類比面臨著一個問題：如果我們將用以分析基督教文明世俗化的術語用來描述中國當代社會的去革命化，其中隱含的判斷則是將革命信仰與宗教信仰歸為同義詞。這種以神學概念推衍毛澤東革命的神聖性的路徑，早就因為混淆宗教與政治的區別遭到了政治學家的批駁。[11]

　　然而不可否認的是，在知青一代的成長環境裡，毛澤東的革命本身就是一種宗教式的救世情懷，它代表著「最高權威」，意味著「正義、美德和聖潔」，並喚起「理想主義、浪漫情懷、鋼鐵般的意志和九死不悔的意願」。[12] 在這裡，我借用佛洛依德與羅曼・羅蘭（Romain Rolland）共同提出的「海洋性感覺」（oceanic feeling）來描述革命烏托邦主義所召喚的宗教情感（religious sensation）。在《一種幻想的未來》（*The Future of an Illusion*）中，佛洛依德從病理學入手，企圖揭示浩瀚如海的宗教情懷源於嬰兒時代尋求母體庇護與心理慰藉之本

　　（Hannah Arendt）的分析中，現代威權政治往往借用基督教的救贖理念和末世論以神化自身的合法性。這種分析思路深刻地影響了當代西方學者對政治神學／政治宗教的討論。關於政治神學在當代西方政治理論界復興的概述，見Victoria Kahn, *The Future of Illusion: Political Theology and Early Modern Texts*（Chicago, IL: University of Chicago Press, 2014）, pp. 1-22.

11　例如，研究領袖崇拜的學者強調，毛澤東崇拜雖然借用了種種宗教符號和儀式，卻僅僅是一種對宗教元素的功能主義借用，因此不可以和宗教崇拜相提並論。見本書第一章的有關討論。

12　見Liu Xiaobo, "That Holy Word, 'Revolution,' " in *Popular Protest and Political Culture in Modern China*, ed. Jeffrey Wasserstrom and Elizabeth J. Perry（New York, NY: Routledge, 1992）, p. 310.

能需求。[13] 與佛氏「驅魅」式的剖析不同，羅曼・羅蘭卻認為
這種自發的、忘我的、虔誠的神秘情懷並非心理幻象，而是所
有宗教性體驗的情感基石所在：「它與教義、教條、教會組
織、個人之持存並無干係，而是一種簡單而直接的『永恆』之
感」。[14] 換言之，即便是毫無宗教信仰的異教徒亦能從海洋性
感覺中發掘自己與宗教的紐帶。學者喬敏指出，在羅蘭的個人
生命體悟中，正是「海洋性感覺」驅動他認同左翼理念，以忘
我的政治激情投身國際共產主義運動。[15] 同理，我認為毛澤東
革命激發的浩瀚無邊的宗教情感，曾經激盪在知青一代心中。
因此，革命烏托邦主義的陷落迫使劉小楓思考神學、信仰和終
極價值的問題。劉對跨越中西的宗教資源的思考離不開他的根
本關切：在共產烏托邦的神話煙消雲散之後，在革命的律令失
去約束力之後，究竟何種思想、信仰、文化傳統能夠為當代中
國社會提供一種超越性的價值，使得「海洋性感覺」重回人
間？

　　不僅如此，我們還要追問的是，劉小楓是如何通過自成一
格的保守主義神學理論來重估中國革命的內涵。對於研究二十
世紀中國思想史的學者而言，自五四以降，現代中國的「激

13　Sigmund Freud, *The Future of an Illusion*（New York, NY: W. W. Norton & Company, 1989）, pp. 11-13.

14　見 "The Letters of Sigmund Freud and Romain Rolland," in William B. Parsons, *The Enigma of the Oceanic Feeling*（New York, NY: Oxford University Press, 1999）, p. 173.

15　見喬敏，〈「海洋性感覺」的左轉與回潮：羅曼・羅蘭與中國的克里斯朵夫〉，未刊稿。

進」與「保守」立場長期處於勢不兩立的尖銳對立狀態：前者以法國大革命的平等主義為楷模，後者則強調中國傳統的自主性。[16] 作為五四反傳統主義的集大成者，毛澤東的共產革命不斷以「破四舊」、「批林批孔」、「橫掃一切牛鬼蛇神」為口號，掀起破除傳統封建迷信的狂潮，宣揚無產階級的新文化。[17] 劉小楓卻偏偏以「回到古典」為由，強調中國革命黨人的保守主義政治德性，放言毛澤東關於革命的「顯白教誨」所力圖遮蔽的是其恢復儒家傳統的「微言大義」。誠然，劉小楓罕見的跳躍思維和駁雜的學術背景使得他能夠以令傳統學院派難以認同的方式創造性地闡釋（或者歪曲）歷史，且跨越中西保守主義之間極為不同的理論傳統和政治立場為其所用，充斥著六經注我的狂放不羈。可是即便他山之石可以攻玉，以施特勞斯學派的解經術發掘毛澤東的儒家德性，未免顯得過於時空錯亂（anachronistic）。

然而我更關注的是，劉小楓徹底消解「激進」與「保守」之對立的驚世駭俗之言如何體現了當代中國保守主義的政治野心。隨著八十年代的啟蒙共識土崩瓦解，道術為天下裂，繼新

16　雖然激進／保守的二元對立不斷受到學者的挑戰，然而這些質疑往往是為了強調進步與保守之間存在著一大批持調和主義理念的溫和派，而並非旨在解構激進主義和保守主義之間劍拔弩張的關係。見余英時，〈中國近代思想史上的激進與保守〉，《錢穆與中國文化》（上海：遠東出版社，1994），頁188-222。

17　林毓生先生指出，需要在五四一代形成的激進主義語境下理解毛澤東反傳統主義氣質的起源。關於「五四反傳統主義」的論述，見Yu-Sheng Lin, *The Crisis of Chinese Consciousness: Radical Antitradtionalism in the May Fourth Era*（Madison, WI: University of Wisconsin Press, 1978）.

自由主義和新左派分道揚鑣之後，文化保守主義捲土重來，企圖超越左右之爭，徹底揚棄五四啟蒙的現代性，回到古典文明傳統。令人困惑的是，在史華慈先生（Benjamin I. Schwartz）看來，西學東漸之下，中國知識分子對於現代化的執念使得任何對於傳統儒家政治秩序的維護變得極為困難。二十世紀的中國保守主義者唯有退而求其次，在擁護政治民主化的同時推崇儒家文化傳統。[18] 因此，不同於柏克意義上的對既有政治體制的堅守，從國粹學派到港台新儒家的文化保守主義學說的要義在於調和儒家文化和西方啟蒙理念之間的張力。於是乎，在九十年代以降的大陸新儒家看來，這種調和不啻於放棄了儒家文教制度的「整全性」（holism），[19] 其結果是淪落為一種心性內聖之學而對外王之道諱莫如深。[20] 劉小楓的複雜性在於，他既代

18　雖然史華慈的論文發表於七十年代，最近關於中國保守主義的研究（例如 Brian Tsui 對蔣介石的右翼文化政治的闡發）也一再重申了他對文化保守主義的論斷。見Benjamin I. Schwartz, "Notes of Conservatism in General and in China in Particular," in *The Limits of Change: Essays on Conservative Alternatives in Republican China*, ed. Charlotte Furth（Cambridge, MA: Harvard University Press, 1976）, pp. 3-21; Tsui, *China's Conservative Revolution: The Quest for a New Order, 1927-1949*（Cambridge, UK: Cambridge University Press, 2018）, pp. 27-28.

19　這裡我所謂的「整全性」（holism）出自現代西方保守主義的理論。在赫爾德與柏克的眼中，一國既有的政治─文化秩序是一個有機的整合體（organic whole）：每一個組成部分不僅是獨一無二的存在，並且需要在這個特定的文化傳統中才能發揮其獨特作用。這種對於文化獨特性的強調無疑是對法國大革命以降普遍主義思潮氾濫的一種批判。在史華慈看來，現代中國的保守主義之所以無法捍衛中國傳統政治─文化的整全性，乃是因為現代化的範式已經使得儒家政制喪失了合法性。

20　見蔣慶，《公羊學引論》，（瀋陽：遼寧教育出版社，1995），頁1-8。

表了當代大陸保守主義企圖復活中國古典政治德性的野心，卻又不得不面對毛澤東的革命實則和儒家政制南轅北轍這一客觀事實。如果說政治保守主義是對既成政道的維護，劉小楓和他的同道則不得不以悖論的方式消解革命與保守之間的張力，將激進主義的「道」與保守主義的「道」合二為一，徹底治愈「百年共和的精神內傷」。

　　正因為如此，劉小楓近來思想中透露的政治野心使得客觀評價他的思想變得極為困難。當今思想界中將劉小楓和中國施特勞斯學派斥為新納粹主義的學者不乏其人。[21] 然而這種上綱上線的做法將思想的轉型化約為政治態度的轉變，道德主義的姿態既忽視了思想理念的自主性，也無助於我們理解劉小楓現象所折射的複雜性。固然，我們需要感慨二十世紀中國思想與政治意識形態之間的危險關係，然而自以為是站在歷史之外、看似義正言辭的批判，往往帶來傲慢與偏見。在鄂蘭看來，思考與倫理決斷之間的共生關係並非意味著以左翼或者右翼的道德標準先入為主進行審判。恰恰相反，思考本身蘊含著一種超越狹隘意識形態偏見的潛能，即排除任何既成的認知範疇（preconceived categories）而以純粹的道德本心體悟歷史的正義與不義（thinking without a banister）。[22] 因此，本文並非意在祭起啟蒙理性的大旗批判劉小楓的走火入魔。相反，我試圖以思想史的「內在視野」（immanent approach）還原劉小楓從漢語

21　見Eske J. Møllgaard, *The Confucian Political Imagination*（London, UK: Palgrave Macmillan, 2018），3.

22　Hannah Arendt, "Thinking and Moral Considerations," in *Responsibility and Judgement*（New York, NY: Schocken, 2003），p. 160.

神學轉向政治神學的思想旅程，細緻入微地指認、捕獲和闡釋
其不同思想階段的美學、哲學和政治論述。如果施特勞斯學派
解經術之要義在於放棄一切當代闡釋而「像思想家理解自身一
樣去理解他的思想」（understand a thinker the way he understood
himself），我試圖遵循的方法原則便是暫時懸置劉小楓被冠以
的各式各樣的政治標籤，而專注於闡釋「劉小楓如何理解自
身」：他如何以文革之殤悟得基督救贖之道，如何在中國文化
與基督信仰之間徘徊躑躅，又是如何由施特勞斯回顧古典，重
認毛澤東為國父。[23] 唯有還原劉小楓的思想歷程，我們方能體
察革命與宗教、啟蒙與神話、祛魅與再魅化之間的複雜律動。

　　我對劉小楓思想的同情之理解並不意味著對其學說的政治
危險氣息熟視無睹。政治與哲學的關係向來是治現代思想史者
耳熟能詳的課題。劉小楓所心迷神醉的各路神學家和哲學家無
一不捲入了各式各樣的政治風波，因此劉著思想的倫理學問題
是避不開的話題。我的研究路徑，深受海德格的納粹主義公案
的影響。由於海德格在納粹時期所扮演的極富爭議的角色以及
其戰後公然拒絕懺悔的行徑，西方哲學界關於存在主義的政治
性的爭論數十年來可謂是汗牛充棟。[24] 近年來，其遺作手稿

---

23 施特勞斯的解經法往往強調避免任何的後視之明、以思想所處的歷史情境
　理解該思想家自身的意圖——他面對的哲學問題、思想上的對話者以及他
　所理解的解決之道。對於堅信古代遠勝現代的施特勞斯來說，唯有還原古
　代思想家被遮蔽的意圖方能祛除現代闡釋所造成的曲解和誤會，從而重返
　古典思想世界。

24 關於存在主義的政治醜聞的爭論集，見Richard Wolin eds., *The Heidegger
　Controversy: A Critical Reader*（Cambridge, MA: The MIT Press, 1998）；關
　於海德格與納粹政黨的關係之詳述：Hans Sluga, *Heidegger's Crisis:*

《黑皮書》中露骨的反猶主義更是在哲學界引發一場政治地
震。[25] 不難想見，諸多學者秉持阿多諾的憤怒宣言：存在主義
的「每一個毛孔裡都浸潤著法西斯主義」。[26] 然而不論海德格
在政治上有多麼不堪，我們都無法忽視其存在主義哲學對二十
世紀後半葉各式各樣的思潮的巨大影響——一位研究者甚至用
「海德格的孩子們」來形容從法國後結構主義到德國批判理論
的幾乎所有戰後歐洲時髦理論背後的存在主義底色。[27] 最為弔
詭的是，這些叛逆的海德格弟子對師尊如此厭惡的原因，不只
是因為他頌揚國家社會主義的「內在偉大和真理」（the inner
truth and greatness of National Socialism），更是因為他背叛了此
在（Dasein）的詩意哲學承諾。1953年夏天，年輕的哈伯瑪斯一
面為海氏的才華和哲思所傾倒，一面因其政治共謀的行徑而無
比痛苦。愛恨交織之下，哈伯瑪斯昭告世人，「反抗海德格的
最佳方式在於與海德格一起思考」（think with Heidegger against
Heidegger）。在思想史家Peter Gordon看來，這種看似曖昧的辯
證法實則暗藏玄機：正是因為海德格的惡劣行經背叛了自身學

Philosophy and Politics in Nazi Germany（Cambridge, MA: Harvard University
Press, 1993）；海氏戰後的沉默政治，見Berel Lang, *Heidegger's Silence*
（Ithaca, NY: Cornell University Press, 1996）.

25 見Peter E. Gordon, "Heidegger in Black, *The New York Review*, Oct. 9, 2014,
https://www.nybooks.com/articles/2014/10/09/heidegger-in-black/.

26 對存在主義的納粹元素的細緻梳理，見Richard Wolin, *The Politics of Being:
The Political Thought of Martin Heidegger*（New York, NY: Columbia
University Press, 2016）.

27 見Wolin, *Heidegger's Children: Hannah Arendt, Karl Löwith, Hans Jonas, and
Herbert Marcuse*（Princeton, NJ: Princeton University Press, 2015）.

說所蘊含的革命性理念，後輩學人才更有義務去偽存真，將存在主義的哲學意蘊從意識形態的泥潭中拯救出來。[28] 從鄂蘭、馬庫色等海氏親炙弟子以哲學的公共性對抗存在主義的唯我論，到列維納斯、德里達等法國學者以「他者」的倫理學反思形而上學之存有，這些思想家對存在主義異彩紛呈的創造性轉化無一不在提醒世人，我們對思想的政治反思不是簡單的道德批判，而必須從抽象的哲學概念層面入手，細膩地體察、發掘乃至重構思想的政治潛能。

　　接下來，我將以時間為線索勾勒出劉小楓的三個不同的思想肖像：新啟蒙運動中的德國浪漫主義者、九十年代初的文化基督徒，以及千禧年之後的保守主義政治神學家。我的論述重心在於：這三次思想轉向並非劉的心血來潮，或是政治投機主義。相反，每一次轉向背後的根本動力源於其對超越性終極價值的渴求。正是這種近乎宗教式的虔誠和狂熱迫使他不斷地翻新理論姿態，在變幻的中國思想版圖中確立絕對精神的位置。八十年代初，劉企圖引入超越性的基督信仰來拒斥革命的神話。然而，中國文化的現世性使得他不得不思考基督神學本色化的問題。劉由此陷入了困局：他對超越文化的絕對精神的渴求使得他無法接受神學的本色化或是語境化。在第二個階段，施特勞斯關於現代與古典之對立的論述使得劉小楓得以懸置中西之爭，並以一種普遍主義的視角審視古今之爭。在回顧古典的號召下，劉開始鑽研保守主義復興的問題：如何調和激進革

28　見Gordon, "A Lion in Winter," *The Nation*, September 13, 2018, https://www.thenation.com/article/archive/a-lion-in-winter/.

命與儒家政治德性之間的張力。最終，施密特關於主權和法
（nomos）的論述為劉小楓提供了一套完美的解決方案：從根本
價值判斷的視角將儒家政治德性與共產革命闡釋為一套連續的
傳統。自此，劉小楓完成了從漢語神學到政治神學的轉向。

二、拯救與逍遙

　　1967年的初夏，少年劉小楓戀上了冬妮婭。此時此刻，舉
國上下正處在紅衛兵運動的狂潮之中，位於西南邊陲的重慶更
是掀起了武鬥的狂潮。時年1月，學生造反組織「八一五派」在
軍隊的支持下宣布奪取重慶市黨政機關一切權力，成立「革聯
會」。左翼運動風起雲湧之際，遭到鎮壓的反動派也不甘示
弱，重新集結在「反到底派」的旗號下奮力反擊。炎炎夏日之
中，重慶的文革愈演愈烈，兩派反覆動用槍枝、坦克、高射機
槍乃至炮船等武器，在城區、工廠和郊區不分晝夜地相互廝
殺。在劉小楓日後寫下的回憶錄裡，我們可仍然可以感受到少
年對摧枯拉朽的革命暴力的恐懼：

　　　　就在那天夜裡，自動步槍的點射和衝鋒槍的陣陣掃射通
　　宵在耳邊迴蕩，手榴彈的爆炸聲不時傳進我陣陣緊縮的恐
　　懼中：總攻交電大樓的戰鬥在我家五百米遠的範圍內激烈
　　進行。清晨，大樓冒起濃煙。「保派」通宵攻擊未克，乾
　　脆放火，三面緊縮包圍——死守的「反派」戰士們終於棄

樓而走。[29]

令人驚奇的是，儘管咫尺之遙之外是綻放的死亡之花，困於家中的劉竟在如痴如醉地閱讀著蘇聯革命小說《鋼鐵是怎樣煉成的》。他對保爾・柯察金波瀾壯闊的紅色歷程毫無興趣，卻迷戀著保爾的初戀情人、一個「繚繞著蔚藍色霧靄」的大家閨秀冬妮婭。[30] 在奧斯特洛夫斯基筆下，冬妮婭是一位資產階級的貴族小姐，雖然出於善心收留了落難中的保爾，卻因階級立場不同最終和保爾分道揚鑣。可劉偏偏對高傲矜持的貴族小姐心馳神往。多年之後，劉在一篇散文〈記戀冬妮婭〉中如此描述曾經的懵懂少年對這個虛構人物的初戀情懷：「她性格爽朗，性情溫厚，愛念小說，有天香之質——烏黑粗大的辮子，苗條嬌小的身材，穿上一襲水兵式衣裙非常漂亮，是我心目中第一個具體的輕盈透明的美人兒形象。」[31] 令劉困惑不解的是，冬妮婭出於單純的愛慾委身於主人公，而保爾卻以獻身革命的理由義正言辭地叱責冬妮婭對平凡愛情的嚮往。保爾所心馳神往的革命，是集體主義的、粗魯的、暴力的、禁慾主義的，且服從於一個宏大的目的：「我的整個生命和全部精力，都獻給了世界上最壯麗的事業——為解放全人類而鬥爭」。而冬妮婭則代表了個體愛慾的脆弱精緻。她的獻身，則是個體的愛慾行為，是對夫妻情愛和個人自由的奮不顧身的渴求。於是在劉看

29　劉小楓，〈記戀冬妮婭〉，《這一代人的怕和愛》（北京：華夏出版社，2007），頁43。

30　同上，頁51。

31　同上，頁43。

來，冬妮婭的毀滅，暗示著革命最終吞噬了它的兒女們：「那場被認為是解放全人類的革命（是）以滅除個體的靈魂和身體用最微妙的溫柔所要表達的朝朝暮暮為目的」。[32]

　　我認為，這篇散文雖然產生於上世紀末告別革命的思想語境，卻對理解劉小楓思想原點有著至關重要的作用。如果說劉在冬妮婭身上散發的「歌謠、祈禱、詩篇和小說的貴族氣」中看到了自己自憐無力的、浪漫感傷的靈魂，旨在砸爛一切的文革則給他留下了無法癒合的原初創傷。少年劉小楓目睹了無數冬妮婭式的少女為了革命前赴後繼地獻身：武裝遊行中滿體皆春的重慶姑娘，兩派混戰中戴著綠色鋼盔、手握五六式衝鋒槍堵截反動派的女戰鬥隊員，以及忘情於革命活動與情愛遊戲的知青情侶，然而她們都無一例外地走向了死亡。在一個為犧牲烈士舉行的盛大葬禮之中，劉小楓驚覺那所謂的革命烈士不過是一位高中女生：「她的頭歪向一邊，左邊臉頰浸在草叢中，慘白的雙唇像要貼近濕熱的中國土地」。[33] 毫無疑問，文革暴力給劉帶來的是失去冬妮婭的深深恐懼。劉迷惘地質問：「這個姑娘難道不是將來某一天要在新婚之夜撥起脈脈溫情，在將來某一天用顫然的手臂抱起自己的嬰孩的那個她嗎？」為何一場自詡是解放全人類的革命要以滅除「單純的繾綣相契的朝朝暮暮」為手段？[34]

　　在〈記戀冬妮婭〉中，劉小楓為自己年少時的精神狀態留

32　同上，頁51。

33　同上，頁46。

34　同上，頁49。

下一頁痛苦的獨白：情慾與禁慾，革命的激情與死亡的恐懼，以及那種揮之不去的布爾喬亞式的自我迷戀。讓劉「驚恐得發抖」的原初創傷不啻於冬妮婭的毀滅：她的貴族氣質、溫柔繾綣、不諳世事——這一切都被號召掃蕩一切花拳繡腳、文質彬彬的革命洪流砸得粉碎。雖然劉並未直接痛斥革命的暴虐，然而毛澤東的幽靈則無處不在：他化身為不解風情的保爾，化身為暴力的信徒牛虻，化身為狂熱的獨裁者羅伯斯庇爾，而劉小楓自己那顆脆弱精緻的靈魂則潛藏在被革命者拋棄的戀人身上，一遍遍地體味著革命對個體的專政。[35] 從見證文革血腥恐怖的紅小兵到深入鄉村插隊落戶的知識青年，十年浩劫深刻地塑造了劉小楓的「怕」與「愛」：怕的是群眾運動滌蕩一切的天啟暴力，愛的是革命間隙中稍縱即逝的焦灼愛慾和生命感覺。為何「乘槎馭駿的革命者」每每祭起民族、革命和領袖的大旗要求個體犧牲「薄如蟬翼的愛慾」？究竟是什麼神秘的力量能夠超越革命的呼喚，使得那「剎那的永恆」閃耀著靈韻的芬芳？[36]

　　帶著困惑與不解，劉於1977年從插隊的深山回到城裡，先是在重慶市立圖書館當小職員，隨後入讀四川外國語學院德語專業，四年後考進北京大學，拜入美學家宗白華門下攻讀美學碩士。彼時，京城的文藝界正在掀起一場史無前例的文化熱：關於人道主義和青年馬克思的討論尚未偃旗息鼓，各式各樣的

35　見劉小楓，《沉重的肉身》（北京：華夏出版社，2007），頁1-73。

36　見劉小楓，〈我們這一代人的怕和愛〉，《這一代人的怕和愛》，頁12-23。

西學理論和哲學思潮——從海德格、韋伯、沙特到俄國形式主
義和後結構主義——經過大規模的介譯開始進入中國知識分子
的視野，承載著八十年代的學術團體對政治變革的期待和革新
文化的訴求。[37] 正如秦暉的比喻「荊軻刺孔子」所昭示，新啟
蒙主義對革命政權的批判和反思往往以反封建反傳統文化為幌
子，其文化政治承襲了五四運動的精神，試圖以革新思想文化
為手段介入政治問題。[38] 這場浩浩蕩蕩的新啟蒙運動並非一個
統一的整體，而是匯聚了民間和學院體制內部反正統和要求西
化的力量，旨在超越官方主導的對文革和階級鬥爭的有限清
算，而重新建立一套關於人性、理性和社會發展的嶄新知識體
系。[39]

　　劉小楓早期學術生涯的展開離不開八五前後青年學術群體
的出場。根據當事人的記憶，八十年代的學術群體中有三個較

37　關於文化熱中中國知識分子對西方理論的接受史，見Xudong Zhang, "On
　　Some Motifs in the Cultural Discussion," in *Chinese Modernism in the Era of
　　Reforms*（Durham, NC: Duke University Press, 1997），pp. 71-100.

38　與秦暉的評價遙相呼應的是林毓生對五四運動「藉思想、文化以解決政治
　　問題」的論斷。

39　汪暉認為新啟蒙運動深受現代化意識形態的影響，意在為新自由主義市場
　　經濟秩序的構建提供意識形態的基礎，這種論斷對八十年代知識分子和社
　　會主義國家之間的緊張關係並未作出進一步的分析。我所採用的是李陀的
　　看法，即知識分子主導的新啟蒙運動和官方的思想運動之間不斷發生衝突
　　和妥協，最終在八九年分道揚鑣。見查建英，《八十年代訪談錄》（北
　　京：生活・讀書・新知三聯書店，2006），頁274；汪暉，〈當代中國的思
　　想狀況與現代性問題〉，《去政治化的政治：短20世紀的終結與90年代》
　　（北京：生活・讀書・新知三聯書店，2008），頁58-97；關於八十年代文
　　化熱的精彩分析，見賀桂梅，《「新啟蒙」知識檔案：80年代中國文化研
　　究》（北京：北京大學出版社，2010）。

為顯著的團體：文革之後首先浮出水面的是以周揚、王若水為代表的黨內理論家，他們企圖以人道主義的馬克思主義為線索呼應「撥亂反正」的政治轉型；與政治上的思想解放相伴的是學術的解凍，由此出場的是李澤厚、龐樸、王元化等較為溫和的學者型知識分子以美學、哲學以及歷史研究為陣地關注改革進程；最後一批則是以《文化：中國與世界》編委會為核心的年輕一代，他們多為剛剛完成學術訓練的七七、七八級大學生，試圖以援中入西為手段建立一套關於啟蒙的新知識體系。[40]與劉小楓尤為密切的是《文化：中國與世界》編委會的小圈子。這些年輕學人大多是北大外哲所的同學。作為有著「全盤西化」之稱的激進派，他們最為顯著的特質是恪守西學（特別是海德格）關於現代性的論述，並徹底拒絕與從馬克思主義到儒家的中國傳統理論資源對話。例如，編委會的核心人物甘陽曾坦言，他對批判極左思潮之類的馬克思主義內部爭鳴毫無興

40　我的劃分方法綜合了不同當事人的描述。值得一提的是，自從查建英的《八十年代訪談錄》問世掀起一陣八十年代的懷舊熱以後，關於不同學術團體在新啟蒙運動中的影響力的爭論一直不絕如縷。根據甘陽、張旭東等人的回憶，以《文化：中國與世界》編委會為核心的青年學術團體在文化熱中占據了極為重要的地位。這種說法近來遭到了不少質疑。關於甘陽的回憶，見查建英，《八十年代訪談錄》，頁166-245；對甘陽論述的批判，見王學典，〈80年代是怎樣被重構的？──若干相關論作簡評〉，《開放時代》，2009年6月，頁44-58；對於大陸學界對八十年代的回憶與反思的綜述，見姚孟澤，〈1980年代研究：來路與方向〉，《南方文壇》，2017年6月，頁93-100；對於八十年代學術團體的研究，見Jing Wang, *High Culture Fever: Politics, Aesthetics, and Ideology in Deng's China*（Berkeley, CA: University of California Press, 1996）；關於當事人的回憶，見查建英，《八十年代訪談錄》，頁126-128、196-226、274。

趣，而強調直接進入海德格對西方現代性的批判。[41] 張旭東也認為，八十年代文化熱中，研究西學本著「穿越西方，回到中國」的闡釋學，使得西學對現代性問題的論述成為了當代中國文化意識的核心部分。[42]

　　正是在這樣一個德國哲學熱潮的影響下，劉小楓的第一部著作《詩化哲學》試圖梳理德國浪漫主義美學的百年歷程。在劉粗放的論述中，德國浪漫主義從早期的浪漫派到當代新馬克思主義的美學傳統一直試圖超越工業文明和技術理性的主宰，構建一種超越性的詩性存在方式。劉將自身追求超越體驗的訴求投射在其對德國浪漫主義的理解上，提出了「詩的本體論」一說。對他而言，所謂「詩意的憩居」就是「從另一個世界，另一個更高的、理想的、超驗的世界來重新設定現實的世界」。[43] 如此解讀德國浪漫主義傳統雖然不免粗淺之嫌，卻折射了新時期學人對「人」何以為人的持續思考。從傷痕書寫中的人性論到蔚為風潮的文學主體性，如何恢復個人尊嚴、構築一套以人為思考中心的知識體系一直是新啟蒙運動的核心訴求之一。[44] 在這個意義上，德國浪漫主義無疑為人道主義論述提供了豐厚的理論資源。查爾斯・泰勒（Charles Taylor）曾經指出，西歐啟蒙運動關於「個人」的論述最為顯著的特點即是發

41　查建英，《八十年代訪談錄》，頁222-223。

42　張旭東，《全球化時代的文化認同》（北京：北京大學出版社，2005），頁3。

43　劉小楓，《詩化哲學》（濟南：山東文藝出版社，1986），頁34。

44　關於八十年代人道主義的論述，見賀桂梅，《「新啟蒙」知識檔案：80年代中國文化研究》，頁51-114。

掘一個具有深度、內在性和道德判斷力的「自我」，而正是浪漫主義關於美學、情感和宗教的論述給予內在自我以尊嚴和能量。[45] 與泰勒的現代自我遙相呼應，劉小楓亦是以浪漫美學對個體無限性的迷醉和酒神情感的宣揚來重新確證人的尊嚴。然而，與人道主義論述不同的是，劉對內在自我的發掘並非高揚個人的能動性。相反，自我的精神核心是一種「虔敬的沉迷狀態」，它通過溝通有限自我與無限整體的界限，來以一種超驗的審美態度來將世界詩意化。[46] 換言之，劉小楓的「詩性的本體」並非康德意義上自我立法的主體，而是個人之外的一個超越世俗的、神性的存在。有限的自我唯有把個體意識「上升到神性的意識，從而在無限中並通過無限去把握所有限的事物」，方能獲得永恆之道。[47]

由此可見，在由浪漫主義美學走向基督信仰的劉小楓看來，唯有無限的神道方可超越膚淺的布爾喬亞主義，賦予革命之後的個體一種更為徹底和深刻的尊嚴。[48] 劉之所以會與人道主義分道揚鑣，在於他始終認為革命本身蘊含著一種超越世俗的宗教性，因此必須引入另一種神性的力量才能真正放逐革命。在劉看來，毛時代的理想主義和烏托邦精神使得四五一代

45　Charles Taylor, *Sources of the Self: The Making of the Modernity Identity*（Cambridge, MA: Harvard University Press, 1989）.

46　劉小楓，《詩化哲學》，頁36。

47　同上，頁38。

48　劉小楓由浪漫主義走向神學的思想軌跡，正是八十年代不少學人對他的評價。例如甘陽便認為，劉小楓一直追求一種靈性的東西，他是從德國浪漫派的詩意靈性的神性逐漸走向基督信仰的。查建英，《八十年代訪談錄》，頁215。

學人從年少之時便深受「一種我們民族文化根本缺乏的宗教品
質」所熏陶。[49] 劉對於革命的反思在於，文革藉用神聖之名犯
下了滔天罪行，從而證明共產主義僅僅是一場「偽造的神
跡」：「這代人起初並沒有想到，理想主義竟然也會有真偽之
別。這代人曾經幼稚地相信，神聖的社會理想定然會在歷史的
行動中實現。那些……生命，早已為此而埋葬在無數沒有鮮
花、沒有墓志銘的一座座墳塋。」[50] 在劉看來，革命理想主義
的災難恰恰在於一種世俗主義的狂妄：革命者認為憑藉一套
「客觀必然」的真知便可以在此岸世界建立完美的天國。這種
傲慢的理性不過是一套謊言，因為真正的神永遠是遙不可及
的。唯有凡人感覺到自然狀態之欠然，體悟到個體生存於偶在
性中，意識到此岸世界和彼岸世界之間的鴻溝，方可迸發追求
更高的存在之意向。

　　1988年，已赴深圳大學任教的劉小楓出版了《拯救與逍
遙》一書，不但掀起了一股宗教熱潮，也標誌著劉基督信仰的
成型。劉在引言中指出，此書的目的在於拋棄既有的中西文化
比較框架而「走向絕對精神」。[51] 自五四以來，現代中國美學
家懷著民族主義立場拒斥基督教精神，試圖在儒釋道傳統中尋
找得以安身立命的終極價值。不僅如此，華夏美學家頻頻聲稱
唯有中國的道德—審美精神才能拯救陷於物質文明的西方精

49　見劉小楓，〈我們這一代人的怕和愛〉，《這一代人的怕和愛》，頁15。
50　同上，頁15。
51　這裡我引用的是修訂版而並非1988年的原版。雖然兩個版本之間略有差
　　異，但是作者的根本觀點並未改變。見劉小楓，《拯救與逍遙》（修訂
　　本）（上海：華東師範大學出版社，2011），頁8。

神。可是在劉看來，絕對的價值之所以「絕對」，在於能夠逾
越民族國家的衝突和文化形態的限制而以一種超脫的普遍主義
視角審視人類生存的困境和意義。如果中國道德—審美精神要
與基督教文明一較高下，則必須褪去其中國文化的「根」而直
面絕對價值本身。然而在劉小楓看來，無論是儒家現世主義的
傳統還是老莊的逍遙之術，都無法提供一個超驗的價值根源。
站在基督教的立場上，劉小楓認為儒家關於天人合一的治道理
念使得個體以「天命」自居，君子承德成王均是發於本心意
願，因此替天行道行的是「人」道而非「神」道。道家審美主
義要求「無憂無慮、無知無情、順應自然」的理念也並非昭示
了終極之道，而只因黃老之術的終極完全沒有神性之維，
「道」只是以萬物為芻狗的、野蠻的原初狀態，一個「生命自
己如爾……沒有生命本源的一」。[52] 以一言蔽之，儒家的「拯
救」和道家的「逍遙」均無彼岸可渡，而是把超越之道建立在
凡塵，以「維護一切生存意趣的此岸性」。[53] 最後，劉小楓將
儒道兩家的終極價值歸結為樂感精神，一種把「現世生命的快
樂感受作為精神在世的基礎」。[54]

　　從某種意義上來看，劉小楓關於儒道美學神性之維的缺失
無疑直指樂感文化的倡導者李澤厚。1981年，李澤厚的《美的
歷程》問世，隨即引發一陣美學熱潮。在隨後的論著中，李以
「樂感文化」來概括積極入世的儒學情理結構。作為一種情感

52　同上，頁210。

53　劉小楓，《現代性社會理論緒論》（上海：上海三聯書店，1998），頁
　　317。

54　劉小楓，《拯救與逍遙》，頁149。

形式，「樂」拒斥宗教式的「狂熱、激昂、激烈的情感宣
洩」，這種中正平和的情緒「源於禮，發乎情，與政通」，將
審美與教化融為一體，形成一套瀰漫著理性主義精神的世俗秩
序法則。[55] 與劉小楓的基督情懷相反，李澤厚並不欣賞猶太—
基督教傳統中的超越性信仰，而是推崇以「美」、「情」和
「度」為基準的儒學情感論。在李看來，孔子解決終極價值的
途徑是以人性內在的道德自覺和責任意識排解宗教式的恐懼情
緒和神秘主義元素，構築一套以禮為核心的世俗倫理關係。筆
者在第一章已指出，李的思考路徑上承蔡元培的「美育代宗
教」一說，以一種具有超越性但不失人間情懷的美學本體論以
對抗西洋宗教的信仰之魅。李澤厚九十年代關於「情本體」的
提法，更為直接地以「此世之情」的本體力量拒斥神的本體。
樂感文化「沒有去皈依神的恩寵或拯救，而只有對人的情感的
悲愴、寬慰的陶冶塑造」。由此，樂感文化將最終所在寄託於
「這人類化的具有歷史積澱成果的流動著的情感本身」，從而
開啟了「把超越建立在此岸人際和感性世界中」的華夏美學之
路。[56]

　　相形之下，劉小楓更為推崇的是基督教的罪感文化。與儒
學的成聖成德論相反，基督教神學中的人因背負原罪，淪為凡
塵墮落之物。劉卻認為原罪意識並非引發「生命的自棄感」，
反而能夠「修復自身與神聖生命的原初關係」：

55　李澤厚，《華夏美學・美學四講》（北京：生活・讀書・新知三聯書店，
　　2008），頁18-34。
56　同上，頁62。

> 罪感恰恰是把人與上帝重新聯繫起來的第一個環節，使
> 人意識到自己的自然狀態實際上是不自足的，自然狀態就
> 是淪落狀態。淪落要走向贖回，罪人只有回到上帝身邊才
> 能重生。「重生」概括了從淪落到贖回的超越。基督教強
> 調兩種生命、兩種靈魂、兩個世界，其意義就在這裡。[57]

換言之，唯有罪感方能讓凡人認識到此岸世界的缺憾，繼而放
棄現世的一切樂感情懷，轉而將救贖的希望寄託於上帝之愛。
值得玩味的是，劉並非意在徹底消解人之主體性，以虔敬的姿
態匍匐於神的面前渴求聖恩垂憐。相反，人格雖然是神格的拙
劣模仿，卻因上帝之愛而獲得了無限尊嚴。[58] 通過將人的內在
世界交付於彼岸世界的救贖，把個體的內在自由從外在的社
會—國家意志中解放出來，使人的解放與宗教信仰息息相關。
在劉看來，唯有基督教的神道方可解構革命烏托邦的神話，以
超驗世界的愛和救贖來驅逐革命對個體的主宰。

　　誠然，劉小楓關於罪感意識的提法離不開啟蒙知識分子對
文革之惡的反思和懺悔。第一章已經提及，巴金的《隨想錄》
在八十年代蔚為風潮，啟發了大批學人反省知識分子在革命狂

57　劉小楓，《拯救與逍遙》，頁158。

58　劉小楓關於上帝之愛的論述與德國浪漫主義者的基督人格論（Christian personalism）頗為類似。在思想史家Warren Breckman看來，基督人格論者認為人格與神格之間存在著複雜的脈動，人性內在的、感性的、豐富的情感流變均是由神性所鑄成，因此人格的複雜性不可能被康德式的理性主體所替代。見Warren Breckman, *Marx, the Young Hegelian, and the Origins of Radical Social Theory: Dethroning the Self*（Cambridge, MA: Cambridge University Press, 1998）, p. 11.

飆年代的罪責。[59] 與人文主義者試圖以罪感意識呼喚人之道德
職責不同的是，文革的浩劫使得劉小楓絕望地認為生活世界由
荒誕和虛無構成，個體的自我殘缺和破碎使得道德良知都無法
承受此岸世界的惡。[60] 國殤已然發生，任何喚起劫後餘生的個
體倫理職責的論述，不但不能了卻創傷，反而導致壓迫的回歸
（the return of the repressed）。這種因歷史浩劫和滔天罪孽而引
發的震驚體驗和戰後西德知識分子對德意志民族罪責（Schuld）
之宗教維度的討論頗有相似之處。逝者已歿，生者何堪。阿多
諾的名言「奧斯維辛之後，作詩亦是一種殘暴」彰顯納粹種族
清洗的罪惡已經突破了世俗限界而成為原惡之所在。雅斯培也
以「形而上的罪責」（metaphysical guilt）來討論超越法律、政
治層面的宗教原罪，認為此種罪責的最終裁判者乃是上帝本身
（jurisdiction rests with God alone）。[61] 對於劉小楓而言，正是
因為人性的善惡難分、歷史的矛盾反覆和正義的晦暗不明，唯

59　需要指出的是，巴金的《隨想錄》固然對知識分子反思文革暴力與共謀的
　　關係起到了極大的推動作用，可是這種影響基本上是建立在對巴金的誤讀
　　上。與盧梭的《懺悔錄》不同的是，巴金的懺悔離不開共產主義政治文化
　　中對自我批評的儀式化和內化。學者鍾文便指出，巴金一輩子都在不斷自
　　我否定：從五十到七十年代為自己的階級出身懺悔，到八十年代為自己的
　　盲從和軟弱懺悔，巴金的自我譴責與文革時期的思想匯報差別實在不大。
　　當然，我們不可就此忽視巴金的道德良心和影響力。見鍾文，〈「懺悔」
　　與「辯解」，兼論反思歷史的方式──以巴金《隨想錄》為例〉，《文藝
　　爭鳴》，2008年4月，頁6-12；關於罪感文化與中國文學傳統的系統論述，
　　見劉再復、林崗，《罪與文學》（北京：中信出版社，2011）。

60　劉小楓，《拯救與逍遙》，頁373-377。

61　見Karl Jaspers, *The Question of German Guilt*, trans. E. B. Ashton（New York,
　　NY: Fordham University Press, 2001）.

有承認「人與生俱來的欠然」並認信「基督之外無救恩」，方能以「上帝之愛的無限豐富」直面歷史深處的虛無和人性的淵藪。62

至此，劉小楓的基督價值立場已然徹底成型。整個八十年代，劉試圖在傳統崩壞和反思革命的語境下追尋一種精神性的終極價值。出於對儒道文化中彼岸信仰缺失的失望，他為基督教義中彼岸世界的超越性所深深吸引。此時，尚未接受系統神學訓練的劉對基督教的認知主要是基於德國浪漫主義和陀思妥耶夫斯基小說中的宗教哲思，因此帶有強烈的個人生命印記。63 即便如此，我們可以感受到劉對「絕對」價值的一種知識上的狂熱和情感上的無比虔誠。在革命的理想主義煙消雲散、一切神聖的東西都已被褻瀆的彷徨年代，劉小楓渴求一種徜徉肆恣的鴻蒙之光以擔當生命的荒誕與凡塵的惡。接下來我們將會看到，劉對超凡脫俗的神的原教旨主義式的熱忱竟以最不可思議的方式成為他日後轉向政治神學的源動力。

62　劉小楓，〈我信「基督之外無救恩」〉，《聖靈降臨的敘事》，頁253-254。

63　劉小楓自言其早期的基督信仰源自齊克果、陀思妥耶夫斯基、舍勒托夫的宗教哲思。不少西方學者認為，大陸的文化基督徒將閱讀《聖經》看做一種開放式的精神修行，而並非從基督徒的角度無條件認信主的權威，因此往往和教會神學多有齟齬。見Fredrik Fällman, "Hermeneutical Conflict? Reading the Bible in Contemporary China," in *Reading Christian Scriptures in China*, ed. Chloë Starr（London, UK: T&T Clark, 2008）, p. 58.

三、人神之間

　　1989年前後，隨著新啟蒙運動的黯然收場，劉小楓遠走瑞士，赴巴塞爾大學（University of Basel）攻讀神學博士，1993年輾轉來到香港中文大學，不久擔任漢語基督教文化研究所的學術總監一職，從事歷代基督教思想學術文庫的編譯計劃。[64] 時值大陸知識界朝野噤聲、萬馬齊喑之際，劉開始以文化基督徒的身分介入宗教研究界關於漢語神學的思想論爭。所謂「漢語神學」，指的是九十年代在大陸宗教研究學者中興起的、輻射海外華語世界的基督文化詮釋運動。1994年，劉小楓與楊熙楠合作恢復《道風》學刊，並冠以「漢語神學」的副標題。該刊復刊辭指出，推介漢語神學的首要含義在於「以漢語文化的歷史的思想資源和社會經驗發展基督神學及其文化，以形成具有漢語思想文化之風範的基督神學文化」，同時立足人文社會學界積極建設神學學科，並與儒、道佛家等本土宗教資源進行學術對話。[65] 作為一種回應本土社會政治環境的「處境化神學」（contextual theology），漢語神學與中國基督教會的神學傳統有著顯著差別。Chloë Starr 曾指出，從事漢語神學推介工作的大陸學者大多為經歷文革滄桑的知青一代，他們因深受威權體制桎梏而不免對任何建制、教條和宗派心生疑慮，由此希望在教

64　見陳潔、劉小楓，〈天不喪斯文：「經典與解釋」主編劉小楓訪談〉，《南方人物周刊》2012年9月，https://www.zgnfys.com/a/nfrw-16281.shtml（瀏覽日期：2021年12月9日）。

65　道風・漢語神學學刊編輯部，〈復刊辭〉，《道風：漢語神學學刊》，1994年2月第一期，頁9。

會權威之外開闢一種開放多元的宗教文化觀。[66] 例如，楊慧林、何光滬等學者試圖援引「經文辯讀」（Scriptural Reasoning）、「世界倫理」和「開放的宗教哲學」之類的跨文化視角促進儒釋道傳統與基督教之間的相互理解，進而重構漢語神學的圖譜。[67] 這種基於智性思辨和多元文化觀的認信姿態被劉小楓稱為「文化基督徒」。在劉看來，知識精英雖然在情感、智性和信仰層面認信基督，但仍然堅持和官方宗教組織保持距離，不參加任何教會和團契，專著於在文化知識層面拓展學術性、反思性的神學。由此，漢語神學運動並非基於外在傳教的熱忱，而是發源於知識分子內心對終極關懷的智性追求。[68]

然而我認為，劉小楓在漢語神學中的代表性角色實則遮蔽了其個人理念與這場運動所持的中華文化本位主義之間的深刻分歧。漢語神學的倡導者在一定程度上延續了民國時期教會神學家對基督教中國化的焦灼之感。面對五四以降的反宗教情緒和民族主義的雙重衝擊，中國基督教內部不同教宗之間圍繞著教會的「本色化」議題產生了複雜的回應。[69] 在建立「自養、

66　Chloë Starr, *Chinese Theology: Text and Context*（New Haven, CT: Yale University Press, 2016），pp. 242-244.

67　見楊惠林，〈中西「經文辯讀」的可能性及其價值〉，《在文學與神學的邊界》（上海：復旦大學出版社，2012年），頁203-222；〈「世界倫理」構想的宗教背景〉，《基督教的底色與文化延伸》（哈爾濱：黑龍江人民出版社，2001），頁317-325；何光滬，〈中國知識分子向哪裡尋求智慧——一種開放的宗教哲學〉，《何光滬自選集》（桂林：廣西師範大學出版社，1999），頁40-49。

68　劉小楓，〈「文化」基督徒現象的社會學評注〉，《這一代人的怕和愛》，頁171-181。

69　見楊天宏，《基督教與民國知識分子》（北京：人民出版社，2005），頁

自治、自傳」的中國教會的共識之下，無論是秉承激進自由主義神學觀的吳雷川、吳耀宗，還是文化學院派的趙紫宸，亦或是基要主義的掌門人賈玉銘，都在竭盡所能地從中國文化處境出發理解福音，在儒釋道傳統中詮釋基督教信仰的中國特質。[70]雖然九十年代初的漢語神學運動並非教會建制派，然而在劉看來依然延續了民國先輩「援耶補儒」式的文化民族主義立場，即通過尋找基督教與儒家精神的相通性來構建一種服務於中國語境的本色神學。[71] 在本土化的壓力之下，耶穌的神性讓位於人格的道德性，人類的原罪被闡釋為一種道德的腐化，而儒家成聖論則取代救贖而成為終極價值的所在。隨著此岸世界與彼岸世界之間張力的消弭，超凡脫俗的上帝早已不再遺世獨立。

　　與此相反，在秉持走向絕對精神立場的劉看來，基督福音是「對個體原初性生存體驗」的訴說，而非根植於任何歷史理性或是文化形態。在〈漢語神學與歷史哲學〉一文中，劉詳細地闡釋了其「直面基督事件」的神學觀。他首先劃分了「基督事件」與「基督神學」的區別。基督事件指的是基督神學的啟示因素：上帝之言「逾越了所有民族—歷史的原初隱喻秩序」而構成「所有神學言述的最後指涉」；上帝的救恩行為是個體原初性生存體驗的訴說，而非任何民族性的思想體系。相比之下，基督神學是「對作為上帝之言的基督事件的信仰性的理性反省」。在這個意義上來說，漢語基督神學與西方神學均是在

268-276。

70　見涂航，〈美育代宗教：後五四時代的美育思潮〉，《南方文壇》，2019
　　年1月號，頁78。

71　劉小楓，〈漢語神學與歷史哲學〉，《聖靈降臨的敘事》，頁70。

具體的民族—歷史的語文經驗中對基督事件的言述，並無高下
之分，而是平行的共在關係。正因為如此，漢語神學應該從與
西方神學一較高下的民族文化立場走出來，回到個人的生存境
遇（ontic）問題，進而「直面基督事件」。[72]

　　令人驚異的是，正如許多評論者曾指出，劉筆下的「直面
基督」並非以理性哲思將上帝之言轉譯為漢語傳統下的神學言
說，而是澄清人言與神言之間的絕對鴻溝。換言之，基督神學
是「上帝之言與人之生存經驗相遇的結果」：這種與神聖之言
的相遇必然洗盡鉛華、蛻去一切塵世的歷史理性和民族文化的
桎梏，因此個體應該以虔敬的、無比順應的姿態無條件認信聖
言的絕對性。自始至終，基督事件都是在講究理性思辨的歷史
神學的觸及之外的。[73] 無獨有偶，劉對歷史理性的拒斥散發著
濃烈的巴特神學的氣息。危機神學（crisis theology）的代表人物
卡爾‧巴特（Karl Barth）曾在《羅馬書釋義》中區分了「作為
經驗的啟示」（revelation as experience）和「作為事件的啟示」
（revelation as event）：前者以人言釋神言，而後者則是上帝之

---

72 同上，頁99-100；對劉小楓思想中「基督事件」的詳細詮釋，見孫毅，
〈漢語神學與「基督事件」〉，《道風：漢語神學學刊》，2008年第二十
九期，頁183-198。

73 關瑞文注意到，九十年代的漢語神學學者在表述自身與基督事件的關係時
持有兩種維度，即作為一種文化理論的人文神學和作為一種「在體的釋義
論」的生存論神學。前者以人文學術旨趣去回應基督信仰和中國文化的關
係，因此是一種歷史哲學和文化理論；後者以生存性的樣式（ontic）處理
上帝之言與人之生存經驗相遇的結果。作者雖未點破，但其論證無疑將劉
小楓當做生存論神學的代表人物。見關瑞文，〈評劉小楓的漢語基督神
學〉，《道風：漢語神學學刊》，1996年第四期，頁220-239。

言的自我呈現。[74] 在巴特看來，威瑪時期甚囂塵上的自由主義
新教神學企圖以歷史理性解讀基督教教義，混淆了人類經驗
（experience）和神之啟示（event）的區隔。[75] 啟示是上帝向人
揭露終極真理的獨特方式，因此一切關於上帝的知識都必須建
立在無條件承認啟示的一種虔敬態度之上。自由主義神學竟本
末倒置，企圖在歷史理性和人類經驗中尋找上帝的蹤跡，其結
果可想而知。與此相反，正統神學的根基在於承認「上帝尋找
人，而非人尋找上帝」。[76] 為了祛除歷史理性的迷霧，巴特高
呼「上帝就是上帝」（God is God）。[77] 唯有認識到上帝自身之
奧秘處於人類理性之外，方能傾聽和了解上帝恩典的無限豐
富。

　　劉小楓在九十年代初便已經熟讀巴特，奉其為「繼路德後
最偉大的新教神學家」。值得注意的是，劉小楓對巴特的人神
之隔的理解源於其文革經驗。在一篇題為〈上帝就是上帝〉的

74　Karl Barth, *Epistle to the Romans*, trans. Edwyn Hoskyns, 6th ed.（New York,
　　NY: Oxford University Press, 1968）, pp. 78-79.

75　巴特神學主要的批判對象是十九世紀以降的德國歷史批判學派。大衛・施
　　特勞斯和費爾巴哈率先以歷史考證和人類學的觀點解構基督神學的神秘主
　　義傾向，認為上帝不過是人化的上帝。威瑪自由派神學的代言人物繼承了
　　這種歷史主義的傳統，引入宗教社會學、歷史學和文化人類學的方法研究
　　宗教信仰。關於威瑪神學的歷史主義傾向的綜述，見Peter E. Gordon,
　　"Weimar Theology: From Historicism to Crisis," in *Weimar Thought: A
　　Contested Legacy*, ed. Gordon and John P. McCormick（Princeton, NJ:
　　Princeton University Press, 2013）, pp. 150-178.

76　見曾慶豹，〈卡爾・巴特與後現代性？──論一種「非基礎式」的神學思
　　考〉，《道風：基督教文化評論》，2002年第十六期，頁117-135。

77　Barth, "Preface to the Second Edition," in *Epistle*, p. 11.

介紹巴特神學的文章裡，劉如此寫道：

> 　　二十世紀是一個社會政治運動層出不窮的世紀。這些社
> 會政治運動往往以某某「主義」為思想基礎，以追求真
> 理、實現人和此世的理想為目的，並竭力把自身神聖化。
> 被神聖化了的世俗理想和世俗運動誘發了千百萬人的生命
> 激情，激勵起無數志士仁人為之奮鬥和獻身，發動無知的
> 群眾為之所用。可以說，把此世的作為、此世的權威、此
> 世的運動神聖化乃是二十世紀的一大特徵。然而，不管在
> 西方還是東方，這些被神聖化了的、自詡擁有絕對真理的
> 此世作為、此世權威、此世運動恰恰是人世災難的根源。[78]

關瑞文犀利地指出，劉小楓以四五一代人對革命神聖化的反思
切入巴特神學的問題。如果文革的悲劇在於混淆了人言和神言
的區隔，「上帝就是上帝」的號召則可以讓飽受領袖崇拜之苦
的中國知識分子認識到，人「應聽的、應順從的、應委身於
的，並不是由文化、政權、地域、傳統等發出的人言，而是來
自天外之異音——神言」。[79] 由此可見，劉小楓的神學是要超
越本色化的漢語神學，識破一切世俗知識的虛妄性，在聖靈的
啟示和主之光芒的照耀下獲得一種更為徹底的絕對信仰。換言
之，終極價值之所以終極，在於其遺世獨立，不受塵世的沾

78　劉小楓，〈上帝就是上帝〉，《走向十字架的真理》（香港：香港三聯書
　　店，1995），頁41。
79　關瑞文，〈評劉小楓的漢語基督神學〉，頁237-238。

染。然而，劉小楓因此陷入一種困境：劉一方面醉心於將宗教倫理引入後革命時代的中國語境以解信仰之惑，另一方面又意識到任何民族文化精神都是通向絕對信仰之路上的累贅，文化與信仰之間由此生出不可調和的緊張關係。[80] 事實上，這種自相矛盾正是承襲了巴特神學理論的內在困境：歸根結底，啟示意味著上帝在人間顯明真身，若是神言完全不可能經由凡塵的經驗感知，那麼得救何如何能？人類歷史又有何意義？於是乎，Peter Gordon認為，巴特對人神之隔（*Krisis*）的堅持使得他最終走向一種虛無主義的歷史觀。[81] 同理，對於堅守絕對價值立場的劉小楓而言，他的上帝愈是與世俗絕然分割，愈是印證了絕對價值在人間的隱而不彰。難道走向絕對精神需要以承認此岸世界的虛無作為代價？

　　我認為，巴特神學的悖論迫使劉小楓面臨如下的弔詭：如何在虛無主義濫觴的人類歷史中、在上帝之言遙不可及的墮落塵世間捕獲和發掘一種永恆不變的絕對價值立場？正是這個問題驅使劉遠離基督教立場，開啟了他的政治神學朝聖之旅。迄今為止，劉從未承認他對基督立場的背離，反而振振有詞地捍衛其思想訴求的連續性。然而不可否認的是，九十年代中期以來，劉逐漸對漢語神學緘默不言，轉而以極大的熱忱推介保守主義政治哲學。1993年，劉初次讀到施特勞斯弟子所著長文

80　誠然，拒斥民族主義立場的劉小楓不斷強調其引介基督倫理並非意在「救中國」，但許多評論家指出，劉所謂的脫政治超世俗的姿態是在用另一種主張和踐行來影響和改造中國現實。見孫津，〈難言之隱──評《走向十字架的真理》〉，《二十一世紀》，1992年2月號，總第九期，頁43-48。

81　Gordon, "Weimar Theology: From Historicism to Crisis," p. 158.

〈施特勞斯與政治哲學史〉，便驚呼：「施特勞斯與價值相對主義和虛無主義的不懈鬥爭，不就是《拯救與逍遙》的立場？我怎麼會與這個人那麼近？」[82] 1997年，劉開始研究施密特的政治神學。在一系列因緣際會之下，劉離開香港，來到廣州中山大學任教。新千年伊始，劉連續發表一系列研究施特勞斯的心得，在內地學界掀起一股研讀古典政治哲學的熱潮。[83]

施特勞斯對劉小楓的意義在於，他啟蒙哲學的批判使劉產生了告別「1919以來……甚至1789以來的哲學精神」的衝動。[84] 1965年，年過六旬的施特勞斯自陳其思想訴求的根本動力源自其年輕時「作為一個在神學與政治之間徘徊游移的猶太青年」的坎坷歷程。[85] 施氏口中的神學—政治困境（theological-political predicament）突出的是理性與信仰之爭，其歷史表現形式是雅典愛智傳統（logos）與耶路撒冷律法（nomos）之間的永恆衝突。為了調和思與信之間勢同水火的關係，施氏從中世紀神學家法拉比和邁蒙尼德的論著中悟得了一種微隱之術：鑑於哲學的政治顛覆性，哲人必須在公共場合遵從宗教律法，僅僅在私人場域秘密傳授智者之道。於是乎，久而久之他們練就了一套「字裡行間寫作法」（writing between the lines），即將高深

82　劉小楓，〈前記〉，《施特勞斯的路標》（北京：華夏出版社，2013），頁1。

83　張旭，〈施特勞斯在中國──施特勞斯研究和論爭綜述〉，徐戩選編，《古今之爭與文明自覺：中國語境中的施特勞斯》（上海：華東師範大學出版社，2010），頁123。

84　劉小楓，〈前記〉，《施特勞斯的路標》，頁2。

85　Leo Strauss, "Preface to the English Translation," in *Spinoza's Critique of Religion*（New York, NY: Schocken Books, 1965），.p. 1.

莫測的哲學真理埋藏於層層暗碼之下。在目不識丁的大眾看來，哲人傳授的是無傷大雅的「顯白教誨」（exoteric teaching），而唯有少數天資聰穎的賢者方能一窺究竟，參透哲人的「微隱教誨」（esoteric teaching）。這樣一來，智的秘傳與宗教律法的神聖性方能並行不悖。不幸的是，以馬基維利和霍布斯為首的現代智識人（modern intellectuals）發動了一場反神學的革命（anti-theological ire），妄圖以哲學真理啟蒙蒙昧大眾。自法國大革命以來，啟蒙愈演愈烈，不僅古典哲人苦心維繫的智與神的微妙平衡被完全顛覆，哲學精神也因進入公共領域而被政治化為一套壓迫性的普世法則。在施氏眼中，現代智識人的狂妄之處在於他們自認為啟蒙可以驅散宗教的迷霧，卻不曾考慮過宗教律法與哲學真理之間的根本區隔：智者愛智，信者敬神，以哲人之智解構神之律法，只會帶來災難性的後果。[86]

對於劉小楓而言，施特勞斯關於智與神的辯證法無疑在另一種意義上重新闡釋了巴特神學的人神之隔。如果巴特讓劉意識到上帝的真跡不可能降臨塵世，施特勞斯則告誡他，即便神在塵世無處尋覓，公眾也需要一種宗教幻覺以維持政治共同體的根本價值，否則必然墮入虛無主義和價值相對主義的淵藪。從微隱論的角度反思自五四到新啟蒙運動的歷程，中國知識分

---

86 關於施特勞斯對「哲人」（philosopher）和「智識人」（intellectual）的區分，見 Leo Strauss, *On Tyranny. Including the Strauss- Kojève Correspondence*, ed. Victor Gourevitch and Michael S. Roth（Chicago, IL: The University of Chicago Press, 2000）, pp. 22-105; 關於施特勞斯對哲學公共性反思的精闢分析，見Benjamin Aldes Wurgaft, *Thinking in Public: Strauss, Levinas, Arendt*（Philadelphia, PA: University of Pennsylvania Press, 2015）, pp. 65-88.

子無疑是患上了「啟蒙狂熱」的現代智術師，向大眾撒播傷風
敗德的虛無主義之道，不斷瓦解著民族習俗和政治共識。在
〈刺蝟的溫順〉中，劉小楓藉施特勞斯之口戲謔現代啟蒙主義
培育的知識分子實則是「顛覆分子」：他們主張「哲學成為歷
史的、現實的政治實踐」，認為美好生活可以通過政治改革，
卻不想到自身的啟蒙熱忱竟「對人民和政府……構成了政治威
脅」，因此難逃被驅逐的悲慘命運。[87] 這裡，劉以蘇格拉底之
死反思哲人保持「溫順」的重要性：「如果蘇格拉底還年輕，
還要繼續過自己的哲人生活，他不會像過去那樣與敬神的民主
作對，而是懂得隱藏自己無畏的瘋狂智慧」。[88] 我們不得而
知，劉是否在隱晦地提醒經歷文革群眾運動狂潮的中國知識分
子，哲人之道不在於與尊崇偉大革命領袖的群眾作對，而在於
隱藏自己的顛覆性學說，踐行微隱之道？

　　誠然，劉的早期論述更專注於闡釋施特勞斯的理論脈絡，
而非將其運用到中國語境。其時，德國學者Heinrich Meier訪華
與中國學者對談時指出，中國知識分子應該以施特勞斯的解經
術尋找中國自己的經典和nomos，而非亦步亦趨地解讀西方傳
統。[89] 深受Meier影響的劉亦認為，施特勞斯使得自己開始關注
「中國自己的倫理身分」，因此，引入施氏學說的緣由在於尋

87　劉小楓，〈刺蝟的溫順〉，《施特勞斯的路標》，頁60-61。

88　同上，頁80。

89　見鄧正來、曼斯菲爾德等，〈與施特勞斯學派的若干問題——與曼斯菲爾
　　德教授的對話〉；徐戩選編，《古今之爭與文明自覺》，頁 142-143 ；關
　　於劉小楓這一時段的心路歷程的自述，見劉小楓，〈刺蝟的溫順〉，徐戩
　　選編，《古今之爭與文明自覺：中國語境中的施特勞斯》，頁34-36。

回中國古典政治心性——一套「講是非、好壞、對錯、善惡」
的道德律法，從而「挽救我們作為學人的道德—政治品質」。[90]
以施派微隱之術的學術旨趣審視儒家釋經學，劉很快便地對公
羊學家的「微言大義」如痴如醉。[91] 西漢董仲舒以「張三
世」、「通三統」為核心、輔以「天人感應」及「符讖災異」
等讖緯之學，闡發儒家受命改制的奇異理論，由此開創了一套
極富神秘主義色彩的政治神學。清末民初中西交會之時，皮錫
瑞、廖平、康有為主張以《公羊》禦西學，托古改制、以孔子
為王、化儒家為宗教，無一不藉用《春秋》筆法針砭時弊，發
夫子之微言。在劉看來，流傳千年的公羊學傳統無疑印證了儒
家亦有其隱晦教誨。無論是孔子的「述而不作」還是柏拉圖的
自我放逐，都是在恪守哲學與律法之間的絕然分隔。

　　以公羊家旨趣返回施特勞斯，劉因此格外關注施氏的筆下
的哲人王（philosophical king）理念。施氏在邁蒙尼德的著述中
察覺，中世紀教權強盛，聖經律法不容置喙，哲學家不得不化
身為先知（philosopher-turned-prophet）調和理性和啟示。邁蒙
尼德筆下高深莫測的「預言家」（prophet）融哲學教誨和政治
教誨為一爐（teacher and governor in one），表面上祭起神聖律
法（divine law）馴服大眾，卻並非意在鞏固神權，而是醉翁之
意不在酒，其終極目的乃是實現為柏拉圖所念茲在茲的理想

90　劉小楓，〈施特勞斯與中國——古典政治心性的相遇〉，《施特勞斯的路
　　標》，頁348、354。

91　公羊學在當代大陸的復興離不開蔣慶的試圖發掘政治儒學的努力。筆者尚
　　不清楚劉小楓與蔣慶之間的交往。見蔣慶，《公羊學引論》（沈陽：遼寧
　　教育出版社，1997）。

國。[92] 換言之，邁氏的微言大義在於以宗教之律法實現哲人為王的理想政制。同理，公羊學中對孔子為王、教化天下的神秘主義闡釋無疑完美應和了劉對哲人王的痴迷。在一篇名為〈緯書與左派儒教士〉的奇文中，劉藉公羊家聖化孔子的神秘主義言論，詳細闡釋了「儒教士」的理想類型：

> 儒教士因此是一宗教化的士生體，其宗教旨趣定向於作為民族體國家對華夏帝國的禮樂化，即維繫天道與華夏民族體國家的關係，而不是像佛教、基督教那樣關注個體生存的偶在和脆弱……儒教士有一些共同的特徵：以周公或孔子和其它先聖為精神楷模，倡以德教立國的政制理念，以及我命與道義之天有特殊關係的教士身分意識。德教之制具體說是三代之制，這種制度被神聖化為一種宗教性的文質並彰的制度。[93]

毫無疑問，劉筆下天命所歸的「儒教士」脫胎於孔子素王說。西漢公羊學者認為，孔子是受命之君，上據天道，作《春秋》用魯史以明新王之道，因此雖未有帝王之名，卻有聖王之實，故稱素王。為了匹敵世俗皇權，後世公羊家更是賦予了孔子以神聖性格：聖人感天而生，以教主之身分安排人間禮樂刑政和人類關係，以開萬世之太平。然而儒者終究一介文弱書生，並

92　Leo Strauss, *Philosophy and Law*（Albany, NY: SUNY Press, 1995），p. 120.

93　劉小楓，〈緯書與左派儒教士〉，《儒教與民族國家》（北京：華夏出版社，2007），頁44-45。

未握有實權，如何以六經張三世、通三統？為了避免空談，素
王說往往輔之以讖緯之學，以織造神秘難測的讖言而化身為傳
達天啟信息的預言家操弄人心。時至晚清一代，深受基督教會
組織啟發的康有為更是提倡變儒家為儒教，將孔子拜為教主，
以國教之威推行禮俗教化。對於劉而言，這套神道設教的理念
不啻於完美的政治神學：儒教士無時無刻不處於城邦之中，與
其整日忍受「粗劣統治的喧鬧」，何不喚起宗教魅影，一來
「保護自己，為自己製造出乾淨的生活空間」；二來為城邦立
法，以讖言壓服君主，喚起民眾的恐懼與敬畏；最終以儒教之
法（nomos）感化天下，實現哲人為王的宏偉願景。[94]

　　這種闡釋的問題在於，公羊家的微言詭語和施特勞斯的微
隱教誨可謂是貌合神離。以施氏眼光觀之，蘇格拉底之死迫使
柏拉圖幡然醒悟：恪守愛智秉性的哲人因在公共領域撒播懷疑
主義而遭至眾怒，其根本原因在於哲人的趣味——思之樂——
和政治共同體的利益——法之威——無法相容，因此微隱教誨
乃是不得已之道。重要的是，在施氏的解讀裡，柏拉圖以降的
愛智（philosophical eros）傳統是遠遠高於城邦的生死存亡的。
Robert Pippin 曾經指出，施特勞斯更關注的並非發展一套「政治
的哲學」（a philosophy of politics），而是心憂「哲學的政治處
境」（the political problem of philosophy）。[95] 歷經納粹禍亂歐
洲、學院慘遭政治荼毒的施氏之所以對蘇格拉底之死心有戚

94　同上：〈前言〉，《儒教與民族國家》，頁2。
95　Robert Pippin, "The Modern World of Strauss," *Political Theory*, vol. 20, no. 3
　　（August 1992）: 448.

戚，乃是在於他認為政治與哲學的衝突永無解決方案，因而哲學家必須在政治迫害的時代找到一種寫作的藝術，以維繫哲思的傳承。與此相反，古往今來公羊學派所心醉神迷的並不是逍遙山林、自我修行，而是以微言詭語假託聖人來干預政治、設計天下，進而待詔金門、得君行道。施特勞斯捍衛的是思與信之間不可逾越的鴻溝，而公羊家則無時無刻不期盼著政道合一、罷黜百家、獨尊儒術的王道政治。 劉小楓偏愛的終究是君師合一的孔教教主而非倉皇不可終日的蘇格拉底。接下來我們將會看到，劉氏如何一反哲人的隱忍之道，企圖以保守主義的政治神學徹底消解城邦與哲學的衝突。

四、革命的微言大義

　　新千年以來十數年，隨著文化保守主義在大陸學界和文化界的日漸崛起，打著「回歸古典」旗號的中國施特勞斯學派的聲望也隨之水漲船高。在中美衝突不斷、國內民族主義情緒高漲的年代，中國語境下的施特勞斯之爭離不開大陸學人對大洋彼岸如日中天的美國新保守主義思潮（neoconservatism）的解讀和闡釋。小布希執政以後，以鷹派外交姿態四面出征，帶動美國右翼政治強勢復甦。新保守主義者奉美利堅為融合新羅馬與新耶路撒冷精神的山巔之城，鼓吹以帝國的凱撒之劍輔導全人類走向自由民主的坦途。這種帝國主義的霸權理念旋即惹來左翼學人一陣口誅筆伐。伊戰爆發之際，有好事媒體發掘出小布希政府的數位軍師（Paul Wolfowitz首當其衝）竟師承施特勞斯，由此驚呼施派猶太弟子已遍布華盛頓政界，忠心耿耿地秘

密踐行著師尊的保守主義教誨。更有甚者指出，小布希政府以
莫須有的「大規模殺傷性武器」的罪名入侵伊拉克，正是受到
施氏微隱論的啟發，不惜以「高貴的謊言」（noble lie）欺瞞大
眾，為的乃是主動出擊，鏟奸除惡，捍衛西方文明。這種陰謀
論式的臆測之言雖遭批駁，但仍然引發了美國學界關於新保守
主義價值觀的爭鳴。[96]

　　在此政治氣氛之下，不少中國學人開始大肆渲染施特勞斯
學派玄之又玄的微隱政治。昔日的「啟蒙領袖」甘陽在芝大社
會思想委員會苦讀十載之後搖身一變，儼然成為了新保守主義
的中國教父，積極推廣美國施派的古典文明觀和教育觀。評論
家蕭武指出，與專注於在學術層面推介施特勞斯哲學理念的劉
小楓不同，甘陽的政治化解讀展示了施派如何以微言大義介入
新保守主義的文化政治。[97] 在為《自然權利與歷史》中譯本所
作的長篇序言裡，甘氏濃墨重彩地描述了施派弟子與美國學院

96　大多學者認為，雖然施派與小布希政府之間的勾連多半是媒體炒作而成，
　　然而不可否認的是，施氏對自由主義的批判深刻地塑造了美國新保守主義
　　知識分子的倫理心智。對媒體炒作的施特勞斯形象的批駁，見Mark Lila，
　　"Leo Strauss: The European," *New York Review of Books*, vol. 51, no. 16
　　（October 21, 2004）: 58-60; 關於施派政治理念對美國新保守主義影響的觀
　　念史力作，見Jean-Francois Drolet, *American Neoconservatism: The Politics
　　and Culture of a Reactionary Idealism*（Oxford, UK: Oxford University Press,
　　2013）, pp. 53-90; 關於美國施派成員對施特勞斯與美國政治關係的論述，
　　見Anne Norton, *Leo Strauss and the Politics of American Empire*（New
　　Heaven, CT: Yale University Press, 2004）; Catherine H. Zuckert and Michael P.
　　Zucket, *The Truth about Leo Strauss: Political Philosophy and American
　　Democracy*（Chicago, IL: University of Chicago Press, 2008）.

97　蕭武，〈甘陽的文化與政治〉，《天涯》，2010年第一期，頁175-186。

「終身左派」（tenured left）之間的正邪大戰。熱衷於解構西方
經典、倡導多元文化主義的美國學院早已是中了現代虛無主義
的毒而積重難返，唯有阿蘭・布魯姆（Alan Bloom）這幫施派
弟子還在孜孜不倦地追求「品質高貴、出類拔萃、德性完美」
的古典政教觀。[98] 雖然甘氏亦對施派與小布希政府的關係之說
嗤之以鼻，但他認為，施特勞斯所主張的「德性高於自由」、
強調文明根本價值的教育理念可以超越學院之爭，輔植一批心
性高貴的「立法者」，進而影響政治版圖。按照甘氏的理念，
施特勞斯主義就是通過古典教育引誘前途無量的文化貴族和政
治人才通過細讀聖賢書走向「哲學生活」，古典教育和政治教
養之間是互為表裡的關係。[99]

　　自此，甘陽和劉小楓以施派學術的介譯者和古典教育觀的
踐行者的身分，吸引了一大批青年才俊拜入門下，聲譽漸隆，
以至於形成了「中國施派」的學術風潮。在各種大說奇談目不
暇接的大陸學界，施特勞斯主義之所以能夠迅速喚起不少學人
的熱忱，除了甘、劉二人的個人魅力之外，與施特勞主義自身
桀驁不馴、高深莫測的精英氣息也不無干係。無論是在美國還
是在國朝學界，施派門人堅信古典必然優於現代，當其他「民

98　甘陽，〈政治哲人施特勞斯：古典保守主義政治哲學的復興〉，列奧・施
　　特勞斯著，彭剛譯，《自然權利與歷史》（北京：生活・讀書・新知三聯
　　書店，2003），頁33。

99　在〈後記〉中，甘陽雖然批駁了施派干預政治一說，卻意猶未盡地感歎：
　　「只有從美國保守主義政教體制的背景中，我們才能解釋為什麼像施特勞
　　斯這樣主張『德性高於自由』的政治哲學可以有越來越大的影響」。見甘
　　陽，〈《政治哲人施特勞斯》後記〉，徐戩選編，《古今之爭與文明自
　　覺》，頁119。

主的高級祭司」（the high priests of democracy）為討好庸常大眾
而鼓吹現代虛無主義之時，唯有吾師遺世獨立，手握「永恆智
慧」（timeless wisdom）而拒絕媚俗。不僅如此，由於只有少數
天資聰穎的「哲人」方可參透施氏的微言大義，一入施門則意
味著你必是天選之子（the chosen few），將來定會繼承師尊秘
傳的教誨。[100]

　　雖然不少中西學者曾經質疑施特勞斯學派的宗派門閥作
風，但是不可否認，施特勞斯的「古今之爭」成功地將中國新
保守主義者從「中西之爭」的左右為難中解脫出來，進而名正
言順地以回歸中國古典的名義拒斥現代西方的普世價值。在
〈現代性的三波浪潮〉中，施氏揭示了一副古典價值在現代虛
無主義侵襲下逐漸解體瓦解的歷程：馬基維利和霍布斯率先提
倡人類慾望的正當性，質疑古典美德的必要性；在第二波浪潮
中，盧梭、馬克思、黑格爾和康德通過捍衛個人權利進一步宣
揚了普羅大眾慾望的合理性，並將其上升為政治的終極目的；
數次哲學革命之下，現代政制放棄了對政治美德的訴求而僅僅
關注個人自由。施氏認為，把自由本身作為目的打開了價值相
對主義的大門，因為對邪惡和良善的選擇都變成了神聖不可侵

---

100 關於美國施派的學院政治多有論者。這裡值得一提的是，Eugene Sheppard
注意到，很多施派門人奉施特勞斯本人的著作為柏拉圖式的經典，因此往
往帶著為聖人解經的虔誠態度閱讀和闡釋施氏的學說和理念，以信為基石
的解經術和美國研究生學院風行的懷疑主義風氣南轅北轍。這種虔誠的態
度近乎宗教派系，因此在學界顯得格格不入。見Eugene Sheppard, *Leo
Strauss and the Politics of Exile: The Making of a Political Thinker*（Waltham,
MA: Brandeis University Press, 2006）。

犯的個人權利。[101] 以此，中國新保守主義者可以對普世價值嗤之以鼻，並光明正大地宣稱，五四以來幾代學人夢寐以求的自由民主帶來的是價值混亂和政治美德的淪喪，而唯有回歸中國古典美德方可矚目古代的高偉靈魂，形成一套區分是非善惡的文明觀。

　　然而，號稱徹底告別現代價值的中國施派卻不得不直面中國革命遺產的問題。如果西方墮落的自由主義為虛無主義敞開方便之門，毛澤東革命所彰顯的「人民主權」精神更是源自法國大革命以來的平等主義思潮，如果要追究中國古典價值的土崩瓦解之罪，首當其衝則非文革莫屬。因此，施派不得不面對無產階級「造反有理」革命實踐和儒家政治德性實則水火不容這一客觀事實。早在2005年，甘陽便語出驚人，借用公羊家的「三統」之說提出當代中國士人應該自覺以儒家為核心主體，融合毛澤東時代的平等主義和鄧小平改革的市場自由傳統，達到「通三統」，使得三種相互矛盾的文化遺產最後融為一體，支撐起「文明國家」的復興。[102] 「三統」說本是董仲舒發明的王朝循環史觀，經過歷代公羊家闡發，和「內外」、「三世」等理論一道形成了一套受命改制的政治神學。當然，甘陽意不在以新王代舊王，而是強調一個以儒家保守主義價值為新王的時代無需廢黜革命的舊統。正如清代公羊家秉持「蠻夷入中國

---

101 Leo Strauss, "The Three Waves of Modernity," in *Introduction to Political Philosophy: Ten Essays by Leo Strauss*, ed. Hilail Gildin（Detroit, MI: Wayne State University Press, 1975），pp. 81-98.

102 甘陽，《通三統》（北京：生活・讀書・新知三聯書店，2007），頁3-49。

則中國之」的變夷為夏觀來論證滿人王朝的合法性，既然共產黨已經接納了以儒家為本位的中國文化觀，則可以忽略其異質性的革命遺產，擁戴社會主義政府為儒家正朔，最終三統歸一，光正諸夏。

　　然而，甘陽對如何彌合這三統之間相互矛盾、排斥的元素卻語焉不詳。此時，劉小楓承接了甘氏化革命（revolution）為保守（restoration）的理念，更加細緻地闡釋了中國革命的保守主義精神。劉的雄文〈儒家革命精神源流考〉開篇明義，試圖論證「中國馬克思主義與儒家思想之間的親和性」。[103] 首先，劉小楓再度援引清代公羊家的改制革命論，指出儒家有其獨具一格的「革命傳統」：「革命論……出於三代……就是改變『受命稱王』的成命，通過與『民』的關係轉接天命，以顯『德治』的正當性」。[104] 從詞源學的角度來看，革命的古語含義與現代中國語境下的激進政治並無關聯。「革」在許慎的《說文解字》裡被闡釋為「獸皮治去皮曰革」，因此具有脫離、祛除之意。「革」與代表天命的「命」合在一起則意味著推翻前朝，建立新統。同時，基於暴力的改朝換代需要獲得道義上的正當性，正是《易經》所謂的「天地革而四時成，湯武革命，順乎天而應乎人，革之時義大矣哉」。在劉氏看來，清末民初西學蔚為風潮而孔教日漸衰微，因此「深痛夷狄交侵、儒家宗法國家禮制理想不保」的公羊家闡發了一套素王革命論：奉孔子為聖王，假借素王之微言撥亂反正，重新確立「華

---

103 劉小楓，〈儒家革命精神源流考〉，《儒教與民族國家》，頁99。
104 同上，頁101。

夏國家的民族性政制法理」，因此儒家革命者的使命並非以暴力手段破舊立新，而是「創造性地保守禮儀之制」，延續堯舜之道的命脈。[105]

毫無疑問，劉氏極為大膽的革命譜系學意在顛覆主宰現代中國革命的反傳統主義話語之霸權。自從毛澤東在〈湖南農民運動考察報告〉中宣稱「革命是暴動，是一個階級推翻一個階級的暴烈的行動」，二十世紀中國革命早成為「造反有理」、「打倒孔家店」的同義詞。[106] 反而觀之，劉氏的革命卻是回到聖人受命、以德治國的儒家宗法國家傳統。然而，劉筆鋒一轉，再出狂狷之言，提出中國馬克思主義與儒家革命論不但不是二律背反的關係，反而是同宗同源：

> 儒教革命思想與中國馬克思主義在追求現世完美的道義政治觀上具有精神同構性：政制理想中的平等和人民民主理念、以道德性貫通政治制度的統治法式（人民民主專政）、革命者的救世意識（無產階級先鋒隊）以及在狄夷交侵中對保守華夏理想政制傳統的文化民族主義的承擔（反帝反封建）。[107]

在此，劉氏苦行經營的微言大義終於呼之欲出。他的顯白教誨即是字面上的含義，確證毛澤東革命理念──人民民主專政、

---

105 同上，頁134-143

106 關於現代中國激進革命話語的詳細梳理，見陳建華，《中國革命話語考論》（上海：上海古籍出版社，2000）。

107 同上，頁115-117。

無產階級先鋒隊、以及反帝反封建──的正當性。同時，劉又
在字裡行間裡偷換概念，將恢復儒家政制法理的微隱教誨覆蓋
於暴力革命論之上。不難看出，劉消解革命與保守之間張力的
辦法秉承了他對施派微隱論的一貫理解：為了維護律法的權
威，哲人的顯白教誨必須為尊者諱，確證官方意識形態的合法
性，以免分裂城邦；唯有少數同道中人方能理解其以保守代革
命的「狸貓換太子」之舉，進而陽奉陰違，以激進革命之名行
保守革命之實。

　　劉小楓苦心經營的微隱書寫在其2013年的國父論中達到了
頂點。本文開頭已經指出，劉氏語出驚人，宣稱為了結束百年
共和的精神內傷，國朝學界必須放棄對毛澤東功過的爭論，進
而認信偉大舵手為國父，方能重鑄政治共識。自由主義者痛斥
劉為文革招魂所忽略的地方在於，劉氏筆下的國父並非高呼
「造反有理」的革命領袖，而是他臆想中施行儒家德政的「擔
綱者毛子」（毛澤東）。在劉氏筆下，共產黨的德性品質是
「中國傳統政治德性與西方現代啟蒙德性的混合」，毛澤東發
動文革，企圖建立激進的人民主權國家，乃是中了西方啟蒙德
性的毒，而劉則是要去偽存真，將作為華夏禮制擔綱者的毛澤
東奉為聖人。[108]

　　即便如此，讀者仍然不免追問：如若劉氏真心實意地告別
革命，為何不直抒己見，而非要製造出一尊違背基本史實的孔
教聖人毛澤東？以施派眼光觀之，劉氏之所以不惜以生硬粗暴

---

108 劉小楓，〈如何認識百年共和的歷史含義〉，《百年共和之義》，頁93-
　　94。

的筆法神化毛澤東，在於開國領袖與共和國立國原則緊密相連。受到施氏《自然權利與歷史》的啟發，美國施派弟子尤其關注美國立國原則之爭。[109] 六十年代，施派門人為了抵禦美國校園的左派文化革命，企圖印證「人人生而平等」的《獨立宣言》背後另有玄機，隱藏了美國國父瞞天過海將古典政治德性注入激進民主的苦心孤詣。其中，Harry V. Jaffa 通過對林肯「分裂之家演說」的解釋，力圖將林肯描繪為維護古典貴族政制的哲人王，為的正是拒斥自由主義者以霍布斯—洛克的天賦人權說對美國立國精神的「激進闡釋」。[110] 劉小楓不但對Jaffa以古典政治德性「重新打造美國立國原則」的微隱教誨讚不絕口，並且進一步問道：「憑靠古典學養，我們是否也有指望出現具有中國古典政治哲學風範的『毛澤東時刻』研究呢？」[111] 換言之，劉氏所醉心的乃是以國父論介入新中國的立國原則問題：倘若能夠將毛澤東塑造為尊崇儒家德性的哲人王，便可以「扛著紅旗反紅旗」，以維護國父權威名義將人民主權說的激進立國原則偷梁換柱為保守主義的儒家政制。

---

109 值得一提的是，雖然不少施派弟子致力於發掘施特勞斯對美國政權的忠心不二，施氏本人對美國政制的看法充滿了矛盾和曖昧之處。一方面，他將美國的立國歸為現代性的第一波浪潮的產物，認為其頗有古典政治風範，另一方面他大肆批判墮落的自由主義對美國古典政治德性的侵蝕。見Leo Strauss, "What is Liberal Education?" in *Introduction to Political Philosophy*, pp. 52-68.

110 Harry V. Jaffa, *Crisis of the House Divided: An Interpretation of the Issues in the Lincoln-Douglas Debates*（Garden City, NY: Doubleday, 1959）.

111 劉小楓，〈施特勞斯和他的美國弟子〉，《以美為鑒：注意美國立國原則的是非未定之爭》（北京：華夏出版社，2017），頁224-225。

　　為了進一步印證人民主權說的危險性，劉小楓又別有用心地高捧新儒家開宗祖師熊十力的《論六經》，其原因在於劉認為熊氏的儒家革命說最為徹底地彰顯了社會主義立國原則的古今之爭。1951年，熊十力手書萬言長函至林伯渠、董必武、郭沫若，並「懇代陳毛公賜覽」，希望新政權能夠重樹儒家正統為新共和「立精神」。為了向社會主義理念靠攏，熊氏不惜「發孔子微言，陶甄六經」，從《周官》中開出革命性的民主共和思想。劉小楓尤為痴迷的是熊氏革命儒學中的「民主聖人」一說。在十力看來，革命的終極目的在於「衝和」：通過消弭一切階級、社會和政治差異，消滅人性的三六九等，達到「無庶民與聖人之異」的大同之世。然而，十力一面秉持「人皆可以為堯舜」的平等主義精神，一面強調韓非子的「尚力」之說：正如儒家聖人「有道」便可「極權」，革命聖人為了萬世太平的宏願亦可「操術」：用獨裁之政教化民眾，以道治慾，開啟民智，最終走向「普智」的社會主義理想國。[112]

　　劉氏認為，熊十力所憧憬的太平盛世不啻於科耶夫（Alexandre Kojève）筆下的「同質化的普世帝國」（universal and homogeneous state）。在此，劉所援引的是施特勞斯和科耶夫關於僭政（tyranny）的經典對話：從黑格爾的主奴辯證法出發，科耶夫認為暴君所欲之物並非自我享樂，而是「爭取承認的鬥爭」（struggle for recognition）：以開明專制解放一切被壓

---

112 見熊十力，《熊十力全集》第五卷（武漢：湖北教育出版社，2001）；劉小楓，《共和與經綸》（北京：生活・讀書・新知三聯書店，2012）。

迫和奴役的奴隸，最終實現普世無差異的大同之世。[113] 而劉氏則從施特勞斯的角度提出質疑：如此無高低貴賤、善惡美醜的堯舜之世真的是可欲的嗎？正如施特勞斯認為科耶夫的黑格爾主義帶來的不是人類解放而是人性的終結，劉氏亦引用《莊子‧天下篇》來揭示熊氏的自由民主大同世所帶來的價值混亂：「天下大亂，聖賢不明，道德不一」，以至於演變成「天下之治方術者多矣」的分裂局面。[114]

由此可見，劉氏明褒暗貶，對熊十力復興中國文化的新儒家信念語焉不詳，而一味誇大和臆測其建言書中為帝王師之野心，乃是因為熊氏的革命聖人雖然意在自由民主之政，卻彰顯了以儒學聖人說重釋毛澤東政治德性的可能性。如若有道便可極權，聖人亦可獨裁，那麼以國父之威嚴推行「品質高貴、出類拔萃、德性完美」的施派—法家道術觀則是名正言順。因此劉只需要稍加調整，祛除熊氏學說中的自由民主太平世，將民主聖人置換為施派的哲人王，便可以為其所用。即便如此，我們依舊要問：究竟是國父的何種「古典政治德性」讓劉小楓如此心有戚戚焉？筆者認為，答案在於國父崇拜所激發的宗教恐懼。多年以來，劉氏始終對施密特和施特勞斯之間的「隱秘對話」（hidden dialogue）心醉不已。[115] 在思想史家John

---

113 Leo Strauss, *On Tyranny. Including the Strauss- Kojève Correspondence*, ed. Victor Gourevitch and Michael S. Roth（Chicago, IL: The University of Chicago Press, 2000），pp. 22-105.

114 劉小楓，《共和與經綸》，頁238-280。

115 兩者之間隱秘對話的說法首見於德國學者Heinrich Meier，而劉氏對施派的認知正是受到了Meier的極大啟發。見Meier, *Carl Schmitt and Leo Strauss:*

McCormick看來，兩位政治觀點南轅北轍的哲人之所以惺惺相
惜，在於他們均心繫後啟蒙時代的世俗政治權威崩塌的問題。
當自由主義的理性無法鑄就政治共識，兩人不約而同地回到霍
布斯的「利維坦」國家理論。不同之處僅僅在於，施密特祭起
的是主權者（sovereign）殺伐果斷的神威決斷論，而施特勞斯
則回到了希伯來聖經中令人畏懼的宗教律法。面對人性之原
惡，兩者都主張以暴制暴，以宗教恐懼壓服民眾。[116] 同理，劉
氏不惜假借熊十力之學回到韓非子的法家道術觀和極權觀，源
於他認為當今天下唯有合秦始皇和馬克思為一體的偉大舵手能
擔此重任，以神裁之威喚起民眾的恐懼和敬畏之心，进而假借
國父之威復活古典儒家德性政制。於是乎，劉氏又以施密特的
「敵友之辯」理論大肆渲染毛澤東革命的「立法」意圖。以施
密特眼光觀之，「法」（nomos）的根本屬性在於其貼近大地的
鄉土性，因此立法者捍衛的是一個政治共同體的根本理念。在
劉看來，毛澤東的游擊戰爭理念「依託鄉土」，其政治使命在
於「守護中國本土的生活方式」。[117] 面對「普遍的技術理性和
西化民主制」，革命之父以「敵我之辯」發動戰爭，乃是「為
自身的民族傳統生活方式辯護」，以彰顯「屬己的傳統大法的

　　　The Hidden Dialogue（Chicago, IL: University of Chicago Press, 2006）.

116 John P. McCormick, "Post-Enlightenment Sources of Political Authority:
　　Biblical Atheism, Political Theology, and the Schmitt-Strauss Exchange,"
　　History of European Ideas, vol. 37, no. 2（2011）: 175-180.

117 劉小楓，〈游擊隊員與中國的現代性問題〉，《儒教與民族國家》，頁
　　217。

正當性」。[118] 至此，施特勞斯的古典心性和施密特殺伐果斷的政治德性終於合二為一，共迎國父毛澤東的復活。

最終，劉小楓國父論的微言大義昭然若揭：為了更加徹底地告別革命，劉必須斬草除根，一不做二不休，與「現代性」浪潮所裹挾的平等主義精神一刀兩斷。劉氏從施特勞斯主義中學到，哲人必須謹小慎微，避免與革命的意識形態直接衝突，通過微隱教誨偷樑換柱，將保守主義的靈魂注入革命之父的精神圖騰。施密特則告誡劉氏，與其畏懼摧枯拉朽的革命暴力，不如以毒攻毒，因勢利導，借用偉大領袖的超凡魅力鑄就保守主義立法者的神威。誠然，摧枯拉朽的革命暴力曾讓劉「驚恐得發抖」，可是如若無法徹底驅逐神聖革命的遊魂，為何不化懼為愛、化敵為友，轉而操弄國父的宗教權威來蕩平國父親手鑄造的平等主義政治遺產？可惜的是，如此美好願景不僅不符合基本史實，也與施密特和施特勞斯的教誨南轅北轍。誠然，施氏曾告誡世人「人性之惡無法根除」（evil cannot be eradicated），然而他並未提出韓非子式的以暴制暴之法，反而勸諫有心操弄政術之人：「因此，我們不能對政治期望過高」（therefore one's expectations from politics must be moderate）。[119] 相形之下，施密特不惜以身試法，以其主權論介入威瑪右翼政治，認為可以駕馭希特勒的超凡魅力為其所用，以保守主義的強勢精神拯救分崩離析的威瑪共和國。怎料納粹主義的暴虐不羈遠遠超乎其想像，最終不僅

---

118 同上，頁224。

119 Leo Strauss, "What is Political Philosophy?" *The Journal of Politics*, vol. 19, no. 3（August 1957）: 356-357.

將施密特的敵人——布爾什維克左翼和自由主義——斬盡殺絕，更是連保守派也一道埋葬，殺敵一千自損八百，可謂是得不償失。[120] 同理，劉小楓為國父編織的保守主義外衣固然華美尊貴，可是根正苗紅的新老左派豈會作壁上觀，任由半路出家的中國施派任意喬裝打扮自家開山祖師？再者，在自由派的不斷攻訐之下，劉氏神秘兮兮的微言大義早已成了路人皆知的司馬昭之心。當隱晦教誨淪為顯白教誨，當刻意雕琢的古典心性難掩撲面而來的用世之心，在此左右夾攻的局勢之下，誰又能料到，如此大張旗鼓地操弄國父的天威會不會自噬自身，以至於保守主義的革命最終革了保守主義的命？

五、結語：信仰之躍

　　本章試圖以內在視野闡述劉小楓如何理解自身，乃是源於

---

120 施密特與納粹政黨的關係極為複雜，並非納粹的「桂冠法學家」式的簡單論斷可以概括。劉小楓認為，施密特的主權論為的是挽救分裂的威瑪共和國政局，與納粹的合作也並非出自本意。此言固然不假，可是這種論斷忽略了以施密特為代表了威瑪保守派為了擊敗布爾什維克左翼和自由主義的勢力不惜與虎謀皮，企圖以納粹政黨的鐵腕鏟奸除惡的政治投機主義。對於施密特來說，或許誰獲得最終的勝利並不重要，重要的是他的敵人（自由派和左派）得以退出權力中樞。正是這種犬儒主義使得傳統右翼勢力擁戴希特勒上位，當發現納粹政黨不可控制之後已為時過晚，最終自掘墳墓。見劉小楓，《現代人及其敵人：公法學家施米特引論》（北京：華夏出版社，2009年），頁4-10；對德國右翼保守派的政治投機的分析，見Eric D. Weitz, *Weimar Germany: Promise and Tragedy*（Princeton, NJ: Princeton University, 2007）, pp. 331-360; McCormick, *Carl Schmitt's Critique of Liberalism*, pp. 293-301.

筆者的信念：驅使劉氏追逐千變萬化的新潮理論與大說的源動力並非僅僅出於政治犬儒主義，而是基於智性的真誠（intellectual sincerity）。在革命的神話煙消雲散、世俗化浪潮以復仇的激情捲土重來的改革時代，究竟何種宗教傳統能夠為當代中國提供一種超越性的價值，重新激活「海洋性感覺」？帶著這個問題，劉小楓首先獲得了基督信仰：徹底拒斥歷史理性，參破一切世俗政治的虛妄，承納上帝的恩典方能獲得救贖。然而，劉對人言與神言之間絕對鴻溝的堅持使他陷入了困境：作為絕對價值的承載者，上帝必須遺世獨立，可是與世俗絕然分隔的神如何在人間顯明真身？由於無法解決人神之隔的內在悖論，劉不得不由基督神學轉向政治神學。這時，施特勞斯告誡劉小楓：即便神無法降臨人間，時刻面臨內亂和分裂的政治城邦也必須假借宗教權威，以神之卡里斯瑪製造共識，不能放任價值相對主義愈演愈烈，腐蝕共同體的根本價值。最後，施密特讓劉認識到，人性本惡，世俗政治的世界永遠危機四伏，唯有喚起人性最深處的宗教恐懼，方能使凡人由畏生敬，在國父的神威加持下維護既有政體的德性品質。

　　從《拯救與逍遙》到國父論，從漢語神學到政治神學，我們可以說，劉氏經歷了一次「齊克果式的信仰之躍」（Kierkegaardian leap of faith）：正是因為超凡脫俗的真神在虛無的塵世無處尋覓，劉不惜孤注一擲，化絕望為希望，化虛妄為信念，製造出一尊威不可擋的人間之神，在此神的庇護下修煉他的絕對價值。藉此信仰之躍，劉氏對超越政治的基督救恩的執念演變為對主宰塵世律法的政治之神的渴求，巴特神學中遺世獨立的上帝讓位於施密特筆下暴虐的主權者，而「繚繞著

蔚藍色霧靄」的貴族少女冬妮婭則幻化為殺伐果斷的政治哲人毛澤東。橫貫古今中西的神學之旅不但未解構革命的崇高美學，反而在一系列因緣際會下促成了革命之父的回歸。這再一次提醒我們，智性的真誠與宗教的狂熱之間的分界線是如此難以區分。

　　當今中國，在大國崛起引發的民族主義熱情高漲之際，政治神學的魑魅魍魎也開始重新遊蕩。大陸新儒家異軍突起，企圖超越港台新儒家的內聖之道，回到康有為的外王之學，以「儒家社會主義」之名大肆鼓吹政教合一的儒教國家。新左派則大舉介入施密特的主權論述，以決斷論頌揚革命的「例外狀態」和人民戰爭的勢不可擋。以「天下體系」聞名學林的趙汀陽乾脆將「中國」視為政治神學的同義詞。在趙氏看來，自三代開始，諸夏先民為了爭奪資源而逐鹿中原，逐漸形成了以中原為核心的「旋渦」動力模式：中國旋渦一旦形成，便「具有無法拒絕的向心力和自身強化的力量」，並以此形成了獨特的「內含天下」的無所不包的文明系統，所以中國成為了一個「配天的神性概念，謂之神州」。[121] 這些論述雖各有其理論淵源，卻無不以徜徉肆恣的宗教之力神化此岸世界的種種烏托邦願景：從「革命」到「天下」，從「文明國家」到「王道政治」等不一而足。作為時代精神的弄潮兒，劉小楓也戰戰兢兢地請出偉大舵手的亡魂，喬裝打扮成儒家聖王，來演出世界歷史新的一幕。曾經熾熱地愛著冬妮婭身上「魂牽夢縈的溫

---

121 趙汀陽，《惠此中國：作為一個神性概念的中國》（北京：中信出版社，2016），頁17。

存」、「薄如蟬翼的愛慾」和「繾綣相契的朝朝暮暮」的布爾
喬亞青年，最終也成了「乘槎馭駿的革命者」，與保爾、牛虻
和羅伯斯庇爾一道，義正言辭地辯證政治烏托邦的宏偉願景。
多年以前，劉氏在〈記戀冬妮婭〉中如此表達他對冬妮婭被革
命洪流毀滅的悲劇命運的無比惋惜之情：「我不敢想到她，一
想到她，心就隱隱作痛……」[122] 最後的最後，我們不禁要問：
究竟是冬妮婭辜負了劉小楓，還是劉小楓辜負了他的冬妮婭？

---

122 劉小楓，〈記戀冬妮婭〉，頁52。

尾聲

昨日的世界

一、總結

　　本書以「思想的情動力」為切入點，追溯兩岸三地知識界關於毛澤東革命展開的文學與思想論爭。藉著相互連接的四篇專論，我試圖勾勒過去四十年間，自由主義、左翼以及保守主義的知識分子和作家如何對證革命，干預歷史，激活各異其趣的政治論述和學理言說，想象中國政治共同體的未來命運。我的論述大抵圍繞著兩組相互關聯的問題進行：情感與思想之間的辯證關係；對證歷史與否思革命的兩難。首先，我將「思想的情動力」定義為將歷史意識、倫理關切和內在「情動」轉化成各色思想理念以及政治信仰的由情入理的轉變過程。以此為立論，本書繼而考察了情感如何參與當代中國各色思想體系的構築，影響各式「主義」的生成，塑造道德與倫理立場的形成。最終，我展示了三種迥異的政治情動力——自由主義的傷悼、左翼的憂鬱以及保守主義的宗教激情——如何激發了重估革命的文化與政治辯論。

　　以此，第一、二章回顧了自由主義在後毛澤東時代破土重

出的歷史成因。由於中國現代自由主義缺乏一套明細的思想光
譜和統一的政治理念，過去學界討論的焦點集中於分析新啟蒙
運動的政治主張，重構自由主義的「學理」，以及批判（新）
自由主義的文化政治。相反，我以自由主義的「情動」為出發
點，考察啟蒙知識分子如何激辯「情感教育」，懺悔罪責，悼
念亡者，進而在道德和倫理層面重構自由主義的核心議程——
告別革命——的合法性。由此，李澤厚與劉再復探索情感倫理
的宗教維度，以儒學之「樂」與基督教之「罪」來質疑毛時代
「以階級鬥爭為綱」的情感結構。如果毛澤東的革命曾經喚起
宗教式的救世情懷，超越現世生活的不完美性，新啟蒙運動則
力圖回到人間情懷，反思人的可能與限度，進而論證樂感教育
與懺悔罪責的倫理必要。緊接著，與新啟蒙運動的「情感教
育」互為表裡的是自由主義的記憶政治。「陳寅恪熱」和「民
國熱」的參與者通過討論、悼念乃至戲劇化陳寅恪的不屈抗爭
來凸顯自由主義學人與革命政權之間的對立，以悲情化的敘事
極力渲染毛時代文化環境之「不自由」，最終構築了「民國是
自由主義的黃金年代」這一對抗性記憶。

　　與此同時，第三章力圖揭示傷悼的情感政治並非自由主義
者的專利，也為左翼知識人所頻頻借用以表其心志。革命的道
路縱然千迴百轉，多有挫敗，作為生命體驗的社會主義卻因浸
潤著私人記憶、青春理想和政治慾望而變得難以忘懷。在毛澤
東的烏托邦陷落之後，徘徊於放棄與不屈之間的左翼作家以憂
鬱的情態與執念繼續尋找激活革命之潛能的可能路徑。如果西
方左翼的憂鬱症來自社會主義政權崩塌所引發的替代性方案的
失卻，海峽兩岸的左翼憂鬱則發自革命理論與實踐之間的巨大

落差和變形。儘管如此，文革的慘烈後果並非導向怨言溢口、涕泣好呼的「訴苦」文體和「告別革命」的四字箴言。相反，對於台灣左翼老將陳映真而言，革命尚未成功，同志仍需努力，拋卻「市鎮小知識分子」的傷婉情懷，以火熱的、偏執的、近乎宗教虔誠心態來踐行「繼續革命」之理念。陳映真的烏托邦熱情激發王安憶擺脫傷痕文學的個人主義書寫，再度叩問革命的前世與今生。縱然「左翼的憂鬱症」有以美學代政治、以文學拖延、分散和消解革命能動性的嫌疑，但「憂」的傳統既承自儒家士大夫「感時憂國」精神，也凸顯西馬學者所念茲在茲的「否定的辯證法」，以自我坎陷的方式延續革命的能量。

最後，保守主義的有志之士呼喚革命的回歸，並非意在復活毛澤東的全盤反傳統主義，而是試圖喚醒革命曾經賦予一代中國人的「海洋性感覺」（oceanic feeling）。在劉小楓和他的保守主義同道看來，當革命的神話煙消雲散、虛無主義的浪潮來勢洶洶之際，唯有徜徉肆姿的宗教情懷能夠為共識已死、精神分裂的當代中國社會提供一種剛性的終極價值。無論是李澤厚的「樂感文化」還是劉再復的「罪感文學」，新啟蒙運動的主將曾力圖「放逐諸神」，瓦解世俗政治的（偽）宗教靈韻。中國施特勞斯學派卻反其道行之，以「德性高於自由」為名義鼓吹「品質高貴、出類拔萃、德性完美」的革命領袖，從而將政治再度宗教化。藉著中國崛起引發的民族主義情緒，保守主義的信徒們聽風觀勢，因勢利導，在迎接革命「神話」的回歸之後，又接二連三地開啟了政治神學的澎湃想像力。從大陸新儒家以「儒家社會主義」超越左右之爭的宏圖大業，到「天

下」哲學家為世界立法、復興「王道政治」的豪言壯語，保守主義者對於超越世俗啟蒙的神性「中國」的追求愈演愈烈，卻仍無法迴避以革命之名行保守之實而導致的身分錯亂，以至於保守主義的「道」始終在革命與宗教、激進與保守、袪魅與再魅化的兩極之間來回擺盪。

　　回顧全書，改革開放四十年以來，如何描述、定義、激活和否思中國革命的遺產始終是各派知識精英和學者不斷辯證的話題。論爭立場各有所執，凸顯「對證革命」與集體記憶、家國認同以及政權合法性之間複雜的糾纏。作為文革的親歷者和新啟蒙運動的參與者，自由派知識分子認為，正因為政治悲劇和人道災難已然發生，後革命時代的國家記憶和身分認同必須建立在徹底否定極左政治實踐的立場之上。對證歷史的關鍵在於悼亡死者，懺悔罪責，以「告別革命」尋找道德救贖的可能。與此針鋒相對，左翼知識人提出，在壓迫性的新自由主義主導世界的當下，有必要區分作為歷史悲劇的革命實踐和蘊含解放性潛能的革命理念。左翼的憂鬱既源自歷史遺產與理論資源之間的二律背反，也帶著現實的緊迫感：面對資本主義引發的種種政治經濟危機，左翼力求激活毛時代未盡的烏托邦理念，尋找讓革命重新綻出的可能。最後，保守主義者另闢蹊徑，要求揚棄啟蒙與革命之爭，徹底拒斥五四以來的反傳統主義論述，回歸政教合一的儒家文明本源。

　　本書的題目「情動於『中』」意在強調思想爭鳴與意識形態的對立離不開思想者的「情動」（affect）。以往的研究注重分析當代中國各派學說如何以理服人，將左右之爭、激進與保守之爭化約為自由與平等、現代性與反現代性等抽象理念之間

的碰撞。我以「情理之辯」為出發點，論證「自由、平等、現代」等理念之闡發如何與道德激情、感覺結構和生命體驗息息相關。因此，當代中國思想分化的原因不僅在於「道不同不相為謀」，也在於各家「有情的理念」（affective idea）——如何賦予抽象難解的思想以迴異的美感體驗、生命活力和政治魅力。從自由主義的悼亡、左翼的憂鬱到保守主義的政治神學，本書力圖揭示「主義」之爭背後三種截然不同的感覺結構：對革命摧枯拉朽之暴力和破壞的沉痛批判，因左翼理念幻滅和歷史斷裂所觸發的耽溺憂鬱之哀思，以及為社會主義烏托邦崇高意象所激發的天啟想象。

　　同時，筆者也極力避免唯情是論的極端，拒絕將意識形態場域的一切價值倫理衝突簡化為直覺式的反應和情緒的悸動。我認為，剖析「情理之辯」的關鍵在於深入闡釋情動如何激發理性思辨，而理智和道德思考又如何反過來塑造情感之流變。首先，情感可以彰顯道德判斷和政治思考。對於哀悼陳寅恪之死的知識分子和歷史學家而言，傷悼（mourning）這一情感本身便蘊含了倫理自覺，凸顯極左政治之暴虐，驚醒世人保護個人權利、重建自由學術空間之理性訴求。其次，情感也可以成為先在的認知「指南針」（initial orientation），定向政治思想之框架、概念和走向。對於台灣「最後的馬克思主義者」陳映真而言，正是台灣反共大潮以及大陸文革失敗所引發的憂鬱和苦悶之情，激發他在餘下的歲月裡不斷地追求馬列主義的實踐和烏托邦社會主義的理想。同理，劉小楓從解放神學到政治神學的思想轉變，始終離不開他對終極價值所召喚的「海洋性感覺」的痴迷。這些例子提醒我們，從直覺式的「情動」到內含

倫理判斷的「情感」再到抽象化、體系化的「思想」，不同層
次之間的「情」與「理」既有所區隔，也有各種複雜的關聯，
在一定的條件下相互轉化。

二、中國向何處去

　　「情動」之外，「情動於『中』」的第二層寓意在於
「中」——中土、中原、中國乃至中華所代表的文化與政治想
像。雖然本書的主要探討對象是當代中國思想，但為避免預設
的立場和姿態，我仍希冀以中文為最大公約數，來討論當代中
國大陸與海外華人世界之間的思想互動。然而不可否認的是，
書中各色人物對於「何為中國」有著截然不同的看法。余英時
屢次談及他的「中國情懷」，這裡的中國並非某種政治實體，
而是承載了價值與文明的文化連續體。[1] 正所謂「我在哪裡，哪
裡就是中國」，余英時所念茲在茲的中國精神，是《柳如是別
傳》裡睥睨世俗的風流才女，是明清遺民亡國而不亡天下的悲
壯抗爭，是陳寅恪不合時宜的「自由」與「獨立」。陳映真筆
下的社會主義故土，則是一種深入骨髓的家族的、血緣的感
情，是白色恐怖中永不幻滅的紅色烏托邦，是與「重建巴別
塔」等量齊觀的世界革命的中心。即便是宣稱逾越文化形態的
限制、渴望「走向絕對精神」的劉小楓，也最終轉而追尋儒家
古典政治心性，以公羊「三統說」、革命「國父論」重新神化
中國。這些論述無一不呈現作為政治實踐或文化載體的「中

1　余英時，《情懷中國》（香港：天地圖書有限公司，2010），頁88-95。

國」共同體的複雜多義，顧及想像自由／革命／古典中國的諸多可能。

　　1968年元月，湖南造反派聯合組織「省無聯」的青年思想家楊小凱在〈中國向何處去〉一文中宣稱「當代的中國是世界矛盾的焦點，是世界革命風暴的中心」。像大多數知識青年一樣，楊小凱為毛主席「氣吞山河的無產階級偉大胸懷」所傾倒，卻在踐行偉大領袖「砸爛國家機器」、「繼續革命」指示的過程中生出疑惑，由此開始思考革命中國的未來。[2] 半個多世紀之後的今天，「中國向何處去」再一次成為時代的重大問題。在大陸知識界內部，隨著「東升西降」的國際格局變革，藉著「一帶一路」、「孔子學院」、「中國夢」等官方政策的潮流，學者們已經開始迫不及待地想像「華夷有別」、「多元一體」、「文明國家」的中華乃至東亞共同體。[3] 另一方面，由於中國大陸經濟和政治影響力不斷擴張，加深了兩岸三地的地緣關係重組，使得「反離散」、「主體性」、「在地性」等議題成為大陸之外的華語論述的焦點。在這個身分政治與民族主義大行其道的年代，劍拔弩張的政治站隊和各為其主的犬儒主義已成新常態，重談「華語世界」的駁雜多元難免啟人疑竇，充滿了「騎墻派」的投機氣息。即便如此，我們不要忘記，改

2　對楊小凱思想以及「省無聯」的革命實踐極為精彩的分析，見Yiching Wu, *The Cultural Revolution at the Margins: Chinese Socialism in Crisis*（Cambridge, MA: Harvard University Press, 2014），pp. 142-189.

3　關於近年來大陸知識界「天下」論述最為詳細的梳理和批判，見葛兆光，〈對「天下」的想像：一個烏托邦想像背後的政治、思想與學術〉，《歷史中國的內與外》（香港：香港中文大學出版社，2017），頁131-199。

革開放以來四十年間，兩岸三地的知識界之間相互啟發，不同背景和信仰的學者將維繫「和而不同」的思想空間作為不言自明的準則。如果北美學人群體曾經給去國之後的啟蒙知識分子提供庇佑，海外知識人的「文化遺民」情節與大陸學者復興「人文精神」的努力裡外呼應，王安憶能夠與陳映真分享左翼烏托邦理想，那麼新一代的華人學者未必不能戰勝歷史的混沌與意識形態的暴力，開拓出詮釋「中國向何處去」的無限可能。

同時，葛蘭西指出，「意志上的樂觀主義」與「智識上的悲觀主義」並行不悖，面對艱難時世，悲觀主義的情緒在海內外知識界四下蔓延。正如美國民歌歌手皮特・西格（Pete Seeger）所唱的那樣：「花兒都到哪裡去了」（Where have all the flowers gone）？新冠之後的世界，將不會再是茨威格所戀戀不捨的「昨日的世界」了。這是一個波雲詭譎的大時代：病毒肆虐全球，民粹主義死灰復燃，冷戰的幽靈徘徊不去，民族國家的圖騰捲土重來。與此同時，階層固化，貧富不均，人工智能的誘惑，全球變暖的末世讖言，以及吹捧另類真相的詫言、流言與謠言——後疫情時代的生死愛慾早已不是「後革命」、「新啟蒙」這些凌空蹈虛的歷史名詞可以囊括的了。在這個「九九六」工作制與共同富裕並行不悖的時刻，在這個政治掛帥、經濟至上的世界裡，我們不由得懷疑：啟蒙的觀念還會對這個幽暗混亂的時代產生影響嗎？值此災難之際，曾經揮斥方遒、指點江山的一代知識分子都飄向了何處？

2021年11月2日，一代哲人李澤厚在科羅拉多州波爾多（Boulder）小鎮溘然長逝。一年之前的春天，李在最後的訪談

中憶起家鄉湖南，陷入了濃濃的鄉愁：「春風三月，憑窗遠眺，但見白雪罩頂的洛基山脈，再也看不到那滿山紅艷的杜鵑花和金黃色的遍野油菜花了。悵何如之」。由於川普政府操弄民粹政治，大肆宣揚口罩無用論，導致疫情四下蔓延，其時，波爾多鎮的死亡人數已逾越七十餘人。即便如此，已是九十高壽的哲學家的樂觀主義情懷仍不減當年：「疫情有可能讓全球化推遲二、三十年。但對人類歷史來說，算不了什麼」。倫理與歷史總難免二律背反，在信奉康德永久和平（perpetual peace）理念的啟蒙哲學家看來，人類文明早已歷經無數劫難，瘟疫、饑荒、戰亂和政治運動，「白骨露于野，千里無雞鳴」的慘狀並非預示著末世浩劫。凌冬之後總有春日，文明總會從腐朽、坍塌的殘垣斷壁中涅槃重生。作為「樂感文化」的信徒，李澤厚一如既往地宣揚著儒家哲學的生存意趣和人間情懷。多少年來，後結構、後現代、後人類等哲學流派為「權力宰制」、「有神與無神」以及「存在與虛無」等玄妙議題爭得面紅耳赤，但時移事往，範式轉移，李澤厚的哲學依然是形而下的、飲食男女的「吃飯哲學」。他的「情本體」亦如影隨形，躍動的此世情懷背後是對神之救贖的拒斥。李澤厚不願輕易告別人世的悲歡離合，卻無奈自己已過耄耋之年。最後，他以陶潛和陸機的詩文告別讀者：「悲晨曦之易夕，感人生之長勤；課虛無以責有，叩寂寞而求音」。[4] 滄海桑田之後，「泥沙俱下、眾聲喧嘩、生氣淋漓」的人文主義時代已成往昔。在

4　見衛毅、李澤厚，〈九十李澤厚：最後的訪談〉，《南方人物周刊》，2020年7月14日。

《美的歷程》的結語處，作者曾發出這樣的感慨：「俱往矣。
然而，美的歷程卻是指向未來的」。走到人生邊上，面對生命
盡頭無涯無際的深淵，李澤厚不得不告別讀者，但是他從千年
的華夏美學之旅中淬煉出來的有情的聲音卻不會被人遺忘。任
憑時間流淌，風雲變幻，美的歷程沒有終點。

　　與此同時，同在波爾多鎮的劉再復在台灣和香港出版新書
《五史自傳》，回顧自己過去三十年的去國還鄉之旅。1989年
春夏之交，劉再復從廣州出境，假道香港，遠走海外，由此開
始第二人生。知天命之年背井離鄉，遠走天涯，一切重頭再
來，這其中的輾轉反側、慘痛與淒涼、勇氣與信念，哪裡是三
言兩語可以說得清楚？然而劉再復仍然筆耕不輟。二十多年的
光陰一晃而過，回首八十年代的啟蒙熱忱，劉在力倡「告別革
命」之後，再發「放逐諸神」一說：不僅反芻啟蒙之迷夢，還
要放逐民族國家，放逐「概念」，乃至放逐「自我」，質疑一
切主義和神話的靈韻。劉再復為堅守「山頂獨立，海底自行」
的獨立精神而不惜「自我坎陷」，但面對人生盡頭漫無邊際的
幽暗，卻仍放不下懺悔倫理。在《我的錯誤史》中，劉再復再
度闡發罪感意識，反思自己多次參與創造「錯誤的時代」、
「罪惡的時代」所負「共犯結構」：從大躍進號召下「追捕麻
雀、砍伐樹林」的破壞環境之罪到混亂政治漩渦之中的身不由
己，唯有以人之為人的道德本心對證歷史，反芻個人和時代的
共謀關係，方能滌蕩往昔歷史的種種不義與不堪。劉再復的罪
感觀念雖發端於基督教的原罪說，也逐漸轉向中國傳統思想資
源，從晚明王學的「致良知」說中汲取靈感。《五史自傳》寫
盡了個人的顛沛流離和現代中國種種劇烈的嬗變，以《我的錯

誤史》作為旅途終點，懺悔與傷悼成為了劉再復與歷史和解的最後可能。

　　2018年，余英時在回憶錄中再度提及其1949年前後「去留大陸」的艱難選擇。1950年初，已入讀燕京大學的余英時赴香港探望父母以及幼弟，本打算7月底回京繼續上學，可不料在回程途中另生枝節：余氏乘坐的火車在港粵邊境一個叫做龍石的小站發生故障，不得不停下修理。就是在這電光火石的區區數小時之內，余英時的「小資產階級溫情主義」戰勝了他的「新民主主義」政治覺悟，由此毅然決定折返香港，就此改變生命軌跡。[5]　正是出於這段驚心動魄的經歷，余英時在往後的漫長歲月裡對陳寅恪滯留大陸的選擇不勝唏噓：假如陳氏能夠聽從其夫人的勸諫「避地難希五月花」，義寧之學是否可以「花果飄零，靈根自植」，在海外發揚光大？但歷史沒有假設，結局無法改寫。漢娜・鄂蘭曾經哀歎班雅明之死完全是事出偶然：1940年9月，當流亡知識分子一行歷經艱險抵達庇里牛斯山腳下的法、西邊境小鎮波爾沃特之時，西班牙當局突然關閉了邊境。絕望之下，班雅明當晚吞下大量嗎啡自殺。第二天，邊境重開。厄運就此葬送了威瑪德國最為傑出的文學批評家：「早一日班雅明就能輕易通過；遲一日馬賽的美國官員就會得知難民暫時還無法穿過西班牙。　不早不遲偏偏那一天災難才可能發生。」[6] 余英時如此孜孜不倦地為陳寅恪「代下注腳，發皇心

5　余英時，《余英時回憶錄》（台北：允晨文化公司，2018年），頁156。

6　漢娜・鄂蘭，〈瓦特・本雅明：1892-1940〉，《啟迪：本雅明文選》，鄂蘭（阿倫特）編，張旭東、王斑譯（北京：生活・讀書・新知三聯書店，2008），頁37。

曲」，是否也源於一種微妙的、基於親身逃亡經歷的共情共感？班雅明、陳寅恪過不去的命中劫數，成為支撐余英時闡發「文化遺民」的原動力所在。時至今日，「陳寅恪熱」或許已經淡去，余英時逝世之前仍在不停地叩問：在如此幽暗的時代，為什麼「自由」是必要的堅持？

　　2021年，王安憶最新長篇小說《一把刀，千个字》由人民文學出版社發行出版。「一把刀」寓指的是「揚州三把刀」中揚州廚師展示刀工廚藝的菜刀，而「千个字」則出自袁枚《隨園詩話》中的佳句：「月映竹成千个字，霜高梅孕一身花」。故事的主人公陳誠在因緣際會之下誤入廚行，並因此在紐約法拉盛落地生根，以高超的廚藝和溫馴沉默的姿態周旋於天南地北的華人移民之間。然而，看似瑣碎平淡的油鹽醬醋、人情世故背後卻有驚天動地的歷史記憶：陳誠之母在文革中被捕入獄，慘遭槍決，不料文革之後被平反而被尊為「革命烈士」，使得本已因離散而斷絕的家族往事魂兮歸來。評論家劉欣玥認為，王安憶最想追問的問題，乃是「大開大合的歷史潮水褪去後，他要如何面對母親的幽靈，消化家人揮之不去的苦衷、懊悔與怨恨……並在新大陸重生為一個真正的自己」？[7] 當身處資本世界的一代中國人早已改頭換面，習慣於把那個激進年代當做必須忘卻的痛史之時，革命留下的各種慘烈的、崇高的、傷痛的、史詩的記憶與情懷卻總在不經意之間浮出地表。告別了卻不肯退場、想結束卻完而不了的革命，最終化作日常生活的一蔬一飯，從知青時代東北火炕上熱氣蒸騰的大鍋熱炒到漂流

7　劉欣玥，〈世上或有不散的筵席〉，《文藝報》，2020年11月23日。

海外、寄託華人家國情懷的揚州菜餚，革命的歷史記憶褪去了宏大敘事的超凡脫俗，是風流雲散，也是化整為零，成為人生不散的流水宴席。

2018年，劉小楓在為其舊作《現代性社會理論緒論》所作重版序言中感歎：「1987年，命中註定的《拯救與逍遙》殺青後……為了盡可能具體而又全面地理解西方的現代學問，筆者耗費了近二十年光陰……儘管如此，筆者並不覺得，自己沉溺於西方現代學問的二十年是白費光陰。沒有品嘗過現代學問的品質，筆者也很難體味出古典學問的品質。」[8] 光陰似箭，從德國浪漫主義到基督神學，從巴特到施特勞斯，劉氏對於絕對價值的求索可謂是「上窮碧落下黃泉」，只是風風雨雨四十載後，大陸學界早已是換了人間，那個渴求彼岸世界的神之救贖的基督聖徒的形象日漸黯淡，取而代之的是此岸世界政治神祇的再度出場。雖然其多變風格令外人多有置喙，但劉氏不只一次宣言，他的關注始終是「走向絕對價值立場」，為此哪怕千夫所指依然無怨無悔。世事本多變，見風使舵的弄潮兒是世間常態，在劉小楓日漸原教旨主義的姿態背後，卻有一個聲音不曾老去：那是對充滿神韻的海洋性感覺（oceanic feeling）的不懈追求。透過這個聲音，我們依然可以看見那個愛慕貴族少女冬妮婭的蒼白少年，那個迷戀「詩意的憩居」的青年美學家，和那個被耶穌之死感動得淚流滿面的虔誠信徒。透過這些重影，我們不由得感慨知青一代徘徊於思與信、革命與宗教、啟

8　劉小楓，〈重版說明〉，《現代性與現代中國》（上海：華東師範大學出版社，2018）。

蒙與神話之間的艱難與不易。

三、多餘的話

　　本書所收錄的部分章節取材於筆者的英文博士論文《革命
猶存：當代中國的文學、思想與記憶政治》。為了更加貼合中
文學術語境，我進行了幾次大幅度的修改和增刪，使得成書與
英文原稿已經截然不同。在構思、寫作本書的過程中，筆者一
直思考的一個問題是：人文學術固然以客觀歷史和人物為研究
對象，可是總是浸潤了學者自身的美學趣味和價值取向，故而
很難做到韋伯式的「價值無涉」（value free）。如此，當研究
者以對歷史人物的「共情共感」為出發點，固然帶有偏見，卻
因融入了躍動的生命體驗而顯得別具特色。思想史家Peter
Gordon曾調侃道：「許多學者對歌功頌德式的寫作情有獨鐘：
他們是如此地深愛著自己書中的主角，以至於希冀通過寫作來
與慾望的對象合二為一；另一些學者則酷愛研究十惡不赦的惡
棍：他們極盡所能地對某些歷史人物口誅筆伐──然而誰又能
說恨之切不是出於愛之深呢？」[9] 相比之下，近來西方學界轉而
追逐「後人類」等玄之又玄的新潮理論範式，不但歷史書寫和
文學批評中鮮活的「人」被解構，傳統人文研究中常見的、摻
雜著人情事感、嬉笑怒罵的文藝寫作也在逐漸消失，學術範式
的更迭似乎印證了《存在與虛無》中沙特的感歎：「人，是一

9　Peter E. Gordon, *Adorno and Existence*（Cambridge, MA: Harvard University
　　Press, 2016）, p. 1.

種無用的激情」。

　　儘管如此，在寫作的過程中，學院之外的世界發生了翻天覆地的變化，使得本書也不可避免地帶著特殊的時代印記與個人生命體驗。黑格爾聲稱《精神現象學》的完成離不開親眼目睹「時代精神」拿破崙之出場，以撒・柏林親歷十月革命的暴風驟雨，畢生致力於宣揚「消極自由」之可貴，這些逸聞奇談固然有戲說歷史的嫌疑，卻提醒我們寫作的環境無疑會對著述產生許多微妙的、不可捉摸的影響。在筆者於波士頓埋頭創作的一年半裡，經歷了新冠疫情爆發、民粹主義肆虐、中美關係急轉直下、反亞裔情緒持續升溫的動盪時局，讓我終身難忘。我親眼目睹了謠言四起、政治分裂、大眾恐慌之下的種種亂象，見證了一夜之間文明倒退、斯文掃地、野蠻復歸的變幻世事，老馬克思的宣言「一切堅固的東西都煙消雲散了」時時在耳邊迴蕩。

　　疫情開始的一段時間裡，我曾一度情緒低落，茫然不知所措。其時，除了論文終稿需要潤色之外，筆者已經完成了博士學位的基本要求，正在為上學術市場謀教職而準備。經過漫長的研究所歲月，我的個人學術野心，已經從初來乍到之時的「復興英文學界的中國現代思想史研究」，變成了「今天學校哪場會議發放免費披薩」。即便如此，筆者仍希望能夠為自己謀得一席立足之地。無奈疫情衝擊北美高校經濟，使得本來就頗為艱難的就業市場更加雪上加霜。我也數次陷入靈魂的自我拷問：我該不會成了於梨華《又見棕櫚》裡嘲笑的那個精神分裂、自怨自艾、一邊在家人面前炫耀留美身分、挾西學以自重，另一邊在異鄉失業、在中餐館刷盤子的留美博士牟天磊

吧？我會有白先勇〈芝加哥之死〉裡頭吳漢魂的結局嗎？當
然，出路還是有的。John Toews曾經論證，馬克思等一大批左派
黑格爾主義者之所以走上激進革命的道路，和當時德國高校人
滿為患、博士就業艱難有很大關係。[10] 經過數場席捲全美的抗
議運動之後，我身邊幾位義憤填膺的進步人士宣稱，在學院裡
研究種族主義已經毫無意義，號召大家燒掉博士論文抵抗資本
主義學術生產，走向街頭行動。只是我一向意志軟弱、自由散
漫、患得患失，貪戀安穩舒適的書齋生活，終究不能成為無產
階級的戰士。在幾個月的反思之後，我決定遑論結果如何，都
要把最後一段路走完。

　　奇怪的是，外面的局勢愈發混亂，我的寫作熱情也愈發高
漲。本已習慣在太平盛世的「星巴克」裡漫不經心地一邊攪拌
著咖啡一邊拼湊出幾行論文的筆者，突然能夠真切地理解自己
書中人物的喜怒哀愁。當川普政府在波士頓大張旗鼓地抓捕所
謂的隱藏於象牙塔中的「中國間諜」，我方能體會陳映真小說
中渲染鋪陳的白色恐怖，方能明白為何施特勞斯認為無論身於
民主還是專制，政治迫害乃是知識人面臨的永恆處境；當中美
斷航、回鄉之途道阻且長、新的冷戰鐵幕迫在眉睫，我方才知
曉為何半個多世紀之前的余英時在異國他鄉讀到《論再生緣》
時會情難自已，為何唐君毅等新儒家以「花果飄零，靈根自
植」來表達海外知識分子對堅守中華文化的信念；當各種派系
政治、意識形態暴力入侵日常生活的點滴，我方才體悟為何少

10　John Toews, *Hegelianism: The Path Toward Dialectical Humanism, 1805-1841*
　　（Cambridge, UK: Cambridge University Press, 1985）.

年劉小楓在文革武鬥高潮之際卻心向布爾喬亞少女冬妮婭，為何頭號右派之女章詒和在群眾運動的大時代苦苦尋覓私人空間。2021年1月6日，當川普的支持者衝擊國會大廈，以武力威脅權力和平交接之時，筆者正好寫到陳寅恪之死的部分。我的筆下是貼滿陳家的大字報和排山倒海的群眾攻勢，電視裡播放著狂熱的「川粉」在國會山上架起絞刑架，叫囂「吊死彭斯」（Hang Mike Pence），這讓我一時間竟有穿越之感：我究竟是身在「自由民主」的燈塔國，還是活在暴風驟雨的革命年代？我終於明白，為什麼陳寅恪晚年「述事言情、悲憫生死」的心史寫作是以一己之力對抗時代的抗爭與堅持。

因此，本書之題「情動於『中』」的最後一層含義，不僅寓指書中各班風流人物「感時憂國」的複雜心緒，也蘊含了筆者自身的「情動」：「昨日的世界」已然褪色，但撼動寰宇的危機卻如陰雲密布，滾滾而來。「這個世界會好嗎？」是晚年梁漱溟的最後疑問。此時此刻，許多有志之人也有如此幽暗之間：世界秩序正在走向「黑暗森林」的叢林法則嗎？人類文明正在走向新的、前所未有的大災難嗎？

天地玄黃之際，我們更需要重訪、重述、重說二十世紀華語知識分子的百態人生，體會「情」與「思」之間的千迴百轉，理解「主義」、「大說」背後湧動的詩性號召。

書成後記

　　坐在傍晚將近的書房裡，外面是一場落寞的大雨。想著為這本書寫一篇後記，追溯它的來龍去脈，卻久久不能下筆。2019年5月，適值五四運動百年，我受劉劍梅老師的邀請，赴香港科技大學參加「五四之後：當代人文的三個方向」國際學術會議。我做的報告〈樂與罪〉最後成為本書的第一章。在當時的演講中，我用李澤厚《美的歷程》中的結語「俱往矣，美的歷程卻是指向未來的」作為我對新啟蒙運動時代精神的總結，不能不說在某種程度上投射了個人的少年意氣。四年之後，當我為即將出版的書稿撰寫後記，腦海中聯翩而過的是過去幾年裏與我相關的人事與沉浮，離別與重逢，歡樂與悲哀。回首往事，深感時勢變遷，不由心有戚戚，不勝悲愴。

　　本書得以出版，首先需要感謝我的導師王德威教授。自從2015年秋天我赴哈佛大學攻讀博士，我的學術生涯的每一步成長，都離不開王老師對我不遺餘力的支持。雖然我對中西思想史的興趣在文學研究者中頗顯異類，但王老師總是以廣博的學識和開闊的胸襟鼓勵我探索文學與思想之間的聯繫，追尋文史互證的綜合性研究方法。2017年春天，為了準備博士資格考

試，我有機會和王老師進行了長達一個學期的「自主學習」
（independent study）。我們幾乎每週三下午都會坐在王老師位
於東亞系的辦公室裡，反覆討論我的論文架構和材料選取。打
開了話匣子之後，學術討論往往變成天南地北地閒聊，談話常
常從午後一直延續到傍晚。到了晚飯時間，王老師又會拉上幾
位同學，一道前往位於哈佛廣場的Cilantro中餐廳，和大家談天
說地。窗外是皚皚的大雪，我們圍坐在一起，聽王老師聲情並
茂地講述自己七八十年代的求學歷程以及和各色知識分子交往
的趣聞軼事，那些浸潤著私人記憶和情感的故事，深深地觸動
了我。 最重要的是，他教會我治學的關懷所在：人文學術研究
的意義不僅在於在發人之所未發，也需要心懷謙卑，以瞭解之
同情去體味生命的百態與歷史的千迴百轉。

　　與此同時，我也受惠於哈佛大學人文薈萃的知識氛圍。我
的另一位導師李潔教授對於當代中國紀錄片中的歷史記憶的研
究，極大地影響了我對自由主義記憶政治的關注。在和李老師
討論之後，我逐漸放棄了之前的理論框架，決定另闢蹊徑，以
自由主義的「情動」為切入點分析「陳寅恪熱」的情感政治。
此外，李惠儀教授對明清遺民的精湛研究以及對陳寅恪晚年詩
文的細緻分析，也極大地影響了我的寫作。2021年春天，我有
幸旁聽李惠儀老師的中國文學史研討會。李老師仔細閱讀了我
的博論中關於陳寅恪晚年詩文的論述，並且給出了詳細的修改
意見。同時，我也深受裴宜理（Elizabeth J. Perry）教授的《安
源：發掘中國革命之傳統》的啟發，進而關注中國革命遺產的
發明與再創造等問題。2016年秋季學期，我選修了裴老師開設
的「政治學與中國」（Political Science and China）博士生研討

會，在她的指導下進一步閱讀了比較共產主義領域的經典著作，促使我在國際共產主義運動的語境下思考中國思想爭鳴的問題，極大地拓寬了我的研究視野。此後，我還有幸擔任裴老師的研究助理，和她一起撰寫有關民國教會大學的學術論文，在此期間，又有了更多互動。作為我的博士委員會的成員，裴老師數次提醒我注意蘇聯與中國共產主義政權對知識分子的改造政策之間的不同，還提到中國革命與基督教之間的聯繫等諸多極富洞見的話題，給我的寫作帶來不少靈感。

　　此外，我也深受哈佛大學歷史系的Peter Gordon教授的影響。Gordon教授專治現代歐洲思想史，著作等身，對海德格、鄂蘭、阿多諾以及班雅明的哲學有著極為精闢的理解。他堅持思想史研究的「內在視野」，對政治化的闡釋敬而遠之。在他的研討會上，我們經常就思想的政治性和哲學潛能展開激烈的辯論。論及的案例從柏拉圖到黑格爾，從海德格的《黑皮書》到沙特的毛主義傾向。Gordon 教授常常掛在嘴邊的口號「反抗海德格的最佳方式在於與海德格一起思考」，激發我思考二十世紀中國思想與政治之間的複雜關係。同時，我也特別感激西雅圖華盛頓大學比較文學系的柏右銘（Yomi Braester）教授對我的愛護與指導。柏教授一口京腔國語，冷雋幽默，他的文筆機鋒處處，言談之間頗有王朔式的玩世不恭。十年以前，我隻身踏上異國求學，在英文系攻讀碩士。柏教授雖不是我的直系導師，卻仍然把我視為自己的學生，對我細心呵護，引我進入北美中國學領域，張羅我申請博士項目。就這樣，在他的保駕護航下，我才得以前往哈佛東亞系深造。因為疫情等種種原因，我已多年未回訪西雅圖，但每每念及和柏教授以及華大的幾位

老師的教誨，總是心懷感激和留戀。

　　過去十年間，我遇到許多志同道合、光明磊落的朋友和知己，他們「以學術為志業」的態度，極大地塑造了我的研究志趣。學者張暉在《無聲無光集》中曾如此描述治學的日常：「在嘈雜的市聲與閃爍的霓虹中，面對無聲無光的石塔，我日復一日地寫作，只為輯錄文字世界中的吉光片羽。」在漫長的海外求學生涯中，正是我遇到的這些有聲有光的人，為我點亮了無聲無光的夜與書，讓我見識到人文學術的力量與可能。首先，我需要感謝2012年至2015年間在西雅圖華大一起讀書的幾位好友，特別是馬嘯、何謙、曾小順、王笑楠和陳沐陽博士，他們如今都已經是各自領域的青年俊才，我自身的研究也受他們的啟發頗多。來到波士頓以後，哈佛研究生院裏臥虎藏龍，人才濟濟，就東亞系從事現當代中國文學研究的學者群體而言，我遇到的每一位同學都以不同的方式塑造了我的學術旨趣，包括（且不限於）應磊的佛教與晚清思想史研究，陳麗汶對南洋作家的分析，蘇和（Dylan Suher）對當代中國電視媒體的興趣，佘仁強（Kyle Shernuk）和海鵬對少數民族文學與電影的發掘，黃丁如對醫療人文與環境的關注，陳濟舟天馬行空的小說創作，以及陳也東的遊戲與媒介研究，等等。時至今日，師門友誼仍然為我提供源源不斷的精神支持。

　　一本書的面世，離不開學術共同體中各位師長的指點和協助。在讀博期間，我有機會和友人組織三場與我的課題息息相關的研討會，進而和專治中國現當代思想史的學者們切磋技藝，這是非常值得慶幸的事。2017年3月，在哈佛燕京學社的支持下，我和王德威老師在波士頓主辦了一場名為「重思當代中

國思潮」的工作坊，邀請了葛兆光教授、錢永祥教授、陳冠中先生、汪暉教授、王汎森教授，周濂教授等來自兩岸三地的知識分子齊聚一堂，討論中國知識界的最新動向。2018年3月，我邀請了一批學者在美國亞洲研究協會（Association for Asian Studies）年會上做一場專題討論會，議題是「追尋自主：學術與政治之間的現代中國知識分子」。除了我們幾位年輕的博士生（江東昀、姚孟澤）之外，羅福林（Charles Laughlin）教授、丘慧芬教授和魏簡（Sebastian Veg）教授也欣然應允出席。2019年3月，我和耶魯大學的陳柏旭君在另一場亞洲研究協會年會上組織了題為「東亞語境下的左翼憂鬱症」的專題討論會，畢克偉（Paul G. Pickowicz）教授和Paola Iovene教授提攜後輩的精神讓我們感動，馬筱璐師姐也專程從香港飛來參加。

　　這本書寫作進行到一半之時，我收到新加坡國立大學的聘書，由此開啟人生新的旅程。我能夠如期完成本書，實在得益於國大中文系同事的支持。因為疫情的反覆無常，我的入職時間被幾度推遲，加上美國的學生簽證已經過期，一度面臨逾期滯留美國的危險。行政處的劉美茱女士和蘇錦輝先生為我能夠盡早入境新加坡幾度奔波，設計了新的旅行方案，最終使我能夠有驚無險地順利入職。彼時，新加坡仍然處在封城狀態，個人出行受到嚴格的限制，所有的教學活動也只能在網上進行。為了能夠讓我順利安頓下來，中文系的各位同仁紛紛向我伸出援手。丁荷生教授開車載我遊覽獅城風光，徐蘭君教授為我仔細籌劃各項教學以及研究計劃，黃賢強教授和容世誠教授給予我不少指點和鼓勵，王昌偉教授和許齊雄教授仔細閱讀了書稿，提出了諸多修改意見。撰寫期間，我幾次和中文系「青椒

群」的幾位年輕同事——曾昭程、沈瑞清、胡碚、劉晨、黃建豪、陳枏樵以及陳英杰博士——聚餐閑談，本書不少地方也受到他們的啟發。此外，蘇錦輝先生、楊妍博士以及行政處的幾位同事為我主辦的幾次活動費心籌劃，他們的支持對我的研究有著特殊的意義。

在過去幾年裡，因新冠肺炎隔離所帶來的孤寂感成為人類社會共同的問題。從2020年開始，我幾乎每天晚上都會與一群來自世界各地的遊戲玩家們一道玩耍。在室友楊翊孜孜不倦的「安利」下，我在網絡遊戲裡開啟了一段虛擬人生。楊翊君溫文爾雅，風度翩翩，非常講究生活格調，酷愛緬懷舊時風月，總讓我想起張愛玲、王安憶筆下艷異摩登、旖旎浪漫的海派文人。在他的組織下，不同年齡、經歷和背景的小夥伴們，在虛擬世界裏都變成了最純粹的「遊戲的人」（Homo Ludens），大家齊心協力，共同守護著這片世外桃源。他們對「玩」（play）的純真執著使我想到馬克思討論古希臘藝術和人性關係時說過的話：「成人不該在更高的階段重現它的真情嗎？……為什麼歷史的人類童年時代，在它發展的最完美的地方，不該作為永不復返的階段而顯示它的永久魅力呢？」每當我白日裏被成人世界的唇槍舌劍折磨得精疲力盡之時，總會生出奇想：或許只有遊戲召喚的「魔法圈」（the magic circle）才能超越現實世界的紛紛擾擾，帶我們返回人性之初的質樸童真。在這個大難不止、聖賢不明、道德不一的時代，救贖的微弱希望存在於「玩」的每個瞬間。

本書的出版要再次感謝中研院歷史語言研究所的王汎森教授、聯經出版公司的總編輯涂豐恩先生，以及幾位匿名審稿人

的全力支持。戴潔同學仔細閱讀了全書並提出許多修訂建議，香港科技大學的喬敏博士是本書成稿之後的第一位讀者，徐靈嘉女士給了我不少建議，我的博士生王欣然同學閱讀了校對版並提供了有益的反饋，在此一並致謝。最後，我要感謝我的家人對我毫無保留的支持。謹以此書，紀念我的外公劉欣大先生（1934-2017）。

參考書目

中文書目

北島、李陀主編　2008，《七十年代》，香港：牛津大學出版社。

蔡元培　1983，《蔡元培美學文選》，北京：北京大學出版社。

陳寅恪　1980，《寒柳堂集》，上海：上海古籍出版社。

—— 1980，《金明館叢稿二編》，上海：上海古籍出版社。

—— 1980，《柳如是別傳》，上海：上海古籍出版社。

—— 2001，《陳寅恪集：詩集》，北京：生活・讀書・新知三聯書店。

陳映真　1988，《陳映真作品集》，台北：人間出版社。

—— 2009，《陳映真文選》，北京：生活・讀書・新知三聯書店。

陳平原　1991年，〈學術史研究隨想〉，《學人》，南京：江蘇文藝出版社，1：2-3。

陳光興、蘇淑芬編　2011，《陳映真：思想與文學》（上、下冊），台北：台灣社會研究雜誌社。

程　巍　2006，《中產階級的孩子們：60年代與文化領導權》，北

京：生活・讀書・新知三聯書店。

馮衣北　1986，《陳寅恪晚年詩文及其他》，廣州：花城出版社。

馮小剛　2016，《我把青春獻給你》（修訂版），北京：長江文藝
　　　　出版社。

甘　陽　2007，《通三統》，北京：生活・讀書・新知三聯書店。

賀桂梅　2010，《「新啟蒙」知識檔案：80年代中國文化研究》，
　　　　北京：北京大學出版社。

胡文輝　2008，《陳寅恪詩箋釋》，廣州：廣東人民出版社。

季羨林　2005，《牛棚雜憶》，北京：中共中央黨校出版社。

蔣　慶　1995，《公羊學引論》，沈陽：遼寧教育出版社。

樂黛雲　2005，〈憂鬱——中國視野〉，《同行在未名湖畔的兩
　　　　隻小鳥：湯一介、樂黛雲隨筆》，西安：太白文藝出版
　　　　社，頁305-310。

李惠儀　2017.06，〈懷舊與抗爭：獨立、自由、性別書寫與陳寅
　　　　恪詩文〉，《中國現代文學》：31：31-58。

李澤厚　2009，《美的歷程》，北京：生活・讀書・新知三聯書
　　　　店。

——　2007，《批判哲學的批判：康德述評》，北京：生活・讀
　　　　書・新知三聯書店。

——　2008，《華夏美學・美學四講》，北京：生活・讀書・新
　　　　知三聯書店。

——　2008，《中國古代思想史論》，北京：生活・讀書・新知
　　　　三聯書店，2008年。

——　2015，《由巫到禮，釋禮歸仁》，北京：生活・讀書・新
　　　　知三聯書店。

李澤厚、劉再復　1995，《告別革命：回望二十世紀中國》，香港：天地圖書有限公司。

劉再復、林崗　2011年，《罪與文學》，北京：中信出版社。

劉再復　1986，《性格組合論》，上海：上海文藝出版社。

—— 2020，《五史自傳》，香港：生活・讀書・新知三聯書店。

劉小楓　1986，《詩化哲學》，濟南：山東文藝出版社。

—— 1998，《現代性社會理論緒論》，上海：上海三聯書店。

—— 2003，《聖靈降臨的敘事》，北京：生活・讀書・新知三聯書店。

—— 2007，《儒教與民族國家》，北京：華夏出版社。

—— 2007，《這一代人的怕和愛》，北京：華夏出版社。

—— 2007，《沉重的肉身》，北京：華夏出版社。

—— 2009，《現代人及其敵人：公法學家施米特引論》，北京：華夏出版社。

—— 2011，《拯救與逍遙》（修訂本），上海：華東師範大學出版社。

—— 2012，《共和與經綸》，北京：生活・讀書・新知三聯書店。

—— 2013，《施特勞斯的路標》，北京：華夏出版社。

—— 2015，《百年共和之義》，上海：華東師範大學出版社。

—— 2017，《以美為鑒：注意美國立國原則的是非未定之爭》，北京：華夏出版社。

陸鍵東　1995，《陳寅恪的最後二十年》，北京：生活・讀書・新知三聯書店。

馬立誠　2011，《當代中國八種社會思潮》，北京：社會科學出版

社。

彭小妍　2019，《唯情與理性的辯證：五四的反啟蒙》，台北：聯
　　　　經出版公司。

瞿秋白　2009，《多餘的話》，南昌：江西教育出版社。

史書美　2017，《反離散：華語語系研究論》，台北：聯經出版公
　　　　司。

許紀霖　2011，《當代中國的啟蒙與反啟蒙》，北京：社會科學文
　　　　獻出版社。

汪　暉　2008，《去政治化的政治：短20世紀的終結與90年代》，
　　　　北京：生活・讀書・新知三聯書店。

───　2015，《顛倒》，香港：香港中文大學出版社。

王安憶　1993，《紀實與虛構》，北京：人民文學出版社。

───　1996，《香港的情與愛》，北京：作家出版社。

───　1996，《王安憶自選集之三：中篇小說卷》，北京：作家
　　　　出版社。

───　2002，《憂傷的年代》，北京：新世界出版社。

───　2011，《烏托邦詩篇》，上海：華東師範大學出版社。

王德威　2001，《寫實主義小說的虛構：茅盾，老舍，沈從文》，
　　　　上海：復旦大學出版社。

───　2004，《歷史與怪獸：歷史，暴力，敘事》，台北：麥田
　　　　出版。

───　2007，《後移民寫作》，台北：麥田出版。

───　2019，《史詩時代的抒情聲音：二十世紀中期的知識分子
　　　　與藝術家》，台北：麥田出版。

───　2017.06，〈「世界中」的中國文學〉，《中國現代文

學》，（31）：1-26。

—— 2018.12.20，〈華夷之變：華語語系研究的新視界〉，《中國
現代文學》，（34）：1-27。

王汎森 2014，《執拗的低音：一些歷史思考方式的反思》，北
京：生活‧讀書‧新知三聯書店。

—— 2017，《思想是生活的一種方式：中國近代思想史的再思
考》，台北：聯經出版公司。

王 蒙 2006，《蘇聯祭》，北京：作家出版社。

王小惠 2015，〈九十年代的陳寅恪想像——從《讀書》到《陳寅
恪的最後二十年》〉，《小說評論》，（2）：70-78。

余英時 1992，〈中國知識分子的邊緣化〉，《中國文化與現代變
遷》，台北：三民書局，頁33-50。

—— 1994，〈中國近代思想史上的激進與保守〉，《錢穆與中
國文化》，上海：遠東出版社，頁188-222。

—— 1998，《陳寅恪晚年詩文釋證》，台北：東大圖書公司。

—— 2018，《余英時回憶錄》，台北：允晨文化公司。

易中天 2001，《書生意氣》，昆明：雲南人民出版社。

張競生 2009，《美的人生觀》，北京：生活‧讀書‧新知三聯書
店。

章詒和 2004，《往事並不如煙》，北京：人民文學出版社。

查建英 2006，《八十年代訪談錄》，北京：生活‧讀書‧新知三
聯書店。

趙汀陽 2016，《惠此中國：作為一個神性概念的中國》，北京：
中信出版社。

趙 剛 2011，《求索：陳映真的文學之路》，台北：聯經出版公

司。

章　清　2015，《「胡適派學人群」與現代中國自由主義》（修訂版），上海：上海三聯書店。

周　濂　2016.12，〈流沙狀態的當代中國政治文化〉，《二十一世紀》：28-37。

周言編　2013，《陳寅恪研究：反思與展望》，北京：九州出版社。

祝東力　1998，《精神之旅：新時期以來的美學與知識分子》，北京：中國廣播電視出版社。

朱學勤　1999，〈1998年自由主義學理的言說〉，《思想史上的失蹤者》，廣州：花城出版社：237-56。

英文書目

Adorno, Theodor W. "Resignation." *Telos*, no. 35, vol. 166（Spring 1978）: 290-293.

———. "Late Style in Beethoven." In *Essays on Music*. Edited by Richard Leppert. Translated by Susan H. Gillespie. Berkeley: University of California Press, 2002, pp.564-568.

———. "The Alienated Magnum Opus: On the Missa Solemnis." In *Beethoven, the Philosophy of music: Fragments and Texts*. Edited by Rolf Tiedemann. Translated by Edmund Jephcott, pp. 141-153. Stanford: Stanford University Press, 1998.

———. *Negative Dialectics*. New York, NY: Routledge, 1973.

Anderson, Perry. *Considerations on Western Marxism*. New York, NY:

Verso, 1976.

Apter, David E. and Tony Saich. *Revolutionary Discourse in Mao's Republic*. Cambridge, MA: Harvard University Press, 1998.

Aron, Raymond. *The Opium of the Intellectuals*. New York, NY: Routledge, 2001.

Barmé, Geremie. *In the Red: On Contemporary Chinese Culture*. New York, NY: Columbia University Press, 1999.

Barth, Karl. *The Epistle to the Romans*. Translated by Edwyn C. Hoskyns. Oxford, UK: Oxford University Press, 1968.

Benedict, Ruth. *Chrysanthemum and the Sword: Patterns of Japanese Culture*. Boston, MA: Hoghton Mifflin, 1946.

Benjamin, Walter. *The Origin of German Tragic Drama*. Translated by John Osborne. New York: Verso, 1998, 2009.

———. "Left-Wing Melancholy." *Screen*, vol. 15, no. 2（July 1974）: 28-32.

Berger, Thomas U. *War Guilt and World Politics After World War II*. New York, NC: Cambridge University Press, 2012.

Berlin, Isaiah. *The Hedgehog and the Fox*. Edited by Henry Hardy. Princeton: Princeton University Press, 2013.

———. "Two Concepts of Liberty." In *Liberty: Incorporating Four Essays on Liberty*. Edited by Henry Hardy. Oxford: Oxford University Press, 2002, pp. 166-217.

Bernstein, Michael Andre. *Foregone Conclusions: Against Apocalyptic History*. Berkeley: University of California Press, 1994.

Blumenberg, Hans. *The Legitimacy of the Modern Age*. Translated by

Robert M. Wallace. Cambridge, MA: The MIT Press, 1985.

Bourg, Julian. *From Revolution to Ethics: May 1968 and Contemporary French Thought*. Montreal, Canada: McGill-Queen's University Press, 2017.

Boym, Svetlana. *The Future of Nostalgia*. New York, NY: Basic Books, 2002.

Breckman, Warren. *Marx, the Young Hegelians, and the Origins of Radical Social Theory*. Cambridge, UK: Cambridge University Press, 1999.

———. *Adventures of the Symbolic: Postmarxism and Democracy*. New York, NY: Columbia University Press, 2015.

Brown, Wendy. "Resisting Left Melancholia." In *Loss: The Politics of Mourning*. Edited by David L. Eng and David Kazanjian, pp. 458-466. Berkeley, CA: University of California Press, 2003.

Burnyeat, M.F. "Sphinx Without a Secret." *The New York Review of Books*, May 30, 1985. https://www.nybooks.com/articles/1985/05/30/sphinx-without-a-secret/.

Cassirer, Ernst. *The Myth of the State*. New Heaven, CT: Yale University Press, 1961.

Chen, Cheng. *The Return of Ideology: The Search for Regime Identities in Postcommunist Russia and China*. Ann Abor, MI: University of Michigan Press, 2016.

Christofferson, Scott. *French Intellectuals Against the Left: The Antitotalitarian Moment of the 1970s*. New York, NY: Berghahn Books, 2004.

Derrida, Jacques. *Specters of Marx: The State of Debt, The Work of Mourning & the New International*. New York, NY: Routledge, 1994.

Diamond, Martin. "Democracy and 'The Federalist': A Reconsideration of the Framers' Intent." *American Political Science Review*, vol. 53, no. 1（March 1959）: 52-68.

Dongen, Els Van. *Realistic Revolution: Contesting Chinese History, Culture, and Politics after 1989*. Cambridge, UK: Cambridge University Press, 2019.

Fällman, Fredrik. "Hermeneutical Conflict? Reading the Bible in Contemporary China." In *Reading Christian Scriptures in China*. Edited by Chloë Starr. London, UK: T&T Clark, 2008.

Ferber, Ilit. *Philosophy and Melancholy: Benjamin's Early Reflections on Theater and Language*. Stanford, CA: Stanford University Press, 2013.

Fewsmith, Joseph. *China Since Tiananmen: From Deng Xiaoping to Hu Jintao*, 2nd edition. Cambridge, UK: Cambridge University Press, 2008.

Freud, Sigmund. "Mourning and Melancholia." In *The Standard Edition of the Complete Psychological Works of Sigmund Freud, Volume XIV 1914-1916: On the History of the Psycho-Analytic Movement, Papers on Metapsychology and Other Works*, pp. 237-258. London, UK: The Hogarth Press and the Institute of Psycho-analysis, 1957.

Furet, François. *The Passing of an Illusion: The Idea of Communism in the Twentieth Century*. Chicago, IL: The University of Chicago

Press, 2000.

Gay, Peter. *The Enlightenment: An Interpretation. The Rise of Modern Paganism*. New York: Vintage Books, 1966.

Gentile, Emilio. *Politics as Religion*. Princeton, NJ: Princeton University Press, 2006.

Gordon, Peter E. "Habermas, Derrida, and the Question of Religion." In *The Trace of God: Derrida and Religion*. Edited by Edward Baring and Gordon, pp. 110-131. New York, NY: Fordham University Press, 2015.

——. "Critical Theory between the Sacred and the Profane." In *Constellations*, vol. 23, no. 4（Dec. 2016）: 466-481.

——. "Weimar Theology: From Historicism to Crisis." In Gordon and John P. McCormick ed., *Weimar Thought: A Contested Legacy*. Princeton, NJ: Princeton University Press, 2013.

——. "A Lion in Winter," *The Nation*, September 13, 2016. Accessed November 16, 2018. https://www.thenation.com/article/a-lion-in-winter/.

——. *Adorno and Existence*. Cambridge, MA: Harvard University Press, 2016.

Gossaert, Vincent and David A. Palmer. *The Religious Question in Modern China*. Chicago, IL: The University of Chicago Press, 2010.

Grieder, Jerome. *Hu Shih and the Chinese Renaissance: Liberalism in the Chinese Revolution, 1917-1937*. Cambridge, MA: Harvard University Press, 1970.

Habermas, Jürgen. *An Awareness of What is Missing: Faith and Reason in a Post-secular Age.* New York, NY: Polity, 2014.

———. *The Structural Transformation of the Public Sphere: An Inquiry into a Category of Bourgeois Society,* trans., Thomas Burger. Cambridge, MA: The MIT Press, 1991.

———. *The Theory of Communicative Action.* Translated by Thomas McCarthy. Boston, MA: Beacon Press, 1985.

Hall, David L. and Roger T. Ames. *Thinking Through Confucius.* Albany, NY: State University of New York Press, 1987.

Havel, Vaclav. "The Power of the Powerless." In *The Power of the Powerless: Citizens Against the State in Central Eastern Europe.* Edited by Vaclav Havel, 23-96. New York: Routledge, 2015.

Jaffa, Harry. *Crisis of the House Divided: An Interpretation of the Issues in the Lincoln-Douglas Debates.* Garden City, NY: Doubleday, 1959.

Jaspers, Karl. *The Question of German Guilt.* Translated by E. B. Ashton. New York: Fordham University Press, 2000.

Ji, Xianlin. *The Cowshed: Memories of the Chinese Cultural Revolution.* Translated by Chenxin Jiang. New York, NY: New York Review Books, 2016.

Jia, Jinhua. "Li Zehou's Reconception of the Confucian Ethics of Emotion." *Philosophy East and West,* vol. 66, no. 3（July 2016）: 757-86.

Kahn, Victoria. *The Future of Illusion: Political Theology and Early Modern Text.* Chicago, IL: University of Chicago Press, 2014.

Kant, Immanuel. "What Does It Mean to Orient Oneself in Thinking." In *Religion within the Boundaries of Mere Reason; And Other Writings*. Edited by Allen Wood and George di Giovanni. Cambridge, UK: Cambridge University Press, 1999.

Kubin, Wolfgang. Ed. *Symbols of Anguish: In Search of Melancholy in China*. New York, NY: Peter Lang, 2001.

Lai, Pan-Chiu and Jason Lam, ed. *Sino-Christian Theology: A Theological Qua Cultural Movement in Contemporary China*. Berlin, Germany: Peter Lang, 2010.

Lean, Eugenia. *Public Passions: The Trial of Shi Jianqiao and the Rise of Popular Sympathy in Republican China*. Berkeley, CA: University of California Press, 2007.

Lee, Haiyan. *Revolution of the Heart: A Genealogy of Love in China, 1900-1950*. Stanford, CA, Stanford University Press, 2007.

Leese, Daniel. *Mao Cult: Rhetoric and Ritual in China's Cultural Revolution*. Cambridge, UK: Cambridge University Press, 2011.

Leys, Ruth. "The Turn to Affect: A Critique." *Critical Inquiry*, Vol. 37, No. 3（Spring 2011）: 434-472.

Li, Huaiyin. *Reinventing Modern China: Imagination and Authenticity in Chinese Historical Writing*. Honolulu: University of Hawaii Press, 2012.

Li, Wai-yee. *Women and National Trauma in Late Imperial Chinese Literature*. Cambridge, MA: Harvard University Press, 2014.

———. "Nostalgia and Resistance: Gender and the Poetry of Chen Yinke." In *Xiang Lectures on Chinese Poetry*. Montreal: McGill

University Press, 2016, pp. 1-26.

Lilla, Mark. "Reading Strauss in Beijing." *The New Republic*. December 17, 2010. Accessed October 25, 2018. https://newrepublic.com/article/79747/reading-leo-strauss-in-beijing-china-marx.

————. *The Reckless Mind: Intellectuals in Politics*. New York, NY: New York Review Books, 2003.

Liu, Yu. "Maoist Discourse and the Mobilization of Emotions in Revolutionary China." *Modern China*, vol. 36, no. 3（May 2010）: 329-362.

Marchal, Kai and Carl K.Y. Shaw, ed. *Carl Schmitt and Leo Strauss in the Chinese-Speaking World: Reorienting the Political*. Lanham, MD: Lexington Books, 2017.

Marx, Karl. "On the Jewish Question." In *Karl Marx: Early Writings*. Translated by Rodney Livingstone and Gregor Benton, pp. 211-242. New York, NY: Penguin, 1992.

Massumi, Brian. *Parables for the Virtual: Movement, Affect, Sensation*. Durham, NC: Duke University Press, 2002.

McCormick, John P. *Carl Schmitt's Critique of Liberalism: Against Politics as Technology*. Cambridge, UK: Cambridge University Press, 1999.

Mitscherlich, Alexander, and Margarete Mitscherlich, ed. *The Inability to Mourn: Principles of Collective Behavior*. New York: Grove Press, 1975.

Moses, A. Dirk. *German Intellectuals and the Nazi Past*. Cambridge, UK: Cambridge University Press, 2007.

Müller, Jan-Werner. *A Dangerous Mind: Carl Schmitt in Post-War European Thought*. New Haven, CT: Yale University Press, 2003.

Nussbaum, Martha. *Political Emotions: Why Love Matters for Justice*. Cambridge, MA: Harvard University Press, 2013.

Olick, Jeffrey K. *The Sins of the Fathers: Germany, Memory, Method*. Chicago, IL: University of Chicago Press, 2016.

Parkinson, Anna M. *An Emotional State: The Politics of Emotion in Postwar West German Culture*. Ann Arber, MI: University of Michigan Press, 2017.

Perry, Elizabeth J. "Moving the Masses: Emotion Work in the Chinese Revolution." In *Mobilization*, vol. 7, no. 2（Jun 2002）: 111-128.

Pippin, Robert B. "The Modern World of Strauss.*" Political Theory*, vol. 20, no. 3（1992 Aug）: 448-472.

Pocock, J.G.A. "Prophet and Inquisitor: Or, A Church Built Upon Bayonets Cannot Stand: A Comment on Mansfield's 'Strauss's Machiavelli.'" *Political Theory*, vol. 3, no. 4（Nov. 1965）: 385-401.

Reddy, William M. *The Navigation of Feeling: A Framework for the History of Emotions*. Cambridge, UK: Cambridge University Press, 2004.

Ross, Kristin. *May '68 and Its Afterlives*. Chicago, IL: The University of Chicago Press, 2002.

Said, Edward W. *On Late Style: Music and Literature Against the Grain*. New York: Vintage, 2007.

Sandel, Michael. *Liberalism and the Limits of Justice*, 2nd edition.

Cambridge, UK: Cambridge University Press, 1998.

Schmitt, Carl. *Political Theology: Four Chapters on the Concept of Sovereignty*. Translated by George Schwab. Chicago, IL: The University of Chicago Press, 2006.

———. *The Concept of the Political*. Trans., George Schwab. Chicago, IL: The University of Chicago Press, 2007.

Schwarcz, Vera. *The Chinese Enlightenment: Intellectuals and the Legacy of the May Fourth Movement of 1919*. Berkeley, CA: University of California Press, 1990.

Sheppard, Eugene. *Leo Strauss and the Politics of Exile: The Making of a Political Philosopher*. Lebanon, MA: Brandeis University Press, 2007.

Sprinker, Michael, ed. *Ghostly Demarcations: A Symposium on Jacques Derrida's Specters of Marx*. New York, NY: Verso, 1999.

Starr, Chloë. *Chinese Theology: Text and Context*. New Haven, CT: Yale University Press, 2016.

Strauss, Leo. "What is Liberal Education?" In *An Introduction to Political Philosophy: Ten Essays*. Edited by Hilail Gildin. Detroit, MI: Wayne State University Press, 1989.

———. *On Tyranny: Including the Strauss-Kojève Correspondence*. Edited by Victor Gourevitch and Michael S. Roth. Chicago, IL: Chicago University Press, 2000.

———. *Philosophy and Law*. Albany, NY: SUNY Press, 1995.

———. *Thoughts on Machiavelli*. Chicago, IL: University of Chicago Press, 1995.

————. "Letters to Karl Löwith," *Constellations*, vol. 16, no. 1（2009）: 82-84.

Tanguay, Daniel. *Leo Strauss: An Intellectual Biography*. Translated by Christopher Nadon. New Heaven, CT: Yale University Press, 2011.

Traverso, Enzo. *Left-Wing Melancholia: Marxism, History, and Memory*. New York, NY: Columbia University Press, 2017.

Virág, Curie. *The Emotions in Early Chinese Philosophy*. Oxford, UK: Oxford University Press, 2017.

Wang, David Der-wei. *The Lyrical in Epic Time: Modern Chinese Intellectuals and Artists through the 1949 Crisis*. New York, NC: Columbia University Press, 2015.

————. *The Monster That Is History: History, Violence, and Fictional Writing in Twentieth-Century China*. Berkeley, CA: University of California Press, 2004.

Wang, Xiaojue. *Modernity with a Cold War Face: Reimagining the Nation in Chinese Literature Across the 1949 Divide*. Cambridge, MA: Harvard University Press, 2013.

情動於「中」：當代中國的思想爭鳴與情感政治

2023年7月初版　　　　　　　　　　　　　　　　定價：新臺幣580元

著　　者　涂　　　　航
叢書主編　沙　淑　芬
校　　對　李　國　維
內文排版　菩　薩　蠻
封面設計　鄭　夢　晨

出　版　者　聯經出版事業股份有限公司　　副總編輯　陳　逸　華
地　　　址　新北市汐止區大同路一段369號1樓　總編輯　涂　豐　恩
叢書主編電話　(02)86925588轉5310　　總經理　陳　芝　宇
台北聯經書房　台北市新生南路三段94號　　社　長　羅　國　俊
電　　　話　(02)23620308　　　　發行人　林　載　爵
郵政劃撥帳戶第0100559-3號
郵撥電話　(02)23620308
印　刷　者　世和印製企業有限公司
總　經　銷　聯合發行股份有限公司
發　行　所　新北市新店區寶橋路235巷6弄6號2樓
電　　　話　(02)29178022

行政院新聞局出版事業登記證局版臺業字第0130號

本書出版獲「余英時人文著作出版獎助基金」支持

國家圖書館出版品預行編目資料

情動於「中」：當代中國的思想爭鳴與情感政治/涂航著 .
初版 . 新北市 . 聯經 . 2023年7月 . 320面 . 14.8×21公分
ISBN　978-957-08-6968-2（精裝）

1.CST：思想史　2. CST：政治思想　3. CST：中國大陸研究

112   112009008